WOLFRAM PIRCHNER

NUR KEINE KRISE

WOLFRAM PIRCHNER

NUR KEINE KRISE

Meine 52 Mental-Tipps

AMALTHEA

Für dich

Bewahre mich vor dem naiven Glauben,
es müsste im Leben alles gelingen.
Schenke mir die nüchterne Erkenntnis,
dass Schwierigkeiten, Niederlagen, Misserfolge,
Rückschläge eine selbstverständliche Zugabe
zum Leben sind, durch die wir wachsen und reifen.

Antoine de St. Exupery

Besuchen Sie uns im Internet unter: www.amalthea.at

© 2016 by Amalthea Signum Verlag, Wien
Alle Rechte vorbehalten
Umschlaggestaltung: Elisabeth Pirker/OFFBEAT
Umschlagfoto: Oskar Schmidt
Herstellung und Satz: Gabi Adébisi-Schuster
Gesetzt aus der Elena 10,6/14
Printed in the EU
ISBN 978-3-99050-032-3

Inhalt

Vorwort

Ich freue mich, dass du auch dieses Buch gekauft hast. Und wie in den beiden vorangegangenen »Werken« möchte ich dir auch diesmal wieder das *Du*-Wort anbieten. An und für sich ist das mein kleiner Trick, um Vertrautes, um Ungewohntes, um Persönliches leichter an die Frau bzw. an den Mann zu vermitteln. Wir gehen auch diesmal, für die nächsten Stunden, wieder eine vertraute, fallweise auch enge Beziehung ein, da passt das vertraute »Du« meiner Meinung nach einfach besser. Wenn du möchtest, können wir, nachdem du das Buch gelesen hast, wieder zum distanzierten »Sie« zurückkehren. ☺

Interessanterweise haben auch viele Männer meine Bücher gelesen, zumindest wenn ich den vielen Reaktionen trauen kann. Und das tue ich. Ich glaube – was heißt ich glaube, ich bin überzeugt davon –, dass genau so viele Männer wie Frauen von psychischen Indispositionen, Störungen, Krisen, Katastrophen, Krankheiten betroffen sind. Nur geben die Männer, wie wir richtig vermuten und wissen, das nicht so gern zu. Das Bild des starken, unverwundbaren Mannes, des Helden des Alltags, des Ritters ohne Furcht und Tadel und ohne Gefühle und Tränen – ja, das kennen wir. Weil ich ein Mann bin, weiß ich schon, wovon ich spreche, in diesem Fall schreibe. Auch wir Männer sind verwundbar, wir sind schwach, wir weinen auch (auch ich weine, nicht immer, aber doch manches Mal – das befreit!), auch wir Männer machen uns Gedanken über uns und lassen uns emotional leiten. Die Geschichte mit diesen Feststellungen ist freilich, wie du dir vorstellen kannst, nicht immer leicht – eine Art Strohhalm, oder besser ausgedrückt, fast ein Baumstamm, an den ich mich gerne klammere, um nicht regelmäßig in einen wie immer gearteten, möglichen Argumentationsnotstand zu geraten.

Noch etwas: Ich gendere im täglichen Leben gerne und zumeist korrekt. Ich begrüße die Besucherinnen und Besucher meiner Vorträge hin und wieder als »liebe Mitmenschinnen und Mitmenschen« – jaja, ich weiß, das ist übertrieben und vielleicht auch blöd, aber es ist zumeist ein Lacher. Vor allem bei den Frauen. Also: gendern ist meine Sache, ja, jedoch nicht in diesem Buch. Das würde zu viel Platz verschwenden, und es ist mühsam. Wenn ich dann das eine oder andere Mal darauf vergesse, dann bist du möglicherweise leicht oder mittelschwer irritiert und in Folge sogar grantig auf mich. Und das möchte ich nicht. Ist es okay für dich, wenn ich diesmal die weibliche Form wähle? (Falls mir nicht ganz gelingt, das durchzuziehen, bitte ich auch um Nachsicht ...)

Ganz wichtig, bevor du eintauchst in meine Ansichtswelt der Krisen und vor allem in die vorgeschlagene Bewältigung einiger davon, ist die Tatsache, dass es sich bei meinen Ausführungen ausschließlich um meine Meinung(en) und persönlichen Erfahrungen handelt. Es ist, unschwer zu erkennen, kein wissenschaftliches Buch, es ist eine Sammlung von Geschichten, von mentalen Tipps und Tricks, die ich im Rahmen meiner Ausbildungen und vor allem in zahlreichen Gesprächen und Recherchen mit Fachleuten zusammengestellt habe. Ich habe viel gelesen, viel erfahren, einiges von anderen mit hoffentlich korrekter Quellenangabe verwendet. Es handelt sich um Methoden und Techniken, die mir hinsichtlich meiner Lebensqualität gutgetan haben und immer noch guttun. Und diesen Erfahrungsschatz gebe ich, teilweise zumindest, in diesem Buch weiter. Du sollst ja auch etwas davon haben!

Dein Ziel könnte und sollte es sein, dein Leben zu deinen eigenen Gunsten (zumindest hin und wieder) ein wenig zu *überlisten* und es mehr zu *er*-leben denn zu *ver*-leben. Wie oft vergeuden, verschleudern, verludern wir kostbare Lebenszeit, unwiederbringliche wertvolle Lebensstunden, Lebensmonate, gar Lebensjahre. »Überlisten« gefällt mir, das passt, das ist ein schönes Wort. Es ist stimmig, hat Humor, birgt aber auch genug Ernsthaftigkeit in sich, um zu vermitteln, wohin die möglichen Wege führen (können). *List* bedeutet auch Gewitztheit, Kunstgriff, Manöver, Schachzug, durch die positive Brille betrachtet – es kann aber auch Durchtriebenheit, Intrige, Täuschung in sich vereinen. So wie Yin und Yang. Gut und Böse. Gegensätzliche Kräfte, Einflüsse, die unser Leben bestimmen, die in ihrer Verbundenheit und Gemeinsamkeit unsere Lebensenergie ausmachen. Wer mit beiden Seiten und auch mit dem »Dazwischen« existieren kann, und dann noch eine gute Lebensqualität schafft, dem geht es gut. Der kann auf die oft floskelhaft gemeinte Frage »Wie geht's dir denn?« sehr beruhigt mit »sehr gut« antworten. Vielleicht antwortest du darauf einmal mit »Wahnsinnig gut geht's mir, fantastisch!« Auch wenn es nicht stimmt. Aber das müssen die anderen, unsere Gegenüber, nicht zu jeder Zeit detailliert wissen.

In diesem Buch geht es um mentale Techniken und Übungen, die mir geholfen haben, neben meinen bisherigen guten, erfreulichen, positiven Erfahrungen vor allem auch den zahlreichen mit Fehler behafteten, traurigen, auch dramatischen persönlichen Erlebnissen eine doch immer wieder positive Wende zu ermöglichen. Es ist ein Zurückgreifen auf Bewährtes, auf Erkenntnisse, die gebildetere, gescheitere Menschen als ich es bin, erforscht, gewonnen und niedergeschrieben haben, ein Reflektieren, das mich in meiner Entwicklung, in meiner Lebenserfahrung weitergebracht hat. Das mich vor allem Eines gelehrt hat, und zwar aus festgefahrenen, generationenübergreifend vorgegebenen Strukturen auszubrechen, sie hinter mir zu lassen, über meinen eigenen Tellerrand hinauszuschauen und damit mehr Weitblick, Durchblick und Klarheit zu erlangen. Vor allem über mein eigenes Leben.

Es war und ist jeden Tag ein mühsamer Prozess, nicht hinter jedem Ratschlag zugleich eine Zurechtweisung zu erkennen. Es gibt sie, ganz sicher, jene Mitmenschen, die es mit uns – mit dir und mir – vorbehaltlos gut meinen. Unvoreingenommen. Wir erkennen das leider manchmal gar nicht oder zu spät. Faktum ist, dass du und ich unsere Umwelt, unser Umfeld nicht massiv und nachhaltig verändern werden und können. Das funktioniert ausschließlich theoretisch, es geht in der Praxis nicht. Du kannst die Rahmenbedingungen deines Daseins ändern, aber nur dann, wenn *du* selbst zur geplanten Veränderung bereit bist. Nicht können heißt nicht wollen. Aber das wissen wir mittlerweile schon, oder?

Wollen heißt machen – ins Tun kommen. Vergiss das nicht und rufe es dir bitte täglich ins Gedächtnis: *Du* allein bist die Gestalterin deines Lebens, auch wenn es sich manchmal manipuliert, gesteuert, düster und dunkel darstellt und als Ganzes nur schwer ertragen lässt. Die Schatten, die sich auf deine Seele legen, die dir das Herz schwer machen, sie werden sich eines Tages auflösen. Ich glaube fest daran. Sie werden sich lichten, langsam, aber stetig. Nur musst *du* etwas dafür tun, etwas dazu beitragen und vor allem musst *du* investieren: Zeit und Energie. Du musst deine Wünsche und Ziele formulieren und ins *Tun* kommen. »Hin zu« statt »weg von«.

Glaube mir, liebe Leserin, auch ich kenne intensive Gefühle der Beschwertheit, des Eingeengt-Seins, der Verzweiflung. Und das hat nichts mit meinen erlebten Panikattacken und der (Fast-)Heilung derselbigen zu tun. Nur höre ich in diesen dunklen Momenten und Situationen immer öfter auf mit dem Grübeln, mit der Resignation, mit meinem gelebten Selbstmitleid. Das Grübeln, das Denken in Spiralen, das so gut wie nie zu einem produktiven und nährenden Ergebnis führt, kann man sich selbst sanft versagen. Nicht verbieten oder unterbinden. Sanft versagen! Überhaupt würde uns Sanftheit, Nachsicht, Rücksichtnahme, nicht nur anderen gegenüber, guttun.

Nicht können heißt nicht wollen.

Man kann es lernen: sich Gedanken zu versagen. Und das wird nur einer meiner 52 Mental-Tipps sein, die ich dir in diesem Buch näherbringen werde. Du fragst dich, warum 52? Zugegebenermaßen war das eine Idee der von mir sehr geschätzten Damen meines Amalthea Verlags. Ich bin – erlaube mir nur einen Satz dazu – sehr dankbar, dass ich meine Gefühle, meine gelernten und entdeckten Lösungsvorschläge so mancher Daseinskrisen schriftlich festhalten darf und somit einem intensiven (Wieder-)Erleben Raum geben kann. 52 steht natürlich für die 52 Jahreswochen, und nachdem wir wissen und immer wieder periodisch im Jahreszyklus draufkommen, dass zahlreiche Krisen stimmungsmäßig in einem wie auch immer gearteten Zusammenhang mit der jeweiligen Jahreszeit stehen, fand ich den Vorschlag, genau 52 Mental-Tipps zu geben, ausgezeichnet.

Die Crux an der Geschichte ist, dass du immer dranbleiben musst. Vergleiche es mit körperlichem Training. Wenn du einmal in zwei Wochen laufen gehst oder einen anderen Sport deiner Wahl betreibst, dann ist das zwar »regelmäßiger« Sport, ganz nett, aber es wird dir nichts bringen. Es geht um die beinahe tägliche Regelmäßigkeit, fast schon rituell, und es geht vor allem ums Dranbleiben! Egal, ob es sich um Techniken aus den körperlichen Bereichen handelt, oder ob die Tipps deinen kognitiven Bereich, zum Beispiel deine Merkfähigkeit, deine Konzentrationsfähigkeit oder dein Zeitmanagement betreffen. Oder ob wir uns mit den emotionalen Kapiteln unseres Lebens beschäftigen.

Das Wichtigste in diesem Konnex, wenn ich »etwas« für mich tun möchte, ist der Plan. Wie schaut mein (Lebens-)Plan aus? Habe ich einen? Einen Plan zugunsten meiner »Lebensqualität«? Das ist immer wieder der mir persönlich wichtigste Oberbegriff: die Lebensqualität. Wie steht es um die Qualität deines (einzigen) Lebens? Viele möchten diese Frage nicht beantworten, weil sie vermutlich traurig sind, weil sie depressiv werden, weil sie die Lebenslust auf ihrem Weg irgendwo verloren haben. Aber die gute Nachricht ist: In jedem Alter, in jeder Abhängigkeit, kann ich, kannst du, die Lebensqualität wiederfinden und *er-leben*. Aber eines muss ich dir sagen bzw. schreiben: Ohne Plan wird es nicht gehen! Wir brauchen unbedingt ein »Zeitmanagement«, Planung, Übersicht, Klarheit und damit Durchblick. Wenn wir keinen Plan haben, dann werden wir auch keines unserer Ziele erreichen.

Und wir brauchen die Konzentration auf uns selbst. Wir benötigen dringend die Fokussierung auf unsere Bedürfnisse, auf unsere Wünsche, auf unsere *Ich*-Rolle. Auf die vergessen wir, auch ich, obwohl ich alle diese Dinge und »Weisheiten« in den letzten Jahren intensiv gelernt habe und sie in vielen Vorträgen oft erzähle. Aber: wir dürfen auch Fehler machen, das ist ganz entscheidend für unsere Lebensqualität. Wir müssen nicht perfekt sein. Und eine sehr bedeutungsvolle Frage ist: »Wie geht es dir mit dir?« oder »Bist *du* die Gestalterin deines Lebens, oder sind es andere?«

Denk daran: Die österreichische Frau wird laut der jüngsten Statistik-Austria-Erhebung durchschnittlich 83,6 Jahre alt, der Mann schreibt durchschnittlich 78,5 Jahre an. Haben wir noch viel Zeit? Nein, das haben wir nicht. Wann gedenken wir, eine Veränderung zu unseren Gunsten herbeizuführen? Wann sollen wir beginnen? Meine Antwort lautet: *jetzt*. Wir beginnen jetzt. Lass uns gemeinsam an den Start gehen und ein Stück dieses sicher nicht immer einfachen Weges gemeinsam bewältigen. Räumen wir die Steine und Felsbrocken der verschiedenen Lebenskrisen aus dem Weg. Aller Anfang ist schwer ...

Eine Bitte habe ich noch, bevor wir uns gemeinsam den Krisen des Lebens widmen: Bitte besorge dir ein Notizbuch, eines, in das du Gedanken und diverse Aufgaben schreiben kannst – das ist im Fall dieses Buches notwendig. Ich danke dir sehr und ich freue mich, dass du bei mir bist.

Wir brauchen die Konzentration auf uns selbst.

Zeitplanung ist die halbe Miete

»Zeitmanagement« ist ein Begriff, den ich früher nur aus dem – nomen est omen – Managementbereich kannte. Ich dachte irrtümlich, dass »Zeitmanagement« nur etwas für die Gescheiten, für die Mächtigen sei, die viele Terminkalender und Planer haben und sich ihre Zeit genau einteilen müssen, oder anders, deren Zeit eingeteilt wird. Das dachte ich. Und das war und ist ein schwerer Irrtum. Wir alle müssen bzw. sollten unsere kostbare, uns zur Verfügung stehende Zeit einteilen und, vor allem unter Rücksichtnahme auf uns, (ver-)planen. Die Zeit(ver)planung hat mir nicht nur in meinen dunklen Zeiten geholfen, sondern ich betreibe sie mittlerweile geradezu lustvoll, weil ich über jede Minute meines Lebens entscheiden kann. Ich entscheide, womit, mit wem etc. ich meine (stetig) ablaufende Lebenszeit verbringe, genieße, vergeude, verprasse und erlebe. Das ist einzig und allein meine Entscheidung. Und wenn du jetzt sagst: »Nein, das funktioniert nicht!«, dann solltest du dir überlegen, ob du gestaltest oder ob das andere in deinem Leben tun. Aber darüber habe ich schon so oft geschrieben, darüber spreche ich so häufig, diese Entscheidungsfindung liegt bei dir.

Über den Großteil deiner Zeit kannst du entscheiden – vielleicht weißt du es noch nicht ... Natürlich ist es mühsam und mit Aufwand verbunden. Das Besorgen eines Zeitplaners ist nicht aufwändig – aber die Verplanung, das Ausfüllen, das Befüllen deines Zeitplaners, deines Kalenders erfordert Konzentration, Aufmerksamkeit und Energie. Weil, vielleicht kennst du das ja auch aus deinem Leben: *Ja* sagt man relativ schnell, man wird unter Druck gesetzt, Ja oder Nein? Egal wozu: die Geburtstagfeier einer Freundin (vielleicht ist sie ja doch nur eine Bekannte ...), das Fest bei Tante Bertha, meistens Termine, die weit weg scheinen, es ist in drei Monaten erst soweit etc. Ich verrate dir nichts Neues: Der Tag des (zugesagten) Termins kommt und dann musst du deine Planung einlösen, deine Zusage realisieren.

Zusagen müssen nicht sofort, nicht in der Minute erfolgen. Überlege dir in Ruhe, ob du etwas tun willst, ob du bei jedem Fest dabei sein musst oder nicht. Es ist durchaus legitim und erlaubt, dankend abzulehnen. Die Begründung könnte lauten: »Ich habe einen Termin.« Und zwar hast du einen Termin mit dir selbst. Das musst du nicht verraten. Du stehst nicht permanent unter einem Rechtfertigungsdruck, egal um wen es sich handelt. »Ich habe einen Termin!« Das reicht. Ich habe diesen Fehler oft gemacht und mich meistens gerechtfertigt – manchmal passiert mir das heute noch. Ich sage viel zu schnell ja oder sage zu, etwas zu tun, irgendwo hinzugehen, etwas zu unternehmen. »Ja, gerne, das wird sicher fein!« Vielleicht in meiner Vorstellung, weil es noch so weit weg scheint ... Aber die Zeit vergeht schnell, wie du weißt. Also überlege, schlafe darüber und entscheide dann.

Ein erster Tipp in diesem Buch hat mit deinem persönlichen Zeitmanagement zu tun und ist ein ganz simpler: Ich möchte, dass du dir einen Zeitplaner besorgst. Nein, es ist nicht dein Handy, nicht dein PC, sondern es ist ein Zeitplanbuch, welches du händisch »befüllst«. Ein Terminkalender, ein Buch, in das du deine Termine handschriftlich einträgst. Und wir reden nicht nur von deinen beruflichen Terminen, sondern ich meine vor allem deine privaten Termine, ich denke an die »Termine« mit dir! Zum Beispiel: Du hast dir nach langer Zeit endlich wieder eine Massage ausgemacht oder eine Kosmetikbehandlung etc. – das solltest du in deinen Kalender

Merke:
die wichtigsten Termine sind jene mit dir.

eintragen. Und zwar mit dem nötigen Zeitpuffer, den du brauchst, um dorthin zu gelangen und zurück. Es ist ganz wichtig, Zeitpuffer einzuplanen. Dein persönliches Zeitplanbuch sollte dir Platz bieten, also groß genug für alle deine Vorhaben, Termine, Ziele und Wünsche sein – und es sollte auch weit mehr als »nur« ein Terminkalender sein. Deine Aktivitäten, deine Listen finden darin Platz, deine Prioritäten, die Zeitdauer und Zielsetzungen der Aufgaben, die du selbst erledigen oder delegieren willst.

Entscheidend ist, dass du nicht Prioritäten für das setzt, was da alles auf dem Terminplan steht, sondern dass du für deine Prioritäten Termine festlegst. Es gibt einzuhaltende Termine in deinem Leben, die scheinbar alles blockieren: deine Arbeitszeit beispielsweise, daran geht kein Weg vorbei. Im Privatleben tust du dir mit einer Planung vielleicht schon leichter. Hast du Verwandte, Bekannte, Freunde, die auch immer über Zeitmangel (vor allem sich selbst gegenüber) klagen? Möglicherweise könnte man sich arrangieren, u.a. was die Kinderbetreuung, Freizeitaktivitäten, Einkäufe etc. betrifft? Merke: die wichtigsten Termine sind jene mit dir. Du kannst gerne meinen Trick übernehmen und diese persönlichen Termine mit Codenamen versehen: SAU für Sauna (ich habe es immer noch nicht geändert), FIT (für Fitnesscenter), JOG für Laufen – an und für sich Abkürzungen ... Prinzipiell hoffe ich zum einen, dass niemand deinen Terminkalender in die Hand nimmt und darin schmökert, und andererseits kannst du diverse Vorhaben kodieren. KOS für Kosmetik oder FP für Fußpflege ... Kein Mensch wird herausfinden, was du meinst.

TIPP 1: ZEITPLANER BESORGEN

- Kaufe dir einen Zeitplaner bzw. einen Kalender deiner Wahl.
- Achte darauf, dass er eine Wochenplanung enthält.
- Ich empfehle dir die Wochenplanung, weil du so Übersicht über dein Leben bekommst.

- Trage deine Termine sofort ein, wenn du von ihnen Kenntnis hast.
- Trage alle Feste, Geburtstage, die wichtig für dich sind, sofort ein.
- Vergiss nicht auf die »Pufferzeiten« deiner Aktivitäten.
- Markiere die verschiedenen Bereiche deines Lebens mit jenen Farben, die dir gefallen und die deiner Meinung nach zu den Bereichen passen. (Beruf, Privat, Familie, Du, Freunde, Sport ...)
- Überlege dir, wenn du deine Wochenplanung betrachtest, welche Termine du absagen/stornieren könntest, welche unbedingt notwendig sind und welche du einhalten willst.
- Analysiere, ob die Termine deinem Vorteil dienen oder nur Termine für »andere« sind ...
- Vergiss nicht auf dich: Du solltest jeden Tag einen »Termin mit dir« machen!

Lebensturbulenz

Eine Krise ist eine ernst zu nehmende Turbulenz im Leben. Da ist viel los und es muss auch etwas auf dem Spiel stehen. Oft hört und liest man den Ausdruck »ernste Krise«. Das ist meiner Meinung nach ein Unsinn, weil wenn »es« nicht ernst ist, dann handelt es sich auch nicht um eine Krise. Eine Krise ist immer eine Situation, die in ganz besonderer Art und Weise schwierig ist.

Ist dir bei deinen Krisen vielleicht aufgefallen, dass die bisherigen Methoden, wie du an Problemlösungen herangegangen bist, nicht mehr greifen? Es wird alles derart infrage gestellt, dass eine entscheidende Wende, ein Umdenken, ein »Um-Handeln« notwendig sein wird. In der Krise ist der Zugriff auf Lösungsstrategien, auf etwaige vorhandene Ressourcen schwierig, weil du sie nicht finden wirst. Warum nicht? Weil dein Blick verstellt ist und die bisherigen Problemlösungen, die immer recht hilfreich waren, dir nicht einfallen werden. Deine kognitiven Fähigkeiten sind blockiert, du hast die Lösungen nicht parat.

Ein entscheidendes Kriterium, laut meiner ehemaligen Professorin, Daniela Domig (Psychotherapeutin in Rankweil/Vorarlberg), im Falle einer Krise ist die Angst. Wenn die Angst zu viel Raum bekommt, dann geht das zumeist zu Lasten der Kreativität. Wenn diese fehlt, dann fällt dir nichts mehr ein. Kreativität und Angst sind nicht kompatibel. Kreativität funktioniert nur, wenn du frei bist, wenn du gelassen bist, wenn du dich öffnest. Und bei diesem »Sich-Öffnen« steht permanent ein »Ja« im Hintergrund. Und zwar ein Ja in der Bedeutung von Zustimmung, von Sich-Einlassen. Das hat mit Flexibilität und Authentizität zu tun.

Welche Gefühle machen sich in dir breit, wenn du Angst verspürst? Enge, Blockaden, der »Würgegriff« des Seins, Atembeschwerden etc. Wenn du Angst hast, dann kann auch nichts passieren, weder in die eine, noch in die andere Richtung. Weder rein, noch raus. Was brauchst du vor allem in solchen Situationen? Du brauchst die Fähigkeit mit Angst, Furcht, Ärger, Frust, belastenden Gefühlen besser umgehen zu können. Was kann dir dabei helfen? Ganz sicher Balance, Stabilität, mehr Selbstsicherheit und die Fähigkeit, loslassen zu können. *Los*-lassen ist am schwierigsten, wenn wir blockiert, gehemmt und/oder beengt sind.

Ist jede Krise eine Identitätskrise?

Ja, natürlich, die Krise an sich stellt die Identität infrage, das habe ich jahrelang gelernt, erfahren und davon bin ich auch überzeugt. Und in den gescheiten Büchern steht das auch so. Daniela Domig hat mir in einem unserer vielen Gespräche recht gegeben: Sie meint, dass dieses Infragestellen der Identität sowohl bei der Entwicklungskrise als auch bei der traumatischen Krise stattfindet.

Damit eine Entwicklung weitergeht oder weitergehen kann, müssen wir Altes zurücklassen, wir müssen loslassen, um Platz für

Kreativität und Angst sind nicht kompatibel.

Neues zu schaffen. Möglicherweise gibt es einen Abschied von einer geliebten Person, von einem nahestehenden Menschen, einen Abschied von einer beruflichen Situation usw. Der Abschied, in welcher Form auch immer, muss vollzogen werden, bevor man Neues in Angriff nimmt. Dieser Prozess geht langsam vonstatten, das habe ich am eigenen Leib erfahren müssen oder dürfen. Das ist im Nachhinein immer Anschauungssache.

Bei der traumatischen Krise ist das problematischer – die passiert von einem Moment auf den anderen, schlägt gnadenlos zu und verändert unser Leben in der Sekunde. Aufgrund dieser »Plötzlichkeit« stehen uns keine Ressourcen mehr zur Verfügung. Gerade während ich diese Zeilen schreibe, erfahre ich, dass ein Geschwisterpaar, ein 16-jähriger Bub und eine 21-jährige junge Frau, die Kinder einer entfernten Bekannten, in der Nacht tödlich verunglückt sind. Da stelle ich mir, wie bei manchen dieser gehörten, erfahrenen Katastrophen die Frage: Wie würde ich reagieren? Könnte ich darauf überhaupt reagieren? Da fühle ich allein durch die Vorstellung eine lähmende Schwere in mir, wenn ich an die geballte Schrecklichkeit, an diese Katastrophe denke, die dann unwiderruflich das Leben der Betroffenen beherrscht und nachhaltig prägt. Alleine beim Gedanken, dass eines meiner beiden Kinder sterben würde – also sterben werden sie schon irgendwann einmal –, aber die Vorstellung, dass sie »vor mir gehen«, ist unerträglich, schmerzlich und unvorstellbar.

Auch Naturkatastrophen brechen unangekündigt über uns herein. Erinnerst du dich noch an die schrecklichen Bilder vom Tsunami vom 26. Dezember 2004 im Indischen Ozean? Über 230 000 Menschen sind damals gestorben. Wenn du die Nachrichten im TV siehst, Radio hörst oder Zeitungen liest, dann erfährst du jeden Tag

Wir müssen loslassen,
um Platz für Neues zu schaffen.

Das Wort »Krise« kommt aus dem Griechischen
und bedeutet »trennen« und »unter-scheiden«.

von den fürchterlichsten Geschehnissen und Entwicklungen im In-
und im Ausland. Krise hier, Krise da, Katastrophen en masse. Wir
fühlen uns immer weit entfernt davon. Das ist ein interessantes
Phänomen. Wir beobachten, nicken betroffen, sind berührt, aber
wir sind weit weg. Auch wenn, wie in meinem Fall, in unserem Dorf
vor Jahren zwei Menschen erschossen worden sind, keine 200
Meter von unserem Haus entfernt. Auch wenn auf der Strecke nach
Hause der junge Mann aus der Nachbarschaft gegen einen Baum
kracht und verbrennt, wenn die Kinder von Bekannten verunglü-
cken, wenn sich der Anrainer in der Nähe im Garten erschießt. Alles
erlebt, alles erfahren und doch gefühlt weit weg. Es ist alles real,
alles passiert, aber nicht im eigenen (noch) geschützten Bereich.
Hilft da ein kurzes Durchatmen, verbunden mit dem Gedanken
»Gott sei Dank, uns hat es nicht erwischt ...«?

Die Krise

Wann sprechen wir allgemein von einer Krise? Wenn es uns nicht
gut geht, wenn wir »daneben stehen«, wenn uns das Schicksal unbarmherzig und völlig überraschend trifft? Das Wort »Krise«
kommt aus dem Griechischen und bedeutet »trennen« und »unterscheiden«. Es bezeichnet »(Ent-)Scheidung«, »entscheidende Wen-
dung« und bedeutet eine »schwierige Situation, Zeit, die den Höhe-
und Wendepunkt einer gefährlichen Entwicklung darstellt«.
Nimmt die Entwicklung einen dauerhaft negativen Verlauf, so
spricht man von einer Katastrophe. »Krise« wird in den verschiedenen Wissenschaftsdisziplinen auf sehr unterschiedliche Weise the-
matisiert: in der Medizin und Psychologie, in der Wirtschaftswis-
senschaft und Soziologie, auch in der Ökologie und Systemtheorie.[1]

Ich beschäftige mich in diesem Buch vor allem mit persönlichen Krisen oder Krisensituationen und deren möglicher Bewältigung. Solche Krisen entstehen oft durch ein völlig überraschendes Ereignis oder ein akutes Geschehen. Die Fragestellungen, die während des Krisenerlebens auftauchen, stellen von einem Moment auf den anderen vieles, wenn nicht alles infrage. Da geht es um bisherige Wertigkeiten, Normen, Erfahrungen und auch Ziele.

Fachleute haben Modelle für die Thematik »Lebenskrise« erstellt, darunter auch der amerikanische Sozialpsychiater G. Caplan. Er teilt diese in vier Phasen ein: In der ersten Phase kämpft der Betroffene gegen sein Unwohlsein und Unwohlbefinden an, vertieft sich damit allerdings jedes Mal stärker in den personalen (den eigenen) Konflikt. In der zweiten Phase bemerkt er, in welchem Zustand er sich befindet und dass die allgemeine Problemlösung nicht zum erhofften Ziel führt. Diese beiden Phasen fallen bei den meisten Menschen in psychischen Krisen sehr ähnlich aus. Differenzierter ist dagegen der Ausweg, die dritte Phase. Dort kann der Betroffene zwei Wege einschlagen. In der einen Variante zieht sich der Betroffene vollkommen zurück und distanziert sich von Menschen sowie von seinen Erwartungen und Zielvorstellungen, damit er keine Enttäuschung mehr empfinden kann. Die andere Variante führt dazu, dass der Betroffene genau das Gegenteil anstrebt und alle noch verbleibenden Kräfte mobilisiert, um einen positiven Ausweg aus der Krise zu finden. Er kann unbekannte Fähigkeiten entwickeln und dadurch die Krise bewältigen. Die vierte und damit letzte Phase tritt ein, wenn der vorherige Schritt ebenfalls keine Verbesserung der Lage hervorbringt. Hier befindet sich der Betroffene vollkommen in einer Krise, trotz sporadisch fehlender Anzeichen. Innerlich steht die Persönlichkeit kurz vor einem Zusammenbruch. Dies führt dann letztendlich zu Orientierungs- und Hilflosigkeit.[2]

Veränderungen machen auch Angst.

Es gibt eine Reihe von wissenschaftlichen, psychologischen Erkenntnissen darüber, welche Lebensereignisse einem betroffenen Menschen am meisten zusetzen. Ich habe aus Dutzenden Listen eine persönliche Reihung der »Top 7« erstellt – jener Krisen/Katastrophen/Schicksalsschläge/Lebensveränderungen, die sich am intensivsten auswirken:

- Tod eines nahen Angehörigen
- Scheidung/Trennung
- Körperliche Erkrankung
- Arbeitsplatzverlust
- Wohnungskündigung
- Pension
- Umzug ins Altersheim

Wir Menschen sind so programmiert, dass wir unangenehme (Vor-) Ahnungen meist nicht zur Kenntnis nehmen (wollen), wir bleiben lieber bei unseren alten Gewohnheiten, bei unseren Mustern, auch wenn wir dann in diesen stecken bleiben, weil wir den Zeitpunkt des Absprungs versäumt haben. Der Absprung ist gleichzusetzen mit Veränderung und diese Veränderungen tun weh, sind mühselig, strapaziös, anstrengend und ermüdend. Sie rauben am Anfang viel Energie. Veränderungen machen auch Angst. Und wenn es passiert, dass sich die Krise unbarmherzig in unser Leben drängt, hereinplatzt wie ein ungebetener Gast, dann ist es zu spät. Dann können wir nicht sagen: »He Krise, verschwinde, ich kann dich jetzt nicht brauchen!« Ich höre dich jetzt aufseufzen und fragen: Wann kann man schon eine Krise »brauchen«? Gar nicht. Sie ist aber da.

In der chinesischen Schriftsprache gibt es bekanntlich ein Zeichen für »Krise«. Dieses setzt sich aus zwei Teilen zusammen, der eine Teil symbolisiert die Gefahr, der andere die Chance. Das heißt im übertragenen, im übersetzten Sinn, dass die Krise eine gefährliche Chance ist. Wieder tut sich eine Frage auf: Welche Chancen bietet uns die Krise – dir und mir? Ja, lass uns gemeinsam nachdenken und dann handeln. Denken wir nach, wie es weitergeht, ob es überhaupt weitergeht, oder ob wir resignieren sollen. Und nachdem resignieren so gar nicht meine Sache ist und ich hoffe auch nicht die deine, kommen wir ins Tun!

Meine Tipps, meine Techniken sind keine Wundermittel, keine Allheilmittel, nein, es sind Möglichkeiten, sich über Minuten, vielleicht sogar Stunden – regelmäßig! – mit Positivem zu beschäftigen. Und auch vor allem mit sich selbst zu beschäftigen. Es geht um Anhaltspunkte, um Anker, um Rituale, um Möglichkeiten, die mir helfen, meinem Lebensmotto näher zu kommen: »Es geht mir von Tag zu Tag in jeder Hinsicht besser und besser!« Und das wünsche ich mir auch für dich.

Selbstlob stinkt nicht

Wenn es uns nicht gut geht, dann denken wir meistens negativ. Entweder sind die anderen an unserem Unglück, an unserer Krise, schuld oder wir selbst. Oftmals ergießen wir uns deshalb in bitterem Selbstmitleid und auch Selbstvorwürfe stehen in den negativen Akutphasen regelmäßig an der Tagesordnung. Du kennst doch gefühlte und gedachte Aussagen wie »Nichts mache ich richtig!«, »Ich stehe vor dem Scherbenhaufen meines Lebens«, »Ich habe alles bisher falsch gemacht«, »Ich bin eine Versagerin auf der ganzen Linie«, »Ich bin unfähig, dies und das und jenes zu schaffen« etc. – durchwegs negative Ansichten, es fallen dir nur sogenannte »Downlights« ein und resignatives Gedankengut macht sich breit.

Das werden wir jetzt gemeinsam zu Beginn unserer mentalen, aktiven (!) Tätigkeit ändern, einverstanden? Wir kreieren zu Beginn meiner vorgeschlagenen Mental-Tipps bald einen Blumenstrauß

»Es geht mir von Tag zu Tag
in jeder Hinsicht besser und besser!«

Wir dürfen uns gratulieren zu herausragenden Lebensleistungen.

deiner bisherigen Lebenserfolge. Wir widmen uns ausschließlich der Beantwortung der Fragen »Was habe ich alles richtig gemacht?«, »Was habe ich in meinem Leben gut gemeistert?«. Alle Situationen, alle Dinge, alle Umstände, ja auch Krisen, die ich je bewältigt habe, haben auf einer tieferen Ebene mein Selbstwertgefühl, mein Selbstvertrauen, meinen Bezug zu mir gestärkt. Das haben wir vergessen, diese Erkenntnis ist weit weg von uns, fast verschüttet – wir graben sie wieder aus.

Wir haben meiner Meinung nach die unbedingte Verpflichtung, uns wertzuschätzen, uns zu würdigen, wir dürfen uns auch selbst loben, ja, das dürfen und das sollen wir! Und wir dürfen uns gratulieren zu herausragenden Lebensleistungen. Zu Leistungen, die wir leider häufig verdrängen und denen wir eine zu geringe Bedeutung beimessen. Wie oft sagen wir nach Erhalt eines Kompliments oder eines Lobes – fast leicht peinlich berührt: »Nein, nein, so gut war das jetzt auch nicht ...« Kommt dir das vertraut vor? Nach einem guten Essen, das wir zubereitet haben, nach einer gelungenen Festivität, die wir organisiert haben, nach einer Arbeitsleistung, die wir geschafft haben. »Nein, nein, danke, soooo gut war es jetzt auch wieder nicht.« Hören wir auf damit. Formulieren wir anders: »Ich danke dir/Ihnen, dass du/Sie das ähnlich sehen wie ich. Ja, das ist mir gut gelungen!« Das könnte man antworten, ohne arrogant zu sein. Ja, ich anerkenne, dass ich etwas leiste und dass ich in meiner Leistung qualitativ hohen Ansprüchen gerecht werde. Schieben wir unsere (meist anerzogene) Bescheidenheit ein wenig zur Seite. Bescheidenheit ist kein guter Parameter fürs Leben. Was bringt uns Bescheidenheit? Wenn du mir das plausibel erklären kannst, dann ändere ich meine Meinung.

Was zählt zu unseren persönlichen Erfolgen? Dazu gehören alle

Erlebnisse, alle Erfahrungen im Laufe unseres bisherigen Lebens, bei denen wir unsere Fähigkeiten eingesetzt haben. Ob als Volksschülerin, ob als Kind, in der Jugend, ob als Mutter, die Kinder zur Welt gebracht hat und sie bis heute durchs Leben begleitet, ob in meinem Beruf, in dem ich bereits viel geschafft habe, ob als Partnerin, die viel mitgemacht hat ... ob als Sportlerin, Musikerin etc. Und wir alle haben schon viele Krisen gemeistert, bewältigt, überstanden – durch unsere Fähigkeiten.

Für mich ist auch die Antwort auf die Frage »Wie gehe ich mit *mir* um?« sehr wichtig. Das ist mir anfangs komisch vorgekommen, mich selbst zu fragen, wie ich mich behandle. Das ist aber ganz entscheidend für dein weiteres Leben, glaube mir! Wie behandelst du dich? Wie gehst du mit dir um? Du! Wende dich bei der folgenden Übung dir selbst liebevoll, wertschätzend, empathisch zu – betrachte dich mit einem leichten Lächeln, würdige dich und dein Leben. Es geht nicht darum, ob andere das auch geschafft haben oder nicht, es geht jetzt nur (mehr) um dich.

TIPP 2: DER BLUMENSTRAUSS DEINER ERFOLGE
- Schreibe in jede Blüte des abgebildeten Blumenstraußes ein Stichwort für einen deiner Erfolge.
- Wenn die Blumen nicht ausreichen, dann male welche dazu.
- Wandere gedanklich durch dein Leben, reise durch die Etappen, bis heute.
- Was hast du gelernt?
- Was leistest du privat/im Beruf?
- Welche Projekte hast du erfolgreich zum Abschluss gebracht?
- Welche privaten Erlebnisse und Taten möchtest du würdigen?
- Welche Krisen hast du überstanden?
- Was hat dich im Leben positiv geprägt?
- Was sehen deine Freunde positiv an dir?
- Welche positiven Eigenschaften würde jener Mensch, der dir am wichtigsten ist, über dich anführen?[3]

Wenn du fertig bist, dann betrachte deinen Erfolgs-Strauß und sei stolz auf dich. Das alles und noch viel mehr hast du in deinem bisherigen Leben geschafft! Du kannst stolz auf dich sein und darfst dich, wenn du möchtest, auch belohnen. ☺

Reaktionen

Über sehr viele Reaktionen auf meine ersten beiden Bücher – »Nur keine Panik – Mein Weg zurück ins Leben« und »Nicht ohne meinen Schweinehund« – habe ich mich gefreut und über manche, das gebe ich gerne zu, auch ein bisschen geärgert. Dabei bin ich draufgekommen, dass meine Kritikfähigkeit immer noch ein wenig hinterherhinkt ... und das ist schlecht. Du verstehst mich, oder? Aber ich arbeite daran. Und es wird immer besser. Erfreulicherweise waren die Reaktionen zu 90 Prozent positiv. Natürlich waren auch negative Reaktionen dabei, und das ist gut so. Ich habe auch aus diesen viel gelernt und die eine oder andere Anregung mitgenommen. Jemand, der sich für »Körper/Geist/Seele«-Themen nicht interessiert, die sich keine Gedanken über sich selbst machen will, die kauft meine Bücher ja nicht. Die Neugierde, etwas über den TV-Mann zu erfahren, was man nicht ohnehin schon weiß (falls das überhaupt von Interesse ist), wird unbefriedigt bleiben.

Doch, wer auch immer sich mit meinen Themen auseinandersetzt, sich aus den verschiedensten Gründen dafür interessiert, die hat zumeist selbst eine persönliche Geschichte zu erzählen oder zu erleiden. Oder – positiv formuliert – zu erleben. Einige Reaktionen haben mich berührt, sind mir sehr nahegegangen, andere haben

Das »Hier und Jetzt« ist entscheidend
für unsere Lebensqualität –
die Zukunft ist das Resultat der Einstellungen,
mit denen wir jetzt im Leben agieren.

mich erheitert – die gesamte emotionale Palette war dabei. Manche haben mich auch traurig gemacht, bei einigen musste ich weinen. Aber, wie haben wir gemeinsam schon festgestellt: auch ein Mann darf weinen. Es ist unvorstellbar, wie viel Leid und Elend es auf dieser Welt gibt – damit meine ich nicht »meine« Panikattacken, das ist kein Elend, das ist ein Krisenzustand, der bewältigbar ist.

Wir dürfen und sollten uns in unseren Gedanken nicht permanent auf die Vergangenheit konzentrieren, wie das viele Mitmenschen tun. Das »Hier und Jetzt« ist entscheidend für unsere Lebensqualität – die Zukunft ist das Resultat der Einstellungen, mit denen wir *jetzt* im Leben agieren. Davon bin ich überzeugt! Es ist eine Politik in eigener Sache – in kleinen Schritten. Wir werden uns nur in kleinen Etappen verändern können, wenn wir es tatsächlich wollen, wenn wir dazu bereit sind. Das geht auch aus vielen E-Mails und einigen Briefen hervor (ja, es gibt sie noch, die Menschen, die handschriftlich eine Botschaft verfassen!), die ich bekommen habe. Herzlichen Dank dafür! Ich habe eine kleine Auswahl herausgenommen, die ich dir nicht vorenthalten möchte – der guten Ordnung halber sei geschrieben, dass ich alle VerfasserInnen darauf aufmerksam gemacht habe, dass ich möglicherweise ihre Reaktionen auf meine Bücher einmal »verwenden« werde. Aus Datenschutzgründen habe ich jedoch die Namen geändert. Ich weiß, dass du das verstehst.

Guten Tag! Ich habe Ihr Buch »Nur keine Panik« gelesen. Ich habe es gekauft, da ich selber sehr an Angstzuständen leide. Und ich möchte Ihnen schreiben, dass Sie dieses Buch auch für MICH geschrieben haben. Dafür danke ich Ihnen von Herzen. Es wäre schön, wenn es ein Mittel gäbe oder man auf einen Knopf drücken könnte und alle Ängste sind weg. Ich weiß, mir tut keiner was, aber trotzdem habe ich Angst. Ich werde mir jetzt eine Psychotherapeutin suchen und hoffentlich finden. Ich bin von Ihrem Weg begeistert und dass Sie trotzdem zu Ihren Ängsten stehen. – Claudia S.

Lieber Herr Pirchner! Nach einigen Schicksalsschlägen habe ich endlich mein großes Glück gefunden und hatte vor, ein ganz anderes Leben zu führen, mit viel Ruhe, Gelassenheit etc. Doch dann holte mich alles ein – Depressionen, Panikattacken, dunkelste Gedanken usw. Ich habe sehr lange gebraucht wieder »herauszukommen«, wie Sie sich vorstellen können. Mitunter hat mir auch Ihr Buch sehr geholfen und ich wollte mich bei Ihnen bedanken, für Ihre Ehrlichkeit. Ich habe viele Bücher gelesen in dieser Zeit, um mich wieder zu finden oder Hilfe zu finden. Ihr Buch war ein Wegweiser in die richtige Richtung. Es beinhaltet sehr gute Ratschläge, die ich mir herausgeschrieben habe oder immer wieder nachlese, wenn es mir einmal wieder nicht so gut geht. Nicht immer wende ich sie an ... Sie haben schon recht mit dem Dranbleiben und so. Steter Tropfen höhlt den Stein. – Peter P.

Sehr geehrter Herr Pirchner, wie so viele dieser Tage verschlinge ich, als Rückblick, Ihr Buch! Mich hatte es vor 10 Jahren so schlimm erwischt, dass es mir unmöglich war auf die Straße zu gehen! Sogar zur Selbsttötung war ich nicht imstande ... Dank meines Mannes, meiner Kinder, der gefundenen Psychiaterin und einer Psychotherapeutin habe ich mir ein neues Leben erarbeitet. Ich bin so stolz auf mich, die Krise als Chance genützt zu haben! Ich danke Ihnen, dass Sie den Mut hatten, zum Thema einer psychischen Erkrankung in die Öffentlichkeit zu treten. – Georgina T.

Sehr geehrter Herr Dr. Pircher, sehr geehrter Herr Mag. Pirchner, ich habe Ihr Buch innerhalb von ein paar Tagen verschlungen, ich gratuliere herzlichst zu diesem sehr guten Werk!!! Es ist viel mehr als »Ihre Geschichte«, es ist ein Lebenshilfebuch der Sonderklasse. Sie sind auch rhetorisch sehr begabt, ich habe oft sehr gelacht. Wirklich ein Spitzenbuch, welches den römischen Einser verdient. Der Grund, warum ich es gekauft habe, liegt darin, dass ich an Angststörungen leide und vor einem Jahr beschlossen habe, mich dagegen aufzubäumen. Ich habe mehrere energetische und sonstige Hilfestellungen in Anspruch genommen (aber noch keinen Coach, Therapeuten oder Psychiater), es geht mir schon viel besser. Ich bin sozusagen am Weg zu mir. Aus diesem Grund habe ich Ihr – mit enormer

Dichte versehenes – Buch praktisch vollständig verstanden, da ich seit einem Jahr an mir arbeite. – Anton S.

Vor einigen Jahren habe ich selbst einige Grenzerfahrungen (komplette Erschöpfung, Antriebslosigkeit, Depression …) gemacht. Mit Unterstützung einiger Personen (TCM-Arzt, Psychotherapeut, Neurologen) ist es mir gelungen, mein Leben Schritt für Schritt ins Positive zu verändern. Ich habe heute das Buch »Nur keine Panik – Mein Weg zurück ins Leben« von dir fertig gelesen. Ich bin begeistert, mit welchen klaren Worten du deinen Weg beschreibst. Ich möchte dir auf diesem Wege danke sagen, dass du das Durchhaltevermögen gehabt hast, dieses ausgezeichnete Buch zu schreiben. – Johann B.

Sg. Herr Pirchner, heute Vormittag hat mir der Briefträger Ihr neues Buch gebracht und wenige Stunden später bin ich berührt, auf eine Art und Weise, die ganz seltsam ist. Ich möchte nichts anderes als »Danke« sagen, Sie haben mich berührt, Ihre Geschichte(n) habe ich verschlungen und auf Seite 60 hab ich das erste Mal geweint, da ging es um die Diagnose und ich erinnere mich noch genau an meine, die war vor 1,5 Jahren. Seitdem lebe ich mit den Attacken mal besser, mal schlechter. Bisher hab ich es tunlichst vermieden, zu viel darüber zu lesen, aber eine Ausnahme war in Ihrem Fall absolut notwendig und wichtig, ich hab diese wirklich gern gemacht und wurde nicht enttäuscht. Ihr Schreibstil hat mich zum einen tief getroffen, aber auch erheitert. Wunderbar, wie Sie es geschafft haben, auf eine erfrischende Art dieses doch sehr ernste Thema aus Ihrer Sicht darzustellen. Alles Liebe. – Maria P.

Guten Tag! Ich möchte Ihnen für dieses Buch danken! Ich wünschte, ich hätte es im Jahr 2009 schon lesen können, wo ich meinen Zusammenbruch inklusive mehrerer Panikattacken in der Woche hatte. Ich konnte damals weder in meiner Wohnung sein, noch einkaufen gehen oder in die Arbeit, von öffentlichen Verkehrsmitteln ganz zu schweigen. Absolut zur rechten Zeit kam für mich mit Ihrem Buch die Thematik »ins Tun zu kommen« und mein größtes Thema, »nicht Nein sagen zu können« und es allen recht machen zu wollen. Ich habe mich 2 Tage, nachdem ich Ihr Buch zu lesen begonnen hatte, für eine Psychotherapie angemeldet, und habe mir fast eine ganze Woche nur für mich Zeit genommen. War ausschließlich Radfahren und Schwimmen und es hat unglaublich gutgetan! Ich habe prinzipiell nie Sport oder Bewegung gemacht und jetzt, wo ich »ins Tun komme«, merke ich erst, wie sehr mir das gut tut. Ihr Buch hat mir mehr geholfen als alle vergangenen Therapien zusammen. – Barbara C.

Lieber Herr »Dr. Pircher«! Danke für Ihr sensationelles Buch. Ich finde es auch toll, dass Sie das Thema »Familienaufstellung« ansprechen, was ja von vielen Leuten sehr skeptisch betrachtet wird. Ich habe in den vergangenen Jahren an 3 Aufstellungs-Seminaren im alten AKH teilgenommen und es war jedes Mal ein unglaubliches Erlebnis. Man muss, wie Sie auch sagen, »dabei gewesen sein«. Sie haben ein Riesentalent dafür, wie man mit den Leuten sprechen muss, um sie zu erreichen. Mich haben Sie erreicht. Danke dafür! – Karoline S.

Sehr geehrter Herr Pirchner, ich möchte die Möglichkeit (mit den tollen elektronischen Briefen) :-) nutzen und mich auf diesem Wege aus vollstem Herzen dafür bedanken, dass Sie dieses Buch geschrieben haben. Tatsächlich sprechen Sie mir Seite um Seite aus der Seele!!! Ich konnte es schon nach den ersten Sätzen kaum fassen – da gibt es jemanden, der »es« in allen Facetten genauso kennt und erlebt hat! Das hat mir alleine schon geholfen! Das Gefühl zu bekommen, damit nicht alleine zu sein! Mir ist das Buch heute zufällig zugefallen und anfangs dachte ich einfach nur: »Ach herrje, noch so ein Promi, der meint über etwas schreiben zu müssen, das er im Endeffekt in seiner ganzen, mühsamen Ausprägung gar nicht kennt!« Völlig richtig – ein ordentliches Vorurteil – doch so war's! Allerdings klammert man sich ja gerne an jeden Strohhalm und so kaufte ich das Buch. Am Nachhauseweg im Zug fing ich an zu lesen und ich kann Ihnen nur oberflächlich (ich bin nicht sooo wortgewandt) beschreiben, wie ich mich fühlte! Es war ein Segen, ein Gefühl, das mich frei-machte von den Beklemmungen und Grübeleien *der letzten Wochen! Herrgott, tat das gut!!! :-) Es war mir ein riesengroßes Bedürfnis, mich bei Ihnen zu bedanken!!! Danke für Ihre Offenheit!!! Ihr Buch tut unglaublich gut! Gibt Hoffnung und schafft es auch gleichzeitig, mich auf eine Art zu beruhigen, mich anzuspornen. Herzliche Grüße! – Heidelinde M.*

Lieber Herr Pirchner! Ich weiß nicht, wie ich es Ihnen schreiben soll ... Danke. Sie haben mir vermutlich das Leben gerettet. Nicht Sie, aber Ihr Buch. Damit auch Sie, falls Sie alles selbst geschrieben haben. Und das glaube ich schon. Ehrlich, authentisch, geradlinig und nicht selbstmitleidig. Danke, Danke, Danke. Ich war so tief verzweifelt, dass ich mich von dieser Welt verabschieden wollte. Ihr Buch, Ihre Geschichte hat mich aufgeweckt. Ich weiß zwar nicht, wie es weitergehen soll, aber es geht weiter. Ich komme ins »Tun«. Und daran sind Sie schuld im positiven Sinn. Ich danke Ihnen und umarme Sie. – Johannes B.

Heute noch, wenn es mir nicht so gut geht, lese ich hin und wieder diese und andere Briefe oder E-Mails, die ich bekommen habe, und schätze dann die guten, die positiven Seiten meines Lebens wieder intensiver. Ich habe mir angewöhnt, auch wenn es manchmal schwer fällt, eher die Lichtseiten des Lebens zu sehen und zu ihnen hinzustreben, denn zu den Schattenseiten. Also ist das Glas bei mir immer eher halb voll denn halb leer. Wie ist das bei dir? Das ist eine prinzipielle Einstellung und hat nichts mit gerade auftauchenden und bedrohlich scheinenden Kris(ch)en zu tun.

Manchmal laufen wir Gefahr, unsere Indispositionen falsch einzuschätzen, sie überzubewerten. Ich meine nicht einschneidende Schicksalsschläge, ich denke an jene Lebensumstände, die sich relativ bald anders als ursprünglich wahrgenommen darstellen. Du kennst das vielleicht aus eigener Erfahrung: Was gestern noch eine ausgewachsene Krise war, entpuppt sich am nächsten Tag als durchaus lösbares Problem oder Problemchen. Jene Sorgen und Nöte, die wir künstlich aufbauschen, um uns dann gerne, manchmal lustvoll im eigenen (Schmerz-)Sumpf zu wälzen, diese Probleme erreichen eine zu große Bedeutung, sie bekommen (von uns) zu viel Raum. Ich wünsche mir sehr, dass meine Mental-Tipps, manchmal auch die kleinen Tricks, dir helfen werden, die positiven Aspekte deines Lebens zu erkennen und nicht nur schwarz zu sehen und dunkel zu fühlen. Ich danke allen, die mir geschrieben haben, ich habe mich sehr darüber gefreut und es bedeutet mir viel. Danke.

Zeit zum Nachdenken

Die vielen Reaktionen auf meine Bücher und meine Vorträge haben eines gemeinsam: Es schreiben mir durchwegs Menschen, oder sprechen mich an, die einiges, manche viel mitgemacht haben und die mit der Zeit bereit waren zu einer Veränderung. Bereit zum Umdenken und »Um-Handeln«, um ein einziges Ziel, einen angestrebten Zustand zu erreichen: ihre Lebensqualität zu heben. Nach dem Motto: »Es geht mir von Tag zu Tag in jeder Hinsicht besser und besser!« Es sind Menschen, die eine Veränderung beschlossen, (durch-)gemacht und damit auch erlebt haben. Mitmenschen, die gesagt haben: »Es reicht!« Bei ihnen war eine gefühlte Grenze der Leidensfähigkeit erreicht. Dieses Limit muss erreicht werden, weil es sonst heißt: »Ich kann nicht, ich schaffe das nicht!« Nicht können heißt nicht wollen, das sollte uns klar sein. Das ist so. Das hat mir der berühmte Suchtforscher und Psychiater Prof. Michael Musalek schon vor Jahren in diversen Interviews erklärt. Und er hat recht damit. Wenn ich formuliere »Ich kann nicht«, heißt das im Klartext, dass ich (noch) nicht bereit bin, etwas zu verändern, dass ich keine Veränderung möchte. Da fällt mir eine Kurzgeschichte ein:

»Nach vielen Jahren eines langen Schlafes wacht Dornröschen eines Tages auf. Doch niemand ist da, um sie zu erlösen. So schläft sie wieder ein. Jahre vergehen und Dornröschen wacht wieder auf. Sie schaut nach links und rechts, nach oben und unten, aber wieder ist niemand da – weder ein Prinz noch ein Gärtner, der sie retten will. Und so schläft sie wieder ein. Schließlich wacht sie zum dritten Mal auf. Sie öffnet ihre schönen Augen, kann aber abermals niemanden erblicken. Da sagt sie zu sich selbst: ›Jetzt reicht's!‹, steht auf und sie ist erlöst.«[4]

Jede Veränderung verursacht Schmerzen, manchmal sogar heftige, und das ist, wie du wahrscheinlich, nein, wie du ganz sicher weißt, sehr unangenehm. Und dieses Unangenehme, Unerwünschte, Unerquickliche, das wollen wir verständlicherweise nicht, wir möchten in unserem gefühlten Innersten gar nicht heraus aus unserer scheinbar so behüteten, gemütlichen Welt, und weißt du, warum? Unser Unterbewusstsein signalisiert uns: »Es war doch immer schon so!« oder »Früher war alles besser!« Dieses »Früher war alles besser« ist meiner Meinung nach ein unfassbarer, hanebüchener Unsinn, das haben uns unsere Eltern, unsere Großeltern, das haben uns zurückliegende Generationen eingetrichtert, sie haben uns geradezu manipuliert und immer wieder, redundant wie eine tibetische Gebetsmühle, diese eine Botschaft verkündet. Und die stimmt ganz einfach nicht. Es war früher gar nichts besser, im Gegenteil. In meinem Fall war es das nicht und in deinem vermutlich auch nicht.

Wenn du halbwegs »normal« (was ist das?) aufgewachsen bist, hoffentlich ohne psychische und physische Gewalt, dann ist ja schon sehr viel Positives in deiner Entwicklung passiert. Unsere Vorfahren haben sich – wieder im Normalfall – gut um uns gekümmert, aber, liebe Leserin, das ist auch ihre verdammte Pflicht. Sich um die Kinder zu kümmern, ist eine Verpflichtung! Sie zu begleiten, sie zu trösten, sie zu umarmen, ihnen beizustehen, zu jeder Tages- und Nachtzeit für sie da zu sein. Das müssen wertschätzende, liebende Eltern tun. Nicht alle sind so eingestellt, das wissen wir leider, aber das würde jetzt zu weit führen und ich bin jetzt auch gar nicht in der Stimmung, mich in dieses Thema zu vertiefen.

Unsere Eltern haben uns viel beigebracht, sie haben uns die Möglichkeit gegeben, dass wir lernen, dass wir Menschlichkeit, Benehmen, Bildung, Motivation etc. erfahren und bekommen und dass wir das Gelernte in unser Leben transferieren und hoffentlich anwenden. Viele Eltern haben ihren Kindern aber auch beigebracht und sie dahingehend erzogen, ja nicht egoistisch zu sein, sich bescheiden zu verhalten und nur nicht aufzufallen. Nicht auffallen? Bescheiden sein? Gar duckmäuserisch vielleicht? Was soll denn das? Wofür, für wen? Für die Nachbarn, für die Verwandten? Nein, sicher nicht. Merkst du, dass ich emotional werde, dass mein Ton schärfer wird? Du kannst mich nicht hören, aber ich würde jetzt lauter sprechen.

Ich habe diese Lebensmuster (und es waren viele, glaube mir) spät, aber doch, teilweise abgelegt und abgehakt. Manches hat sich leider auch ins Gegenteil verkehrt – wenn ich auf vermeintliche »Angriffe« zu dünnhäutig, zu empfindsam, übersensibel reagierte, Leute rüde angefahren habe, die situationsbedingt für den Inhalt der Diskussion gar nichts konnten. Ich mache das teilweise heute noch und das tut mir schrecklich leid. Dann denke ich an eine Aussage meiner Schwester, die vor vielen Jahren schon meinte: »Wenn du mit manchen Situationen gelassener, sanfter, weicher umgehen würdest, dann würde das auch dir guttun.« Man spürt es deutlich und es entsteht so etwas wie ein warmes Gefühl im Bauch, wenn man mit sich und den anderen gelassener umgeht, souveräner, gedeihlicher.

Jetzt aber wieder rational: Welche Bedeutung haben deine Mitmenschen für dich, ich meine damit jene, die du dir im Regelfall nicht aussuchen kannst? Die Nachbarn? Die Verwandten? Heute noch bekomme ich leichte Panikattacken, wenn ich an manche dieser Figuren auch nur denke. Ein paar wenige waren dabei, die, auch aus meinem kritischen Blickwinkel betrachtet, ganz in Ordnung waren, aber sie waren in der Minderheit.

»Wohlstand«:
Es steht wohl in meinem Leben.

Herzensbildung, Empathie und Wertschätzung kann man nicht lernen, das bekommt man in der Kindheit und Jugend mit und dazu braucht man Vorbilder, an denen man sich orientieren und festhalten kann. Dafür gibt es keine Universitätskurse oder Angebote an der Volkshochschule. Ich habe einen Verwandten-Komplex, diese Themen verfolgen und begleiten mich seit frühester Kindheit bis heute. Faktum ist, dass du, dass ich, dass wir manchen Mitmenschen, intensiv vor allem auch jenen in unserer engeren Umgebung, zu viel Raum und Platz im Kopf gewähren, wir schenken ihnen zu viel Aufmerksamkeit und Beachtung. Und andere wiederum, vor allem uns selbst, vernachlässigen wir. Das ist doch eine verquere Denkweise, nicht?

Wohlstand – und Humor

Wenn der Zeitpunkt erreicht ist, an dem die eigene Leidensfähigkeit ausgeschöpft ist, dann krempeln manche die Ärmel auf und sind bereit zur Veränderung. Das Problem dabei ist häufig, dass die Leidenden diese Veränderung von einem auf den anderen Tag erreichen möchten, oder von einer Woche auf die andere. Es muss schnell gehen und sollte wenig Mühe bereiten. Und das, liebe Freunde, geht nicht. Genauso, wie wir oder andere mit uns schlecht umgegangen sind, über einen langen Zeitraum unseres Lebens, egal ob im seelischen oder im körperlichen Bereich, von der eigenen Rolle – dem *Ich* – gar nicht zu sprechen, genauso lange dauert es in vielen Fällen, bis wir wieder gut unterwegs sind. Bis es wieder »wohl steht« in unserem Leben, und das ist meiner Definition nach der Begriff von »Wohlstand«: Es steht wohl in meinem Leben, es geht mir gut, ich bin glücklich (fallweise zumindest), ich erfreue mich meines Daseins!

Wohlstand gibt es in meinem Privatleben, in meinem Beruf, in meinen körperlichen Belangen und in meiner Sinnfrage. Zu diesem vierten Bereich, der Sinnfrage, gehören auch Lebensorientierungen wie Religion, Glaube, Spiritualität, Missionen, Visionen etc. Eine wichtige Frage in diesem Zusammenhang lautet: »Wozu bin ich auf der Welt? Stifte ich Nutzen?« Dabei spielt natürlich die Sehnsucht nach Selbstverwirklichung und Erfüllung, eine philosophische Grundfragenklärung, eine ebenso wichtige Rolle wie Religion und Zukunftsfragen. Wenn es in diesen vier Bereichen – sozial, beruflich, Körperlichkeit und Sinn – gut steht, wenn es dir gut geht, dann hast du deinen eigenen persönlichen Wohlstand. Dann sind die wichtigsten Parameter in deinem Leben (halbwegs) im Gleichgewicht. Wenn alle vier Bereiche »wohl stehen« und sich gegenseitig die Balance halten, fühlt sich ein Mensch rundherum zufrieden.

Es gelingt mir leider nicht, diesen Wohlstand vollends zu erreichen, aber es geht mir von Tag zu Tag in jeder Hinsicht besser und besser. Das bedeutet Arbeit. Das bedeutet Pro-Aktivität! Ich agiere und bin der Haupt-Gestalter meines Lebens, mit allen positiven und negativen Folgen. Und dieser Weg ist mitunter ein mühevoller, steiniger und anstrengender. Eine Psychologin sagte mir einmal, dass alle oben angeführten Parameter, wenn möglich, wie ein Perpetuum Mobile ständig in Bewegung, im Flow, in Balance sein sollten. Ich kenne niemanden in meinem großen Bekannten- und auch sehr eingeschränkten Freundeskreis, der in Balance ist. Einige tun so als ob, sie täuschen und tarnen, sie geben vor, permanent und »wirklich« zufrieden und glücklich zu sein und betonen das auch immer. Das sind die Verdächtigen ... Warum sie das tun, weiß ich nicht, es ist mir auch egal.

Ich möchte kurz etwas zu meinen Tipps in diesem Buch schreiben. Es gibt Hunderte, Tausende Ratgeber, die uns alle eine irrsinnig tolle und erfüllende Lebensqualität versprechen, wenn wir sie lesen. Ich kann dir gar nichts versprechen, weil das nicht möglich ist. Was ich dir sagen kann, ist, dass mir alle diese Tipps/Techniken/ Methoden irgendwann einmal in meinem Leben geholfen haben. Dass sie mich unterstützt haben, meine teilweise darniederliegende Lebensqualität wiederzuerwecken, im wahrsten Sinn des Wortes, und dann schrittweise zu steigern. Aus den Tiefen meiner düsteren Seelennebel heraufzuklettern, wieder aufzustehen, die Störer und Kritiker (in mir) zum Schweigen zu bringen und mich auf mein Er-Leben zu konzentrieren. Vielleicht denkst du dir beim ein oder anderen meiner Tipps: »Was soll denn das?«, »So ein Blödsinn, das bringt doch nichts«, »Das ist lächerlich!« Stopp! Lächerlich? Durchaus möglich, hat aber auch etwas Positives. Lächerlich kommt von »lächeln«, und das kannst du in einen Konnex mit einer mentalen Eigenschaft bringen, die wir fast verloren haben. Viele von uns haben ihre Humorfähigkeit verloren, vergraben, verschüttet.

Humor ist eine der wichtigsten mentalen Eigenschaften, die wir Menschen haben (können)! Ohne Humor geht fast gar nichts, das weiß ich. Und wenn es in dunklen Stunden möglicherweise nur mehr der Galgenhumor ist ... Prinzipiell können wir alles *ins Lächerliche ziehen,* auch verblödeln – in unserer oftmals präsenten und auch dominierenden Hilflosigkeit kann das ein Anker sein, an dem wir uns gerne festhalten, wenn wir nicht ins Tun kommen wollen. Ein Anker freilich sollte stabil sein, sollte uns Halt geben in stürmischen Zeiten, und das tut dieser – wenn wir alles als lächerlich hinstellen – ganz sicher nicht, im Gegenteil, er wird uns noch weiter hinunterziehen, wohin auch immer.

Ich habe eine Definition von »Humor« gefunden, die mir gut gefällt und passend erscheint: »Humor ist die mentale Bereitschaft und Fähigkeit, eingehende Informationen auf enthaltene Kontraste hin zu untersuchen.« Humor ist demnach gekennzeichnet durch Kreativität und Logik. Mit Heiterkeit hat diese Definition wenig gemeinsam. Ein Mensch, der in der Lage ist, bei einer Unstimmigkeit

Der Pessimist sieht in jeder Chance
eine Bedrohung.
Der Optimist in jeder Bedrohung eine Chance.
CHINESISCHE WEISHEIT

Vorstellungen so weit auseinanderzurücken, dass sie zu Polen eines Kontrastes werden, wird in einer ganz anderen Art als ein lediglich heiterer Mensch von innen heraus lachen können.[5]

»Lachen ist gesund«, »Durch Lachen abnehmen«, »Humor angesichts von Sterben und Tod« – die Palette von Buchtiteln zu diesem Thema ist sehr groß. Lachen und Humor können angeblich heilen, Tiere haben angeblich auch Humor, kann ich Lachen lernen? Unfassbar, wie viel Literatur und Angaben im Internet es dazu gibt. Ich erinnere mich an eine Vorlesung im Rahmen meiner Ausbildung zum Lebensberater und Mentalcoach. Da fixierte die Lehrbeauftragte an der Tafel zwei kreisrunde gelbe Scheiben, im Durchmesser von ca. 50 cm – malt auf die linke einen Smiley und auf die rechte einen Saddy, also das Gegenteil mit den Mundwinkeln nach unten. Innerlich stöhnte ich leicht auf und dachte mir »Oh Gott, das wird heute etwas ...« Es wurde tatsächlich etwas, wie so oft in diesen Lehrveranstaltungen in Bregenz und Salzburg. Meine meistens sehr präsente Skepsis wich einer Erkenntnis. Nämlich jener, dass der Smiley bei mir bessere Laune auslöste, je länger ich ihn betrachtete. Der Saddy wurde von der Tafel entfernt und so sahen wir auf diese relativ große gelbe, freundliche Smiley-Scheibe. Wir sollten sie betrachten und unsere Gefühle beschreiben, so ähnlich lautete die Aufgabe, ganz genau weiß ich es nicht mehr. Mittlerweile habe ich mir einige Smileys gebastelt, nein, ich sollte ehrlich zu dir sein, basteln lassen, weil ich handwerklich ganz schlecht bin. Smiley hier, Smiley da. Ich stecke mir manchmal, wenn ich schlecht drauf bin, einen Smiley ein und betrachte ihn ab und zu. Das macht etwas. Probier es aus: Bastle dir einen Smiley und zeige ihn vielleicht einem Kind oder jemand anderem in deiner Umgebung, ohne einen Kommentar abzugeben. Nur zeigen. Weißt du, was passieren wird? Du wirst ein Lächeln ernten. Garantiert.

Optimist oder Pessimist?

Überlege bitte: Wann fühlen wir uns besser? Wenn wir pessimistisch sind, wenn wir negativ denken, wenn wir unzufrieden sind und immer darüber grübeln, was mit der Welt und mit uns nicht stimmt? Es geht nicht um die Fakten, was alles um uns herum passiert und auch mit uns, es geht alleine ums Denken, um Wörter und Bilder, die wir im Kopf haben. Oder geht es dir besser, wenn du hoffnungsfroh, wenn du optimistisch bist, wenn du einmal darüber nachdenkst, womit du zufrieden sein kannst, was du alles schon geschafft hast? Natürlich fühlen wir uns besser, wenn wir optimistisch, wenn wir positiv eingestellt sind, keine Frage.

Pessimismus ist übrigens keine Charaktereigenschaft, die wir nicht verändern könnten. Das hat schon der amerikanische Psychologe Martin Seligman in unzähligen Studien nachgewiesen. Optimistische Menschen sind lebensfroher, fühlen sich vitaler und spüren Lebensfreude. Darum geht's doch, um unsere Lebensqualität und damit auch unsere Lebensfreude, nenn es, wie immer du willst. Immer gut drauf sein, das geht nicht. Genauso wenig darf man, muss man, kann man immer schlecht drauf sein, oder? Nein! Schwarz oder Weiß? Nein danke.

Denk an den Regenbogen, wie viele Farben hat ein Regenbogen? Unendlich viele, oder sind es acht? In alten Überlieferungen ist von vier oder fünf Farben die Rede. In den Legenden des afrikanischen Dogon-Stammes gilt der Regenbogen als »vierfarbiger Pfad der Götter«. Der berühmte Physiker Isaac Newton zählte im 17. Jahrhundert dagegen sieben Farben im Regenbogen: Rot, Orange, Gelb, Grün, Blau, Indigo und Violett. Doch diese Zahl war willkürlich gewählt: Tatsächlich hängt die Zahl der unterschiedlichen Farben, die wir im Regenbogen wahrnehmen, von zwei Dingen ab: einerseits davon, wie kräftig der Regenbogen leuchtet – in einem hellen Regenbogen vor einer dunklen Wolkenwand erkennen wir mehr Farben als in einem vor hellem Hintergrund kaum sichtbaren Regenbogen. Und andererseits von unserer individuellen Farbwahrnehmung – manche Menschen vermögen einfach mehr Farbnuancen zu unterscheiden als andere. Und so sehen die einen vielleicht noch Cyan zwischen Blau und Grün und damit acht Farben, während andere nur Blau und Violett, aber kein Indigo erkennen.[6]

Der Regenbogen hat viele Farben, verschiedene Nuancen – genauso wie das Leben. Unser Leben ist eine farbenfrohe Palette aus vielen dunklen Tönen, dann wiederum gibt es Sonne und damit Licht, warme Momente, kühlere usw. Ich hatte eine Phase in meinem Leben, da haderte ich mit meinem Beruf als Moderator. Ich dachte mir: »Immer und immer wieder dasselbe.« Routine hatte ich mittlerweile genug, Erfahrungen jede Menge gesammelt, ich machte meinen Job auch aus meiner Sicht ganz gut. Ob man das, was einer im Fernsehen macht, mag oder nicht, das ist zum großen Teil Geschmackssache. Wie bei einem Musikstück, einem Bild, einer Person – entweder findet man sie sympathisch oder man mag

Optimistische Menschen sind lebensfroher, fühlen sich vitaler und spüren Lebensfreude.

sie nicht. Befürworter oder Ablehner. So ist das in einem öffentlichen Tätigkeitsbereich. Meine Kompetenz war in Ordnung und die meisten in meinem Umfeld schienen zufrieden. Den Vorgesetzten ist das ja vermutlich egal, ob sie dich mögen oder nicht, ob du sympathisch bist oder nicht, Hauptsache, die Quoten stimmen. Das ist verständlich, der Output muss gegeben sein, weil sich sonst, kaufmännisch gesehen, dein Engagement, deine Bezahlung nicht wirklich rentiert. Ich haderte also und war unzufrieden. Gedanken wie »Was hätte ich nicht alles erreichen können, wenn ich meine Beziehungen genützt hätte (so wie das andere auch getan haben), wenn ich meine Ziele konsequent verfolgt hätte, wenn ich zur richtigen Zeit am richtigen Ort das Richtige gesagt hätte« usw. Hätti, wari, tati. Ich habe es nicht getan, weil ich tief im Innersten genau wusste und vor allem spürte, warum nicht. Weil ich mich selbst verraten hätte, mir selbst untreu geworden wäre. Weil ich in diesen Momenten Bilder von karrierebewussten und -willigen Damen und Herren in den verschiedensten Lebenslagen vor mir sah, weil ich teilweise miterlebte, was sie alles auf sich nehmen mussten, nur um dann einen Job – eine Funktion – zu erlangen, die sie anstrebten und die ihnen eine gewisse Zeit Macht und Ansehen verlieh. Ich bekam deutlich mit, wie sich manche Menschen charakterlich und vor allem figürlich veränderten. Ich registrierte hautnah, welche Entbehrungen, welche Erniedrigungen sie sich gefallen lassen mussten, um ihre Ziele zu erreichen. Ein steiniger Weg. Und viele von ihnen vergaßen und vergessen eines: Die Macht, die Wichtigkeit, die sie zeitlich begrenzt bekommen haben, ist nur eine Funktion – und zwar eine Funktion mit Ablaufdatum. Wenn sie dich, wer auch immer, in einer hohen Funktion (außer die Firma gehört dir) nicht mehr wollen, dann bist du weg. Ratz fatz. Schnell geht das, liebe Freunde, das habe ich oft erlebt. Und dann lassen sie dich fallen, die Unterstützer, die Hofschranzen, die Speichellecker. Deshalb grüße ich die Putzfrau genauso freundlich wie den jeweiligen Geschäftsführer. Die Putzfrau brauche ich übrigens vermutlich öfter …

Ich war also unzufrieden mit meinem beruflichen Tun. Ich wurde gut bezahlt, hatte angenehme Arbeitszeiten, ein feines Arbeitsumfeld, zum Teil sehr liebe Kollegen, die Arbeit selbst machte mir Freude, aber ich war unzufrieden. So genau wusste ich nicht warum, es war eine Grundstimmung. Schon beim Hineinfahren, beim ORF-Portier, dachte ich: »Oh mein Gott, wenn es doch nur schon 18.30 Uhr wäre ...« Tolle Einstellung, nicht? Irgendwann einmal in dieser gedanklich negativen Berufsphase erzählte ich das einem Therapeuten und der gute Mann meinte: »Wie wäre es, wenn Sie gedanklich das Ganze einmal umdrehen würden?« Verständnislos schüttelte ich den Kopf: »Wie jetzt, was?« – »Na filtern Sie einmal die positiven Eigenschaften Ihres Berufes für sich heraus!«

Da fiel es mir plötzlich wie Schuppen von den Augen und ich erinnerte mich an eine schriftliche Technik, die ich vergessen oder für mich ausgeblendet hatte. Ein sogenanntes Anagramm. Ich stellte mir die Frage: »Was schätze ich an meinem Beruf?« Das »Schlüsselwort« war in meinem Fall *Moderator*. Die Frage schrieb ich dann auf ein DIN-A4-Blatt, dann das »Schlüsselwort« senkrecht darunter und dann bildete ich aus den Anfangsbuchstaben des Wortes »Moderator« passende Antworten auf die Frage »Was schätze ich an meinem Beruf?«.

Wir probieren das jetzt zum Thema »Optimismus« aus, einverstanden? Ich habe für dich ein Anagramm gestaltet. Die Frage lautet: »Was brauche ich, um mich stabil, sicher und stark zu fühlen?« Das »Schlüsselwort« ist »Optimismus«. Du findest bitte passende Antworten auf deine Frage – wobei die Lösungsworte mit den jeweiligen Buchstaben des »Keywords« beginnen sollten. Bei »O« helfe ich dir: Offenheit vielleicht, oder Organisation, Ordnung etc.

TIPP 4: ANAGRAMM ZU »OPTIMISMUS«

- Nimm dir ein DIN-A4-Blatt Papier.
- Schreibe die u.a. Frage an den Anfang.
- Schreibe das Wort OPTIMISMUS senkrecht auf das Blatt.
- Finde jetzt Begriffe, die die Frage beantworten, mit den verschiedenen Buchstaben des Wortes »Optimismus« – du kannst, wenn du möchtest, gerne auch mehrere Antworten anführen.

Was brauche ich, um mich stabil, sicher und stark zu fühlen?

O FFEUHEIT

P OSITIV, PERSÖNLICHUEIT

T ALENT

I HHUN

M UT

I HPULS

S ONNE

M ACHT

U EBENWINDUNG

S ICHERHEIT

45

Selbstwirksamkeit

Ob wir in unserem Dasein zufrieden und glücklich, erfüllt und aus-geglichen sind, das mag jede für sich werten bzw. definieren. Was ist Glück? Was bedeutet Zufriedenheit? Wann bin ich ausgeglichen? Die Antworten auf diese und viele ähnliche Fragen haben kluge Leute wie Philosophen, Psychologen, Therapeuten, Mediziner, also allesamt Experten schon in Hülle und Fülle gegeben. Ich will mich da gar nicht vertiefen – gut geht es mir, glücklich bin ich (fallweise – dauerndes Glück gibt es nicht, oder?), zufrieden fühle ich mich, wenn ich mit mir im Reinen bin. Wenn es mir mit mir selbst gut geht.

Wir fühlen uns dann glücklich, wenn wir das, was uns persön-lich wertvoll erscheint – »von Wert« –, tatsächlich entdecken, errei-chen und dann realisieren können. Ja, ich betone bewusst das Wort »können«, weil wir doch beide wissen, liebe Leserin, dass dieses Privileg nicht allen Menschen gegeben ist: das Können. Finden wir die richtigen Dinge wertvoll? Wieder so eine Frage, auf die eine Ant-wort schwer fällt. Wie lautet die Definition des Begriffes »wert-voll«? Ein Wert kann nur richtig oder falsch sein. Wenn der Wert hält, was er verspricht, dann macht uns dieser Wert, diese Einstel-lung, diese Überzeugung zufriedener und glücklicher.

Das Problem dabei ist die Möglichkeit, dass wir uns irren kön-nen. Nicht alles, was glücklich machend erscheint, ist es auch. Das kann in die eine und auch in die andere Richtung laufen. Wenn wir beispielsweise unsere Glückseligkeit von einem Lottogewinn er-warten, da kann ich aus eigener Erfahrung berichten, dass ein hoher, plötzlicher Geldgewinn den Empfänger nicht unbedingt glücklich gemacht hat. Ja, das stimmt schon: Geld zu haben beru-higt. Keine Schulden mehr haben, wenn völlig egal ist, wie und wo der Schweizer Franken hinsichtlich eines möglichen Kredits steht, man sich alles kaufen kann, was man will. Aber kann man Glück kaufen? Definitiv nein. Das kann man nicht. Anfangs sind die frischgebackenen Millionäre oder die braven Erben fassungslos vor

Freude. Aber wenn man das eine Weile beobachtet hat, dann kommt die Erkenntnis, dass – komischerweise vor allem »Neureiche«, also Gewinner oder Erben – noch nie selbst irgendetwas geleistet haben oder weitergebracht haben (außer den Lottoschein ausgefüllt zu haben oder Tochter/Sohn gewesen zu sein). Sie haben keine Aufgabe, keine Verantwortung, kein Gefühl des Gebrauchtwerdens. Sie sind halt reich. Bei einigen Reichen, die ich besser kenne, sehe ich wenig Lebenssinn, wenig Erfüllung und Zufriedenheit. Du merkst schon, dass eine Spur von Neid in mir aufkeimt, denn finanziell völlig unabhängig zu sein, das wär schon was. Meinen Lebenserfolg definiere ich aber schon gezwungenermaßen nicht über Geld. Und das dürfte die richtige Entscheidung sein.

Viele Philosophen sind sich in einer Sache einig: Dinge, von denen wir uns Lebensglück versprechen und erhoffen, enttäuschen uns häufig und machen uns nicht glücklich. Schon Sokrates meinte, dass wir Menschen aufwachen sollten aus unseren falschen Glücks- und Wertvorstellungen. Er war überzeugt davon, dass ein nicht hinterfragtes Leben nicht lebenswert ist, weil ein ungeprüftes Leben nicht glücklich machen kann. Wir müssen über unser Leben nachdenken, wenn wir das Glück nicht einfach dem Zufall überlassen wollen.[7]

Der Erfolg im Leben, im persönlichen Bereich, im Privatleben, im Berufsleben ist Einstellungssache. Und in diesem Zusammenhang glaube ich ganz fest an die eigene Grundeinstellung. Ich meine damit die Frage: Wie bin ich *mir* gegenüber eingestellt, wie geht es mir im Umgang mit Veränderungen, mit schwierigen Situationen und Krisen? Die Kernfrage ist: Mit welcher (Grund-)Einstellung gehe ich durchs Leben? Bin ich positiv drauf, optimistisch oder bin ich eine Schwarzseherin, negativ und deprimiert? Interessant ist auch die Beantwortung von Fragen wie: Wie geht es mir mit mir? Was tue ich mir Gutes und auch Schlechtes an? Wie sehe ich meine private Lebensrolle, meinen Beruf?

Die entscheidende Frage ist: Wie steht es um meine »Ich-Rolle«?

Ein selbstwirksamer, stabiler Mensch sieht sich nicht in der Opferrolle, sondern schöpft Selbstvertrauen aus den eigenen Kompetenzen.

Hast du nicht auch manchmal das Gefühl, dass manche Menschen in jeder Lebenslage auf die sogenannte Butterseite des Lebens gefallen sind? Dass ihnen scheinbar alles zufällt? Ich sage dir aus eigener Erfahrung, dass ich nicht an »Zu-fälle« glaube. Es fällt dir nichts zu, es passiert, weil es passieren muss! Falls du jetzt die Stirn runzeln solltest: Ich bin kein Esoteriker. Wobei auch dieser Bereich (Lebens-) Hilfsmittel und Unterstützungen anbietet, die man nicht von vorneherein ablehnen sollte. Alles, was dir hilft, was der Hebung, der Steigerung deiner Lebensqualität dient, solltest und darfst du dankbar annehmen. Zurück zu den »Butterseitenmenschen« bzw. zu uns. Wir wissen auch, dass es andere gibt, die Gegenteiligen – jene, die an sich zweifeln, die immer hadern, die entscheidungsschwach, unsicher sind, die durchs Leben taumeln und sich wie ferngesteuerte Roboter bewegen.

In diesem Zusammenhang sollten wir uns den Begriff »Selbstwirksamkeit« bewusst machen. Was ist das? Wenn du über die Fähigkeit zur Selbstwirksamkeit verfügst, dann hast du einen unverrückbaren Glauben daran, dass du die unterschiedlichsten Herausforderungen bewältigen kannst. Du hast Selbstvertrauen, bist stabil und fühlst dich sicher. Dann bist du in Balance. Das klingt doch schön, oder? Faktum ist: Wenn du selbstwirksam bist, dann gestaltest du, dann bist du die Macherin, die Regisseurin deines Lebens, und bitte verwechsle das jetzt nicht mit Egoismus. Ein selbstwirksamer, stabiler Mensch sieht sich nicht in der Opferrolle, sondern schöpft Selbstvertrauen aus den eigenen Kompetenzen.

Ich möchte dir im Folgenden einige Tipps und Tricks verraten, die mir geholfen haben, selbstwirksamer zu werden. Begonnen hat das Ganze vor vielen Jahren, als ich meine Rolle(n) noch spielen musste. Zu einer Zeit, in der ich mich häufig schwach fühlte, oft niedergeschlagen war, immer auf die anderen gehört habe und in der Folge auch meistens das getan habe, was sie von mir erwartet haben. Ich war alles andere als stabil, selbstsicher oder gar in Balance. Wobei mir das mit der Balance ein wenig suspekt ist, ich habe das Leben ganz gern bewegt und mit Aufregung verbunden, dann wird mir nicht fad ...

Ich spielte also eine Rolle – nach außen psychisch und physisch sowieso stark, bestimmend, forsch, entscheidungswillig. In der Realität, in meinem Inneren, sah es anders aus, aber das konnte und wollte ich nicht zugeben. Stell dir vor, ein relativ junger Mann in einem exponierten Beruf, der »Skilehrertyp aus den Alpen«, verletzlich und sensibel – das geht gar nicht. Männer müssen stark sein, sie sind die Retter des Universums! Sensibel? Schwächen zugeben? Nein, unmöglich. Aber was erzähle ich dir über unser gegenseitiges Rollenbild ... Wir werden es heute zumindest nicht ändern und deshalb widmen wir uns jetzt unserer Selbstwirksamkeit.

Ein wichtiger Punkt für mich war, zumindest selbstsicher aufzutreten, privat und beruflich. Also körperlich. Und das kann man sich angewöhnen, dass die Außenwelt dir nicht schon auf hundert Meter ansieht, wie es dir geht, wie du dich fühlst, was du empfindest. Du musst niemandem erzählen, wie es dir geht, in diesen Fällen ist »Schweigen« tatsächlich Gold. Glaube mir, auch ich habe in Lebensphasen, in denen es mir dreckig ging, viel zu vielen Leuten meine Gefühle, Gedanken und Empfindungen anvertraut. Diese Offenheit wird eines Tages auf dich zurückfallen. Daher halt einfach den Mund.

Außenwirkung – der erste Eindruck ist der beste! Oder wie der Volksmund sagt: »Für den ersten Eindruck gibt es keine zweite Chance.« Das hat schon etwas, ich meine damit keine Vorstellungsgespräche oder etwas in Richtung Karriere, ich denke an gewöhnliche Treffen mit Freunden, Verwandten, Bekannten, Arbeitskollegen usw. – es geht um deine Wirkung, um deinen Auftritt. Was ist dabei wichtig? Erstens deine Körperhaltung, deine Körpersprache, dein Händedruck, dein Augenkontakt, deine Kleidung, dein Geruch und vor allem deine Stimme. Wenn du bei einem Treffen, einem Auftritt nervös dahinfiepst oder piepst wie ein Vöglein, dann wirst du nichts erreichen. Weder für dich, noch für deine Sache, klar? Du kannst die Parameter Sprache, Händedruck, Augenkontakt halten, üben. Und zwar vor dem Spiegel. Das beginnt beim Zähneputzen in der Früh, und komm mir jetzt bitte nicht mit dem schwachen Argument »Ich hab keine Zeit, vor dem Spiegel meine Haltung zu üben ...« Mach es einfach, es wird dich weiterbringen. Versprochen.

TIPP 5: NEUE GRUNDHALTUNG

- o Stell dich aufrecht vor den Spiegel und schau dich an. Ich weiß schon, das fällt manchen schwer ...
- o Jetzt schau bitte freundlich – du weißt schon: Smiley!
- o Schiebe deine Schultern langsam zurück – die meisten Menschen schmerzt das ein wenig, weil wir alle eine zu gebückte, zu duckmäuserische Haltung haben. Besonders die großen Menschen ...
- o Richte dich auf, als würde dich in der Mitte deines Kopfes eine Schnur vorsichtig nach oben ziehen – ein bisschen geht noch!
- o Richte auch dein Kinn ein wenig nach oben, nicht zu viel, du merkst schon, wann du die richtige Position erreichst.
- o Kneife jetzt zusätzlich langsam für ein paar Sekunden deine Pobacken zusammen, fest! Das hilft dir in Situationen, wo dir deine aufrechte, selbstsichere Haltung (noch) unangenehm ist – keiner sieht es, keiner merkt es und du erreichst durch die Anspannung deines Gesäßmuskels gleichzeitig eine innere Entspannung.
- o Diese Haltung kommt dir möglicherweise ungewohnt vor, das verstehe ich, aber schau dich bitte weiterhin im Spiegel an und atme ruhig und regelmäßig.
- o Achte darauf, dass du in deinen Bauch atmest – tief einatmen durch die Nase, kräftig ausatmen durch den Mund.
  Langsam und regelmäßig fünf Mal.

Bauch oder Kopf?

Wir Menschen beschäftigen uns seit jeher mit der wichtigen Frage: »Soll ich eher meinem Verstand oder eher meinen Gefühlen folgen?« Wichtig ist uns auch, ob und wie wir es schaffen, Menschen so zu verändern, dass sie das tun, was wir von ihnen wollen. Und dann geht es vor allem auch um die Antwort auf die Frage: »Wie schaffe ich es, mich selbst zu ändern?«

Sicher kennst du Antworten wie: »Gehe rational vor, wäge Vor- und Nachteile ab und entscheide dann! Lass dich dabei nicht von Gefühlen hinreißen, das ist schädlich!« Dass dies nicht immer funktioniert, das wissen wir hinreichend. Eine Minderheit sagt, dass es eine höhere Vernunft als Verstand und Intellekt gibt, und zwar die des Herzens. Aber wie sollen wir vorgehen? Was ist das beste Rezept für unsere (Lebens-)Entscheidungen? Sobald es sich um längerfristige Veränderungen unserer Lebensführung oder um eingeschliffene Verhaltensmuster handelt, wird es schwierig. Viele von uns unterliegen der Illusion, dass Veränderung funktioniere, wenn man nur wolle. Aber meist will man offenbar nicht »richtig«. Ich höre mich: »Ich möchte schon, aber ...« Das Wörtchen »aber« hat in diesem Zusammenhang eine große, eine dominante Bedeutung.

Und so macht man in der Familie, in der Schule, im Betrieb und in der Gesellschaft mit altbewährten Rezepten weiter, auch wenn sie wenig erfolgreich sind. Dramatisch können sich die Probleme entwickeln, wenn es um schwerwiegende Dinge geht. Bedeutende Philosophen haben sich mit diesen Fragen befasst, aber ihre Ratschläge gelten heutzutage als wenig hilfreich, zumal sie oft in völlig entgegengesetzte Richtungen gehen. Psychologen untersuchen seit einigen Jahrzehnten mit genauen Beobachtungen und zunehmend mit empirisch-experimentellen Methoden die gleichen Fragen, aber

Ich gehe aufrecht durchs Leben,
stolz und ohne Scheu.

die Kontroversen sind dadurch nicht weniger geworden, wie das Sammelsurium von Ratgebern auf dem Buchmarkt zeigt.[8]

Neurowissenschaftler haben herausgefunden und nachgewiesen, dass für eine dauerhafte Verhaltensänderung mindestens 60 Impulse des bewussten Tuns notwendig sind. Das heißt, du solltest, wenn du eine Veränderung erreichen willst, geduldig mit dir sein und Durchhaltevermögen haben. Regelmäßiges Üben bzw. Praktizieren ist unabdingbar. Anders geht es leider nicht. Also: achtsames Denken und Handeln solltest du rund 60 Mal wiederholen, bis es dir in Fleisch und Blut übergegangen ist. Und noch einmal, und das ist sehr wichtig für dich und unsere gemeinsame Arbeit (ja, es ist Arbeit ...): Sei nachsichtig und geduldig mit dir. Gehe mit dir besser um! Wir arbeiten weiter an unserer Haltung, an der äußeren und auch an der inneren. Wir gewöhnen uns, egal wie gut oder wie schlecht es uns geht, eine selbstbewusste, selbstsichere Haltung an. Du wirst spüren, wie sich diese neue Grundhaltung in allen Lebenslagen auf dich und auch auf andere auswirkt. Die Devise lautet: Ich gehe aufrecht durchs Leben, stolz und ohne Scheu. Ich stärke mein Selbstwertgefühl durch eine selbstbewusste Körperhaltung, auch wenn mir das am Anfang vielleicht schwerfällt.

TIPP 6: STABIL UND SELBSTSICHER AUFTRETEN

o Du stehst wieder aufrecht vor dem Spiegel.

o Dann richtest du deinen Blick nach vorn und konzentrierst dich darauf!

o Schau ab jetzt deinem Gegenüber – egal wer es ist (jetzt bist du es ...) – direkt in die Augen und lass dich nicht verunsichern.

o Dehne die Zeitspanne, in der du anderen in die Augen schaust, aus. Anfangs ist das vielleicht schwer auszuhalten, aber du kannst und wirst das üben!

o Gewöhne dir ab sofort auch einen selbstsicheren, festen Händedruck an (nicht zu fest, Menschen, die dir fast die Hand zerquetschen, leiden meistens unter einem mangelnden Selbstbewusstsein. Wir kennen ja unsere Pappenheimer ...).

Es geht um deine Wirkung, um dein Auftreten, und noch einmal: egal, ob in guten oder schlechten Zeiten. Es muss nicht jeder merken und gleich erkennen, wie es dir geht, in welchem seelischen Zustand du dich befindest. Das macht viel mit dir und auch mit den anderen, du wirst sehen.

Trennung, Verlust, Neubeginn

Eine Trennung, der Verlust eines Menschen, ist schmerzhaft. Ob eine Partnerschaft in die Brüche gegangen ist oder ein dir nahestehender Mensch gestorben ist, beides kann uns aus der Bahn werfen und unser Leben aus den Fugen geraten lassen. Die schwierigste Phase des Verlustes ist zumeist der Beginn, wenn »es« frisch ist, da denken wir beinahe ständig an die geschehene Veränderung, an den Verlust. Der scheinbar oder tatsächlich geliebte Mensch fehlt uns permanent. Wie heißt es so treffend: »Die Zeit heilt Wunden.« Aber in der Akutphase ist dieser Spruch überhaupt kein Trost. Wobei, und vielleicht tröstet dich das ein wenig und du kennst es auch aus deiner eigenen Lebenserfahrung: Diese Momente werden weniger und irgendwann, nach einigen Monaten oder manchmal auch erst nach Jahren, werden die Gedanken an den Verlust seltener.

Ich habe dieses Gefühl, dass der Schmerz über den Verlust mit der Zeit kleiner und reduzierter wird, auch schon öfters erleben müssen. Langsam aber sicher kehrt wieder so etwas wie Stabilität ein. Damit meine ich nicht »Normalität« – die kommt nie wieder. Nie wieder wird es so sein, wie es einmal war. Die Zeit vergeht und das Leben geht unweigerlich weiter. Und dennoch taucht der Verlust des geliebten Menschen immer wieder auf, auch nach Jahren. Ganz plötzlich ist die Erinnerung wieder da. Die Auslöser dafür sind vielfältig: ein Musikstück, das man sich mit dem verlorenen Menschen gemeinsam angehört hat, Situationen, die mit diesem Menschen in Verbindung gebracht werden, Urlaubserinnerungen, oder ein Jahrestag jährt sich. Der Todestag der Mutter, des Bruders oder der Geburtstag des Ex-Partners.

Die Frage ist, wie wir mit diesen schmerzhaften Erinnerungen umgehen können. Die meisten von uns wollen solche Erinnerungen vermeiden und am liebsten gar nicht bewusst an den Verlust erinnert werden. Meistens funktioniert das auch – wir machen mit unserem Alltag weiter, nehmen Termine wahr. Wir wollen die wehmütigen Gefühle, die mit solchen Erinnerungen verbunden sind, nicht spüren. In den meisten Fällen werden wir diese belastenden Gefühle nämlich nicht richtig los. Häufig jedoch wird der Druck zu groß und schmerzhafte Gefühle erwischen uns unwahrscheinlich stark und intensiv. Das fühlt sich dann lähmend und kräfteraubend an, unsere Energie wird weniger, wir beginnen vor allem in der Nacht »darüber« nachzudenken und es beginnt das unheilvolle Spiraldenken.

Wenn wir jedoch diesen Erinnerungen erlauben, präsent zu sein, und wenn wir unsere Gefühle zulassen, dann werden sie ein Teil von uns und wir empfinden sie nicht mehr als Verfolger und als Störer. Ich bin überzeugt davon, dass auch in unseren traurigen Erinnerungen eine Riesenchance für uns steckt. Wir können und werden in der Bandbreite unserer Erinnerungen viel mehr entdecken als nur das Negative, das Traurige und Belastende unseres Verlustes.

Blickwinkel ändern

Wenn du jetzt denkst, das hilft doch alles nichts, was schreibt denn der ... Vielleicht hast du Gedanken wie »Mir tut es nur weh, mich an früher zu erinnern. Dieser Mensch fehlt mir jeden Tag. Mich an ihn/sie und die Zeit mit ihm/ihr zu erinnern, tut zu sehr weh. Ich will diese ganzen Gefühle nicht.« Du hast absolut recht – natürlich schmerzt es, sich zu erinnern.

Das Leben funktioniert nicht
im Konjunktiv.

Kennst du auch Situationen, in denen die sonderbaren und nicht befriedigenden »Selbstmitleids-Gedanken« auftauchen? »Hätte ich doch, wäre das nicht, wenn ich das damals nur gewusst hätte ...« Schluss damit. Vergiss es. Das Leben funktioniert nicht im Konjunktiv. Es kann so nicht funktionieren – schon gar nicht zu deinen Gunsten. Wenn wir Belastendes, Lähmendes, Blockierendes und Trauriges auf Dauer immer nur vor uns herschieben, dann werden wir es irgendwann einmal, rein zeitlich bedingt, weniger spüren. Aber es werden auch die positiven Gefühle verschwinden, das Gute, das Erfüllende, das Freudvolle und Schöne. Genauso wird aber auch das Gefühl für Schönes und Freudvolles verschwinden. Freude und Dankbarkeit haben in der Folge keine Chance mehr.

Auch Nicole Alps, Redakteurin und Persönlichkeitsentwicklerin bei der von mir sehr geschätzten und gescheiten Plattform »Zeit zu Leben« meint: »Wenn Sie sich immer wieder gezielt Ihren Erinnerungen stellen und auch diesen Perspektivenwechsel hin auf das Positive wagen, dann werden Sie nach und nach mit Dankbarkeit statt mit Schmerz auf die Vergangenheit schauen. Sie werden die Erinnerung an diesen Menschen niemals verlieren. Das sollen Sie auch nicht. Aber Sie dürfen dankbar sein, für das, was Sie miteinander erlebt haben und was Ihnen dieser Mensch gegeben hat. Und Frieden schließen mit dem, was passiert ist.«[9]

TIPP 7: LEBENSMENSCH-BILANZ

o Wenn ein Jahrestag oder ein Gedenktag bevorsteht oder emotional besetzte Feste und Tage wie Weihnachten, Geburtstage, Urlaub etc., dann könnten wir uns Fragen stellen. Fragen stellen, anstatt düstere Gedanken sich ausbreiten zu lassen. Dazu kannst du dir die nötige Zeit nehmen, vielleicht eine Stunde – eine Stunde, die dein Leben bereichern wird, eine Stunde, in der du dich mit positiven Gedanken und Erinnerungen beschäftigen wirst. Eine Stunde, in der du dich konzentrieren wirst. Lenke deinen Fokus bitte ganz auf diese Aufgabe und nimm dein Notizbuch zur Hand. Notiere dir folgende Fragen:

- Was habe ich mit diesem Menschen Angenehmes, Harmonisches und Schönes erlebt?
- Was habe ich an diesem Menschen besonders geschätzt?
- Was konkret hat mich mit diesem Menschen verbunden?
- Welche glücklichen, erfüllenden Augenblicke und Situationen sehe ich vor mir, wenn ich an diese Person denke?
- Inwiefern hat dieser Mensch mein Leben bereichert?

Danach gehe die Fragen, eine nach der anderen, durch und beantworte sie für dich. Zuerst nur in Gedanken, mündlich, und dann später, wenn du dazu bereit bist, auch schriftlich. Ehrlich, unverblümt, gelassen. Es ist erlaubt, dass dich Emotionen überkommen, das gehört dazu, lass es einfach auf dich zukommen. Es geht überhaupt nicht darum, dass du das Traurige vergisst oder verdrängst, es geht darum, deinen eigenen Blickwinkel zu erweitern. Du wirst spüren, das Vergangene wird sich schon bald nicht mehr ausschließlich traurig und wehmütig anfühlen. Wir alle brauchen die Zeit der Trauer, der Wehmut, nur dann können wir Geschehenes verarbeiten und verdauen. Glaube mir, ich weiß, wovon ich schreibe ...

Wer hilft dir in der Krise?

Wer hilft mir, wenn ich in Not bin? Das ist der erste Satz meines ersten Buches »Nur keine Panik«. Das ist doch eine gewichtige, zentrale Frage in unserem Leben, die zu beantworten ich nicht jeder wünsche. Wer hilft mir, wenn ich in Not bin? Wer hilft dir, wenn *du* in Not bist? Willst du das einmal rein theoretisch durchdenken? Lieber nicht, ich glaube es dir ... Ich weiß, dass *du* es bist, die dir helfen kann. Indem du deinen Kopf nicht bei jeder Krise, bei jedem »Kris-chen« in den Sand steckst. Du kannst dir helfen, wenn sich dein Selbstwert zu deinen Gunsten entwickeln darf. Und diejenige, die das erlaubt, bist du. Du kannst die Entwicklung deines Selbstwertes planen, durchführen und erreichen. Das ist ein kurzer, klarer

Satz mit verständlichem Inhalt. Die Umsetzung freilich von Vorsatz, Planung und Zielerreichung ist schwer. Das weiß ich aus eigener Erfahrung.

Sicher hast du schon gehört oder gelesen, dass Krisen auch ihre positiven Seiten haben. Das wirst du in der Wuchtigkeit, in der Geballtheit und vor allem in der Aktualität der Krise nicht verstehen können. Jede Krise hat mit einem Abschied zu tun, das heißt, etwas Neues muss anfangen. Die Krise, das habe ich im Laufe meiner Ausbildungen und Studien erfahren, ist vor allem als Zeichen der Weigerung, das Alte aufzugeben, zu werten. Und das Aufgeben des »Alten«, des Vertrauten, der Gewohnheit(en) ist schwierig, weil das Loslassen schmerzt, weil dieser Prozess weh tut! Wichtig ist die Erledigung, das Abschließen, das Versöhnen mit dem »Alten«. Das klingt ein bisschen nach Trick, das Alte, das Vergangene zu verabschieden, loszulassen – und dann zu erkennen, was die Krise verursacht. Das ist kein Trick, es ist vielmehr ein Irrglaube, zu denken, dass alles schön und alles positiv war, das sollte und muss uns klar sein. Es war nicht immer alles schön und positiv, man neigt in Krisenzeiten zum Idealisieren eines vergangenen Zustandes. Schönfärberei! Was wir brauchen, sind Klarheit und Durchblick! Schöne Begriffe mit einer starken Aussagekraft.

Ich schlage dir etwas vor – und mach jetzt bitte kein gelangweiltes Gesicht. ☺ Ich liebe, wie du mittlerweile weißt, die Handschriftlichkeit, und ich weiß, was sie bewirken kann. Vertraue mir. Im Fall des Abschieds, des Loslassens empfehle ich dir ein *Ritual* – ein konkretes, fassbares, aufzuschreibendes.

TIPP 8: LOSLASSEN – VERABSCHIEDEN

o Nimm ein DIN-A4-Blatt zur Hand (es ist wichtig, dass es ein relativ großes, übersichtliches Blatt ist – kein »Fresszettel«).

o Schreibe in fünf bis zehn Sätzen den Ist-Zustand deiner Krise auf – als Faktensammlung (»Mir geht es zur Zeit so schlecht, weil ... Ich fühle mich elend, weil ... Ich bin verzweifelt, weil ...« usw.).

- Dann nimm den Zettel, falte ihn zusammen – und verbrenne ihn. Zu diesem Zweck, schau im Vorfeld nach, wo und ob das möglich ist, zum Beispiel in einem Kamin, in einem feuerfesten Gefäß oder auch an einer Feuerstelle im Freien. Wichtig dabei: du sollst dieses Ritual alleine machen und mit den Gedanken ganz bei dir sein. Du verabschiedest dich ganz bewusst! Die Erinnerung bleibt natürlich, nur soll sie nicht mehr an dich gekettet sein.
- Du kannst, wenn du möchtest, den Zettel auch vergraben. Da dauert die Transformation aber länger ...
- Du kannst den Zettel mit deiner aufgeschriebenen Krise auch von einem Bach oder einem Fluss davontragen lassen ...
- Auch am Berggipfel ist eine Verabschiedung durch den Wind möglich (kleine Fetzerl ... ist zwar eine leichte Umweltverschmutzung, im Sinne der Krisenbewältigung aber durchaus legitim ☺).

Dieses Ritual mag dir vielleicht ein wenig sonderbar und kindisch vorkommen. Da darf ich einhaken: Was ist schlecht am Kindlichen? Ist nicht alles, was uns psychisch gesunde Kinder vormachen an Vertrauen, an Ernährung, an Bewegung gesünder und Lebensfreude bringender als die Lebensweisen, nach denen wir leben?

Neue Wege

Ich habe in Zeiten, in denen meine Seele Trauer trug, wenn ich mich alleine fühlte, isoliert, traurig und blockiert, oft nach einer raschen Lösung gesucht. Was heißt gesucht, ich habe manchmal auch panisch reagiert und mich an den erstbesten Strohhalm geklammert. Wenn etwas nicht funktionierte, musste das Problem, die Krise etc. sofort, in der Minute oder Stunde, gelöst werden. Das war mein – heute weiß ich, falsches – Wunschdenken. Und aus dem Wunschdenken wurden Handlungen, die nicht immer zu meiner Lebensqualität beigetragen haben ... Fallweise war es ein geradezu panisches Tun und ich habe Lehrgeld bezahlt, glaub mir. Fest

Jede Krise hat mit einem Abschied zu tun, das heißt, etwas Neues muss anfangen.

steht, dass die erste Kopfentscheidung nicht immer die beste ist. Überhaupt geht mir dieses ewige Abwägen zwischen Kopf und Bauch schon gehörig auf die Nerven. Man spürt doch innerlich ohnehin, wann es passt oder nicht. Vertraue darauf: Die erste Idee ist nicht immer die beste. »Eine Nacht drüber schlafen« oder »Geh eine große Runde ums Haus und entscheide dann«, »Zuerst denken, dann reden oder handeln« – wie viele dieser gescheiten Sprüche kennen wir? Sie haben durchaus Sinn.

Manchmal hadere ich nach wie vor mit der Vergangenheit, obwohl ich so oft gescheit daherrede und betone, wie wichtig das Hier und Jetzt ist und überhaupt. Ich verhake mich in längst vergangenen Wochen, Monaten, Jahren, in Zeitabschnitten, die schon längst verblasst scheinen, dann bedaure ich, dass ich dieses und jenes getan, gesagt, geschrieben etc. habe … Das ist sinnlos, liebe Freundin, sinnlos. Etwas zu bereuen, was war, führt zu keiner Besserung. Außer ich bin ein gläubiger Mensch und gehe jede Woche zur Beichte in die Kirche. Das entwickelt sich ja, wie wir wissen, oft zu einem recht bequemen Mechanismus. Man stellt dies und das an, erzählt es dem braven Pfarrer, der einem vielleicht inhaltlich ohnehin nicht folgen kann, der Herr vergibt und die Sünden sind getilgt. Und es kann erneut losgehen mit dem Fehl-Handeln und Fehl-Tun.

Bereuen kann zur Erkenntnis führen, aber um zu dieser zu kommen, bedarf es nicht eines permanenten Verhaftetseins mit der Vergangenheit. Es genügt, wenn wir wissen, dass wir falsch gehandelt haben. Und es trägt sehr zur Klärung und Aufhellung bei, wenn wir wissen, *was* wir falsch gemacht haben. Wenn wir bereit und auch in der Lage sind, manches zu erkennen, was wir falsch oder irrgeleitet gemacht haben, dann besteht größte Hoffnung auch zur Selbstversöhnung. Die Erkenntnis, dass unsere falschen Handlungen, in

Worten, Werken und Taten, Konsequenzen haben werden, ja müssen, ist meiner Meinung nach beinahe besänftigend, beruhigend. Es ist so, weil es so sein muss.

Die Wahrnehmung, dass wir möglicherweise bis sicher besser überlegen und abwägen sollten, uns die Frage stellen sollten, ob alles gesagt werden muss, ob man alles herausplärren sollte, was einem nicht passt, ist ein erster Weg. Tun mir heute, bilanzierend, Handlungen leid, die ich einer beinahe überschäumenden, vielleicht manchmal auch selbstzerstörerischen Spontaneität gesetzt habe? Weil es ja »sein musste«? Ja, sie tun mir leid. Sehr sogar. Aber: wir blicken nach vorne, einverstanden? Beschreiten wir neue Wege, um aus unseren verkrusteten Gewohnheiten auszubrechen, nehmen wir neue Blickwinkel ein, betrachten wir diverse persönliche Handlungen nicht mehr ausschließlich assoziativ, sondern auch dissoziativ. Es geht also nicht mehr ausschließlich darum, was wir empfinden, was wir fühlen und spüren, sondern auch um das, was wir wahrnehmen, sehen, hören usw. Beobachten wir uns in bestimmten Situationen und Momenten selbst: was wir tun, wie wir es tun, wo wir es tun – aus anderen Blickwinkeln. Das geht und ist auch sehr heilsam.

Vorschlag: setz dich gedanklich auf einen erhöhten Platz (in ein oberes Eck im Raum oder auf einen Baum) und schau dir zu. Stell es dir deutlich vor, dass du dich selbst beobachtest. Was siehst du? Was sprichst du, wie bewegst du dich, wie verhältst du dich? Sich selbst zu beobachten, kann unterhaltsam sein, oder es kann zur ein oder anderen Erkenntnis führen. Vielleicht gefällt dir auch nicht alles, was du siehst – es liegt an dir, es zu ändern. Was wir Menschen kennen und auch können, das nehmen wir oft nicht mehr wahr. Es erfordert unsere besondere Aufmerksamkeit und auch Achtsamkeit, von Gewohntem abzuweichen. Unsere Sichtweisen

Etwas zu bereuen, was war,
führt zu keiner Besserung.

und Blickwinkel zu verändern, das kostet Überwindung und anfangs auch etwas Kraft.

Beim folgenden Tipp kannst du einmal ausprobieren, was es mit dir macht, wenn du althergebrachte Gewohnheiten änderst. Du musst diese Verhaltensweisen natürlich nicht beibehalten, so wie du hoffentlich nichts »musst« in deinem Leben ... Aber probiere es aus, es ist ein lustiges Selbstexperiment. Ich habe vor einigen Jahren meinen Platz am Familientisch geändert und habe mich vis à vis von meinem »angestammten« Essplatz hingesetzt. Schon die Reaktionen der Familienmitglieder waren witzig: »Warum sitzt du heute da? Warum diese Änderung?« Es war eine Kleinigkeit, ich habe lediglich den Sitzplatz gewechselt, einmal, und schon war etwas aus den Fugen geraten, es fand eine Veränderung statt, etwas war anders, nicht so, wie es immer war ... und ich hatte einen neuen Blickwinkel, die Familienmitglieder erschienen in einem anderen Licht, der Raum präsentierte sich völlig anders (»interessant, wie das von hier aus ausschaut ...«), eine Abweichung von der Routine.

TIPP 9: NEUE WEGE BESCHREITEN

- Überlege dir einmal, was du alles gewohnheitsmäßig tust (mit dem Auto in die Arbeit fahren, immer dieselbe Strecke laufen, immer dieselben Lokale besuchen, immer in denselben Geschäften einkaufen etc.).
- Trinke morgens Tee statt Kaffee (oder umgekehrt).
- Benutze den Fahrstuhl statt der Treppe (oder umgekehrt ☺).
- Geh in ein Geschäft, in das du normalerweise nie gehen würdest (vielleicht einen Secondhandladen?).
- Verändere deine Verhaltensweisen (wenn du immer alles schnell erledigst, dann lass dir Zeit – wenn du eher langsam bist, dann gib Gas!).
- Setz dich beim Essen zu Hause auf einen anderen Platz.
- Lies ein Buch anstatt fernzuschauen.
- Usw.

Du wirst erstaunt feststellen, wie viel Neues dich umgibt. Achte darauf, wie es dir mit der Veränderung geht. Empfindest du das Ausbrechen aus der täglichen Routine als angenehm oder eher als störend? Ist es belebend für dich oder empfindest du es als eher lästig? Beunruhigend oder interessant? Ein kleines Experiment, das keinen großen Einsatz verlangt ...[10]

Krisen lösen sich nicht von selbst

Krisen reißen uns aus unserer Lethargie, weil es ganz sicher zu einer Veränderung kommt. Ganz sicher kommen wird. Die Frage, wer daran Schuld trägt, ist anfangs völlig irrelevant. Es geht nicht um Schuld, es geht um einen Ist-Zustand im Hier und Jetzt, mit zum Teil gravierenden Auswirkungen auf unsere Zukunft. Krisen wecken Kraftreserven in uns, die wir im Akutzustand nicht für möglich halten würden. Wir erkennen dabei, dass wir unsere eigenen Grenzen, unsere Möglichkeiten der Lebensgestaltung noch lange nicht erreicht haben. Wir lernen, Denkanstöße für Entwicklungen, für ein Weiterkommen, für Verbesserungen unserer Lebensqualität zu gewinnen und umzusetzen.

Was lernen wir aus Krisen? Können sie uns weiterbringen? Wenn Menschen in meinem Umfeld verzweifelt sind, weil sie der Partner verlassen hat, weil ihr Job in Gefahr ist, weil man auf eine neue Bewerbung einen negativen Bescheid bekommen hat, weil, weil, weil ... Ich sage dann gerne: »Wenn eine Tür zugeht, gehen manchmal sogar zwei auf. Nur musst du daran glauben!« Wenn deine eigene Haltung, deine innere Stimme pausenlos an dir herumnörgelt, dich kritisiert, dich hinunterzieht, dann wird es dich auch hinunterziehen. Steter Tropfen höhlt den Stein. Ständige negative Affirmationen haben, ge-

Krisen wecken Kraftreserven in uns, die wir im Akutzustand nicht für möglich halten würden.

hirntechnisch gesehen, Auswirkungen auf unseren Hormonhaushalt und auf unsere Transmitter, und die jeweilige Ausschüttung von Stresshormonen bewirkt in unserem Körper etwas Nachhaltiges.

Der Mensch ist ein Gewohnheitstier und mag es, wenn sein Leben in sogenannten geordneten Bahnen verläuft. Was heißt das? In Bahnen, die uns andere vorgeben, in denen wir hauptsächlich fremdbestimmt agieren? Oder in Bahnen, die wir proaktiv mitgestalten und damit auch bestimmen, wohin uns der Weg führt?

Zielorientiert. Kontrolle über das eigene Leben zu haben, bedeutet Geborgenheit, Stabilität und damit Sicherheit. Das Leben ist ein ständiger Wechsel von »Ups and Downs« – von auf und ab. Wenn du dir das Leben als Sinuskurve vorstellst, dann gibt es eine regelmäßige Orientierung nach oben, aber auch eine genauso regelmäßige nach unten, Höhepunkte und Tiefpunkte. Wenn es dir gelingt, die Amplituden der Sinuskurve (also die Höhepunkte und die Tiefpunkte) ein wenig abzufedern, dann bist du gegen Aufregungen und Störungen besser gewappnet, du »drehst auch nicht durch«, wenn es einmal besonders gut oder besonders schlecht läuft.

Das heißt, Gemütszustände wie hysterischer Enthusiasmus auf der einen oder herzzerreißendes Lamento auf der anderen Seite sind fast ausgeschlossen. Man darf sich schon freuen, wenn etwas gut läuft, aber man sollte auch nicht in tiefste Depression versinken, wenn einmal etwas nicht so klappt. Fehler machen ist erlaubt. Wer um Himmels Willen hat uns beigebracht, dass wir keine Fehler machen dürfen, dass wir perfekt sein müssen? Ja, unsere Vorfahren, das stimmt. Aber war alles so ideal, was die uns beigebracht haben, waren die »reif«, waren die lebenstüchtig, waren das alles tolle, vorbildliche, fehlerlose Menschen? Nein, ganz sicher nicht. Das sind wir in den Augen unserer Kinder auch nicht, auch wenn wir uns noch so bemühen und noch so darauf achten, dass wir sie vor den Schlechtigkeiten dieser Welt beschützen.

Wir haben alle unser Packerl zu tragen, das ist mir klar. Auch ich, glaube mir, ich muss es nur hin und wieder verstecken ... Ich weiß schon, wir alle müssen das. Oder zumindest die meisten. Wir sind keine perfekten Wesen, das ist auch nicht erstrebenswert, das ist langweilig. Wir dürfen Fehler machen, das ist auch klar. Wir sollen sogar Fehler machen, nicht immer, das könnte in manchen Fällen fatal sein. Aber wir müssen nicht immer nur schwarz oder weiß sehen! In Krisenzeiten sehen wir oft schwarz. Wir verlieren unsere Lebensfreude, wir fühlen uns ohne Macht – ohnmächtig, orientierungslos, hilflos.

Viele Betroffene, die sich über Nacht in einer Krisensituation befinden, lernen in oft mühsamen Prozessen und Entwicklungsstadien einer ersten bewussten Bestandsaufnahme sich selbst mehr zu schätzen, sich in den Mittelpunkt des eigenen Daseins zu stellen. Ebenso wird ihnen klar, wahre Freunde und wohlmeinende Angehörige zu achten und auf sie zu hören. Sie realisieren auch, dass es von großem Vorteil ist, wenn sie sich ihre Zeit besser einteilen, wenn sie sich mehr auf ihre Gesundheit fokussieren, wenn sie lernen, die eigene innere Stärke zu erkennen und sich dieser vor allem bewusst zu sein und zu werden. Und sie sind eines Tages in der Lage, die Frage »Was ist tatsächlich wichtig und bedeutsam im eigenen Leben?« zu beantworten.

Das wiederum hängt unmittelbar zusammen mit einer neuen Wertehierarchie. Stell dir (nicht nur) in Krisenzeiten die wichtige Frage: »Was ist wichtig in meinem Leben? Welche Gedanken tun mir gut? Wie gelingt es mir, die inneren Kritiker, die Störer, die Selbstmitleidigen etc. zu eliminieren?« Diese haben ab heute keinen Platz mehr in meinem und auch nicht in deinem Leben. Eine diesbezügliche Umstellung und Neuorientierung ist ungewohnt, teilweise auch lästig und mühselig, weil sie andere Worte und Bilder in deinem Kopf nötig macht, also andere, positive Gedanken. Gedanken zu deinem Nutzen. Und dieses Umdenken und Umlenken ist für viele völlig neu.

Welche mentalen Eigenschaften benötige ich, um aus einer Krise gestärkt hervorzugehen? Ganz sicher einmal die Bereitschaft, mich der Krise zu stellen (es bleibt dir ohnehin nicht viel anderes übrig), dann brauchst du Motivation, Disziplin, Hartnäckigkeit – und du benötigst vor allem Konsequenz. Konsequenz im Sinne von »Dranbleiben«, etwas für *dich* zu tun. Völlig falsch und kontraproduktiv wäre es, sich den Problemen, den Sorgen, den dunklen Gedanken des Lebens zu verschließen. Sich der Krise zu widersetzen, führt garantiert nicht zum Erfolg, also zu einer besseren Lebensqualität und eines Tages wieder zu Lebensfreude. Krisen lösen sich nicht von selbst.

Wo bleibe ich?

Unabhängig von Emotionen, von unseren guten und weniger guten Anlagen, Eigenschaften, Genen, vergessen wir zu oft auf unser *Ich*. Wir verlieren den Draht zu uns selbst. Bei den »Anderen«, da funktionieren wir zumeist gut. So wie man das im Regelfall von uns erwartet. Es ist nach wie vor von großer Bedeutung, was unsere Umgebung von uns denkt, was die »anderen« über mich, über dich sagen, welche Termine mir die »anderen« aufs Auge drücken (wollen). Faktum ist, dass wir alle, bis auf ein paar wenige Ausnahmen, eindeutig zu sehr fremdbestimmt sind!

Nimm dir ein paar Minuten Auszeit und denk einmal nur über dieses Thema nach. Du wirst feststellen, dass wir mehr oder weniger funktionieren. Stell dir einmal theoretisch vor, was passieren würde, wenn du einmal ausschließlich so agieren würdest, wie du das möchtest, ohne Rücksicht auf die anderen. Du machst – sagen wir – drei Tage nur das, was du möchtest. Die kleine Welt würde aus den Fugen geraten, das darfst du dir gerne einmal in Gedanken vorstellen, was dann alles auf dich (und auch auf alle anderen ☺) hereinbrechen würde.

Welche mentalen Eigenschaften benötige ich, um aus einer Krise gestärkt hervorzugehen?

Aber sei beruhigt: Du musst eine mögliche Veränderung zu deinen Gunsten ja nicht gleich so drastisch durchziehen, langsame, kleine, sanfte Schritte genügen. Aber vergiss nicht: zu deinen Gunsten! Nicht schmerzhafte, aber durchaus spürbare Schritte und Handlungen, die den Tages-/Lebens-/Ich-Ablauf verändern werden. Spiel einmal nur zum Spaß und theoretisch ein, zwei Fälle gedanklich durch. Vielleicht hast du Lust bekommen, diese Gedanken in die Realität umzusetzen? Das hat mit Planung und vor allem mit »Nein-Sagen« zu tun.

Bei manchen Vorträgen spreche ich das Thema »Nein-Sagen« an und die dankbaren Zuhörer springen gerne auf diesen Zug auf. Und sie sind auch ehrlich, wenn ich frage, wer sich damit schwertut. Viele zeigen auf und melden sich, gar nicht verhalten. Dann fordere ich die Zuhörerschaft gerne dazu auf, im Chor »Nein« zu sagen und du weißt, was folgt: Ich sage »Gar nicht schwer, oder?« Und dann lächeln wir gemeinsam milde. Meistens auch ein wenig betreten, weil wir wissen, dass das ein ganz großes Thema ist.

Es geht aber nicht nur um das »Nein-Sagen«. Es geht vor allem um die möglichen Konsequenzen. Wenn du, zu wem auch immer, »Nein« sagst, dann hat das Folgen für dich, weil es unerwartet kommt. Du bist nicht der Mensch, der gerne »Nein« sagt, oder? Der anderen etwas abschlägt, der Termine verweigert etc.? Das könnte mit, zumindest temporärem, Liebesentzug zu tun haben. Du verstehst, was ich meine: Wenn du nicht mehr so funktionierst, wie das dein Gegenüber erwartet, dann erzeugst du Irritation, du verstößt gegen die Regel des anderen: »Es wird so geschehen, wie ich das will!« Nein, es wird anders laufen, und zwar nach deinem Willen und nach deinen Regeln. Und damit können die »Betroffenen« meist nicht umgehen und ihre Reaktionen fallen unterschiedlich dramatisch aus. Aber sei beruhigt, beide Seiten sind in der Regel lernfähig.

Ich berichte dir aus eigener leidvoller, aber unglaublich erfüllender Erfahrung, dass das »Nein-Sagen« funktioniert. Ich habe viel geübt, habe ausprobiert, habe fallweise auch provoziert (ja leider …

war aber ganz lustig!), hatte Angst vor den Konsequenzen (natürlich) und lebe heute hervorragend damit, nicht immer, aber immer
dann, wenn *ich* es möchte, *nein* zu sagen. Jetzt setze ich das wichtige
Wort nicht mehr in Anführungszeichen. Du kannst dir zur Zeit vielleicht noch nicht konkret vorstellen, wie sich das anfühlt. Ich sage
dir, es ist befreiend, es fühlt sich selbstbestimmt an und entscheidungswillig. Das hat etwas überaus Starkes, glaube mir. Möchtest
du das auch lernen? Falls ja, dann überlege dir einmal folgende drei
Möglichkeiten – zu welchem Typus gehörst du?

- Nein sagen fällt mir nicht schwer.
- Ich kann schon Nein sagen, nur füge ich immer verschiedenste
  Begründungen an und zwar ungefragt ...
- Nein sagen geht für mich (noch) gar nicht, es geht mir schwer
  über die Lippen.

Wichtig in diesen Situationen ist, dass du mental zurücktrittst. Das kannst du dir so vorstellen, dass du innerlich einen Schritt rückwärts machst und dir klar darüber wirst, was zu dir und was zu den anderen Personen und Problemkreisen gehört. Du darfst ohne Weiteres einen unpersönlichen, distanzierten Zustand einnehmen. Und mach dir auch bewusst, dass »Unpersönlich sein« nicht zu verwechseln ist mit Abweisung oder gar Grobheit.

Es ist durchaus möglich, sehr verständnisvoll zu sein, ohne das zu tun, was der andere will. Unpersönlich sein ist bequem und mühelos und dieser Zustand darf und kann ohne Anstrengung erreicht werden. Wenn wir unpersönlich sind, nimmt unser Einfühlungsvermögen ab. Wer sich gut in andere einfühlen kann, braucht auch die Fähigkeit, bei Bedarf zugeknöpft zu sein![12]

Das hilft dir in Situationen, die dich bedrängen. Denk an die manchmal lästigen Menschen, die dich zu einer Umfrage bewegen wollen, oder die Verkäuferin im Schuhgeschäft, die einfach nicht von dir ablässt, das Essen bei Verwandten usw. Es gibt zahlreiche Mitmenschen, die ein Nein nicht akzeptieren (wollen), auch wenn du dein Nein erklärst. Und dann ist das kleine bedeutungsvolle Wort gefragt! Vielleicht vergleichst du den Effekt, den dein Nein beim Gegenüber auslöst, mit dem Schärfegrad einer Chilischote. Ein klares Nein ist stark, ist scharf und kann ordentlich brennen. Ein begründetes Nein ist zu ertragen, ist milder, immer noch relativ scharf (»das halte ich aus …«), ein sanftes Nein wiederum zeigt Bedauern deinerseits, vielleicht bietest du auch einen Alternativvorschlag an. Mach es ganz einfach, du wirst sehen, was passiert!

Viele versäumen Wichtiges in ihrem Leben,
weil es ihnen ungeheuer wichtig ist,
nichts zu versäumen.
ERNST FERSTL

Perfektionismus – nein danke!

Konkret geht es (ab) jetzt darum, Tätigkeiten, Gedanken, Handlungen in unserem Leben wegzulassen, die uns nichts bringen. Ich habe mir bis vor einigen Jahren damit sehr schwer getan. Weil ich mich für unersetzlich hielt, weil ich dachte, wenn ich das und jenes und dann noch ein bisschen von dem nicht mache, nicht wahrnehme, mich nicht darum kümmere, ja dann geht quasi die Welt unter. Also vielleicht übertreibe ich jetzt ein wenig, es war nicht ganz so dramatisch, aber ich hielt mich schon für schwer ersetzbar. Es war ein unangenehmer Gedanke, vieles nicht mustergültig, vorbildlich, fehlerfrei zu erledigen.

Hat das mit Perfektionismus zu tun? Ich fürchte, ja. Perfektionismus ist eine Eigenschaft, die mehrere Seiten hat. Einerseits gefällst du den anderen – wenn du handelst, tust, machst ... so, wie sie das wollen. Dann bist du in ihren Augen perfekt. Willst du das? Perfekte Menschen, die immerzu nur den anderen gefallen wollen, vergessen, was ihnen selbst gefällt. Mittlerweile bin ich an einem Punkt angelangt, an dem ich mehr mir gefallen möchte als den anderen. Ich schwäche die Aussage, dass ich der wichtigste Mensch in meinem Leben bin, mittlerweile ein wenig ab. Das ist möglicherweise auch eine Art Reifungsprozess. Ich bin schon wichtig, aber in der Bedeutung, dass ich besser darauf achte, was ich mache, was ich denke und welche Menschen, Handlungen, Gedanken mir guttun bzw. nicht guttun. Ich mache mir also Gedanken – auch um mich. Ich weiß schon, dass das immer ein wenig den Anstrich von Egoismus hat. Aber die reine Form von Egoismus hat eine völlig andere Bedeutung.

Egoismus kommt vom lateinischen »ego«, »ich«, und bedeutet »Eigeninteresse«, »Eigennützigkeit«. Das Duden-Fremdwörterbuch beschreibt Egoismus als »Ich-Bezogenheit«, »Ich-Sucht«, »Selbstsucht«, »Eigenliebe«. »Egoismus« wird meist abwertend als Synonym für rücksichtsloses Verhalten verwendet und als »unanständig« verurteilt. Der Begriff beschreibt die Haltung, ausschließlich persönliche Interessen zu verfolgen ohne Rücksichtnahme auf die Belange oder sogar zu Lasten anderer. Egoismus wird in diesem Zusammenhang als Gegenteil von Altruismus und Solidarität kritisiert, was allerdings nur dann zutrifft, wenn bei der Beurteilung des Handelns der innere Nutzen gar nicht in Betracht gezogen wird.[13]

Für mich hat diese Ich-Bezogenheit mehr mit Rücksichtnahme mir selbst gegenüber zu tun. Mit Achtsamkeit. Achtsamkeit sich selbst gegenüber ist meiner Meinung nach auch eng mit Selbsterfahrung verknüpft, die teilweise eine schmerzliche sein kann, und ist zweifellos ein Prozess, der sehr wehtun kann. An erster Stelle sollte die Versöhnung mit sich selbst stehen. Perfektionismus – nein danke. Und dazu habe ich vor einigen Jahren eine »Regel«, ein Prinzip kennengelernt, das mein Leben nachhaltig verändern sollte – das »Pareto-Prinzip«.

Das Pareto-Prinzip – die 80:20-Regel

Benannt ist es nach dem italienischen Volkswirtschaftler und Ökonom Vilfredo Pareto, der sich mit der Verteilung des Reichtums in Italien beschäftigt hat. Zu Recht fragst du dich, was das mit dir oder mit mir zu tun hat. Pass auf! Das »Pareto-Prinzip« hilft uns, unnötigen Ballast abzuwerfen. Es ist einer meiner Zeitmanagement-Tipps, der keine zusätzliche Arbeit verursacht, sondern im Gegenteil Aufwand und Mühe einspart. Diese Regel könnte einen großen, bedeutenden Einfluss auf deine persönliche zukünftige Lebensqualität haben.

Worum geht es bei dieser Regel? Signore Pareto hat herausgefunden, dass 20 Prozent der Bevölkerung 80 Prozent des Reichtums besitzen. Diese 20:80-Relation ist auch in vielen anderen Lebensbereichen feststellbar. So machen zahlreiche Unternehmen mit 20 Prozent ihrer Kunden 80 Prozent ihrer Umsätze. 80 Prozent der Fehltage werden von 20 Prozent der Mitarbeiter verursacht. Mit der Lektüre von 20 Prozent einer Tageszeitung hat man bereits 80 Prozent der Nachrichten konsumiert. In der täglichen (Lebens-)Praxis ist dieses Phänomen ein gutes Problemlösungsmittel. Noch mehr Zahlen gefällig? 20 Prozent der Websites im Internet machen 80 Prozent des Datenvolumens aus. 80 Prozent der Verarbeitung in einem Computer werden durch 20 Prozent der Befehle abgearbeitet.

Für uns heißt das, dass 20 Prozent der eigenen Anstrengungen für 80 Prozent unseres persönlichen Erfolges verantwortlich wären. Die spannenden Fragen lauten nun: »In welchen Bereichen deines Alltags ist ein 80 Prozent-Ergebnis für dich ausreichend?« oder »Bemerken die anderen überhaupt die 20 Prozent mehr?« Und vor allem die Frage an dich: »Bei welchen Tätigkeiten ist ein 80 prozentiges Ergebnis für mich okay, bzw. wo kann und möchte ich künftig mit 20 Prozent Zeiteinsatz zufrieden sein?«

Ich mag den Vergleich mit dem »Hausputz« oder »Wohnungsputz«. Mit 20 Prozent Aufwand putze ich (ja, auch ich putze! Und gar nicht schlecht ...) meine Wohnung. Damit erziele ich ein zu 80 Prozent zufriedenstellendes Ergebnis. Abstauben, saugen, Boden wischen, Teppiche ausbeuteln, Betten überziehen, Küche und Bad. Für die restlichen 20 Prozent der Wohnung, die zu putzen wären, müsste ich kleine Bürstchen und Gerätschaften verwenden, mit denen ich alle Fugen akribisch reinigen, jeden Fleck, jedes Kastl, alles geradezu steril machen könnte. Und für diese verbleibenden 20 Prozent müsste ich in etwa 80 Prozent Arbeitsaufwand betreiben. Ist das notwendig? Ja, wird die oder der eine jetzt rufen, natürlich. Sei beruhigt, ich bin ein Hygieniker ... Aber probiere es aus. Es wirkt.

TIPP 11: 80:20 FÜR DICH

o Konzentriere dich vorrangig auf die 20 Prozent, die dir den größten Erfolg bringen, und behandle die restlichen 80 Prozent nur am Rande.

o Frag dich, welche deiner Tätigkeiten zu den 20 Prozent gehören, die den meisten Erfolg bringen.

- 80 Prozent des Erfolgs resultieren aus 20 Prozent der Aktivitäten, während die restlichen 20 Prozent Erfolg beachtliche 80 Prozent der Aktivitäten verschlingen.
- Für die täglichen Aufgaben bedeutet das, dass du dich nicht zuerst den leichtesten, interessantesten oder den Arbeiten des geringsten Zeitaufwandes zuwendest, sondern nach deren Bedeutung, nach deren Wichtigkeit vorgehst.
- Ebenso kannst du frei entscheiden, ob du in manchen Bereichen mit 80 Prozent Perfektion nicht auch zufrieden sein könntest, zumal du für die restlichen 20 Prozent unangemessen viel an Aufwand aufbringen müsstest.

Geduld und Selbstachtung

Zuerst denken und dann handeln. »Schlafe einmal eine Nacht darüber ...« – das kommt uns bekannt vor, oder? Es passiert mir heute noch immer wieder, leider, dass ich zu spontan handle, ohne viel über die möglichen Folgen nachzudenken. Im Privatleben, im Berufsbereich usw. Es passieren Dinge, die einen ärgern, die einen vermeintlich aus der gewohnten Bahn werfen. »Oh mein Gott, ich krieg die Krise!« Diese heute offensichtliche und präsente Krise entpuppt sich in vielen Fällen am nächsten Tag – wenn wir eine Nacht darüber geschlafen und nachgedacht haben – als Nichtkrise. Warum habe ich mir, im wahrsten Sinne des Wortes, gestern darüber noch so intensiv den Kopf zerbrochen? Warum habe ich den emotionalen Anruf getätigt, den bösen Brief geschrieben oder die E-Mail in die Tastatur gehämmert und sofort auf »senden« gedrückt? Das hätte ich mir doch sparen können. Mir und dem Empfänger. Es bleibt ein unangenehmes Gefühl, das aus einem unüberlegten Handeln entstanden ist.

Ich propagiere auf jeden Fall das Tun, das Machen, das Handeln. Nur könnte man in so manchem Fall zuerst analysieren und erst dann, nach wohlüberlegtem Nachdenken, agieren. Es ist uns fallweise die Geduld, die Nachsicht abhandengekommen. Wir haben die Fähigkeit verloren, innezuhalten, nachzudenken, zu überlegen, und damit auch die Eigenschaft, überlegen zu sein, uns überlegen zu fühlen. Was passiert jetzt infolge eines solchen Denkens und Handelns? Wir werden uns als Versager fühlen. Du hast schon recht, als Versager light vielleicht. Ich weiß ja nicht, ob es dir in solchen Lebenslagen auch so geht, ob du auch so empfindest. Bei mir fühlt sich das so an. »Da hätte ich viel mehr draus machen können ...« Und das hat mit Geduld zu tun. Mit Nachsicht und Geduld uns selbst gegenüber. Wenn wir geduldig sind, dann ruhen wir in uns. Das ist ein schönes, erhebendes, angenehmes und erfüllendes Gefühl. Man ruht in sich und weiß, dass man sein Bestes gibt – und damit fällt es auch leichter loszulassen. Loszulassen im tiefen Selbstvertrauen, dass einem die richtigen Ideen, Gedanken und Handlungen zur rechten Zeit kommen werden. Das schließt nicht aus, dass wir trotzdem irren und falsch denken und handeln, nur können wir dann mit den Fehlern, die wir begehen oder die uns passieren, leichter umgehen.

Ja, du darfst auch Fehler machen! Du musst nicht perfekt sein, wer sagt das? Es passiert mir immer noch oft, dass ich geduldig und nachsichtig bin, mir gegenüber und anderen (den Betroffenen), und ich trotzdem falsch liege. Warum auch nicht? Pech gehabt – es ist geschehen und unwiderruflich passiert. Ich bin ja vom »Perfekt-Sein« weit entfernt. Zu meiner Selbstberuhigung denke ich mir dann, dass ich das auch nicht sein muss und mag. Perfekt zu sein, ist fad und angepasst. Aber allein schon die Bereitschaft nachzudenken, geduldig zu sein, hebt die Selbstachtung. Dann kann ich mit meinem Denken und Handeln gut leben. Nur so als kleinen Denkanstoß ...

Es war einmal ein junger Bauer, der wollte seine Liebste treffen. Er war ein ungeduldiger Geselle und daher viel zu früh zum Treffpunkt gekommen. Er verstand sich schlecht auf das Warten. Er sah nicht den Sonnenschein, nicht den Frühling und die Pracht der Blumen. Ungeduldig warf er sich unter einen Baum und haderte mit sich und der Welt. Da stand plötzlich ein graues Männlein vor ihm und sagte: »Ich weiß, wo dich der Schuh drückt. Nimm diesen Knopf und nähe ihn an deine Jacke. Und wenn du auf etwas wartest und dir die Zeit zu langsam verstreicht, dann brauchst du nur den Knopf nach rechts zu drehen, und du springst über die Zeit hinweg bis dahin, wo du willst.«

Er nahm den Zauberknopf und drehte. Und schon stand die Liebste vor ihm und lachte ihn an. Er drehte abermals und saß mit ihr beim Hochzeitsschmaus. Da sah er seiner jungen Frau in die Augen: »Wenn wir doch schon allein wären ... Wenn doch schon unser neues Haus fertig wäre ...« – Und er drehte immer wieder. Jetzt fehlten noch die Kinder und er drehte schnell den Knopf. Dann kam ihm Neues in den Sinn und er konnte es nicht erwarten. Und drehte, drehte, dass das Leben an ihm vorbeisprang. Und ehe er sich's versah, war er ein alter Mann und lag auf dem Sterbebett. Er merkte, dass er mit der Zeit schlecht gewirtschaftet hatte. Nun, da sein Leben verrauscht war, erkannte er, dass auch das Warten des Lebens wert ist. Und er wünschte sich die Zeit zurück.

Heinrich Spoerl (1887–1955)

TIPP 12: KONZENTRATIONSÜBUNG GEDULD

o Suche in dem folgenden Text die Buchstaben g-e-d-u-l-d.
o Zähle sie
o und trage die gefundene Anzahl hier ein:

g: ....
e: 184 ....
d: ....
u: ....
l: ....
d: ....

Geschenke des Lebens

Eines Tages kam ein alter Bauer zu Gott und sagte: »Schau, du magst Gott sein, und du magst die Welt erschaffen haben, aber eines muss ich dir sagen: Ein Bauer bist du nicht. Du kennst nicht einmal das ABC des Ackerbaus. Da kannst du noch einiges von mir lernen.« Gott fragte: »Was ist dein Rat?« Der Bauer sagte: »Gib mir ein Jahr Zeit, und lass die Dinge so geschehen, wie ich es sage. Warte ab, was passiert. Es wird keine Armut mehr geben!« Gott willigte ein, und so bekam der Bauer ein Jahr. Natürlich bestellte er nur das Beste und dachte nur an das Beste, keinen Donner, keinen starken Wind, keine Gefahren für die Ernte. Alles angenehm, behaglich, und er war sehr froh. Der Weizen wuchs sooo hoch! Wenn er Sonne haben wollte, schien die Sonne, wenn er Regen wollte, gab es Regen, so viel er nur wollte. In diesem Jahr lief alles richtig, mathematisch richtig. Der Weizen wuchs sooo hoch ... Der Bauer ging oft zu Gott und sagte: »Schau, diesmal wird die Ernte so ausfallen, dass es für zehn Jahre genug zu essen geben wird, selbst wenn die Leute nicht arbeiten.« Aber als die Ähren eingefahren waren, war kein Weizen darin. Der Bauer war überrascht. Er fragte Gott: »Was ist passiert? Was ist schiefgegangen?« Gott sagte: »Weil es keine Widrigkeiten gab, weil du alles vermieden hast, was schlecht ist, blieb der Weizen unfruchtbar. Ein bisschen Auseinandersetzung gehört dazu. Stürme gehören dazu, und auch Donner und Blitzschlag sind nötig. Sie rütteln im Weizen die Seele wach.«

Fazit: Krisen sind auch Geschenke des Lebens und dieser Welt, damit wir wachsen können.[14]

Und immer wieder – professionelle Begleitung!

Da ich mich als Lobbyist der psychisch Kranken, der psychisch Indisponierten sehe (das darf ich, weil ich selbst immer noch und vermutlich mein Leben lang Betroffener bin), empfehle ich dir guten Gewissens, wann immer sich Schatten auf deine Seele legen, wann immer sich in deinem Herzen Dunkelheit breitmacht, wenn du die Farben des Lebens nicht mehr erkennst, sondern nur mehr in Schwarz/Weiß-Kategorien denkst, fühlst und siehst: Suche dir professionelle Begleitung. Suche dir jemanden, der dich ein Stück auf deinem mitunter steinigen Lebensweg begleitet. Der dir unvoreingenommen und objektiv sagt, was er denkt, wie er die Situation, die Lage sieht. Professionelle Unterstützung von professionellen, gut ausgebildeten Menschen. Lebensberatern, Psychologen, Coaches, Psychotherapeuten, Psychiatern. Das ist mein Credo. Auch aus diesem Grund halte ich meine Vorträge, schreibe meine Bücher, erzähle meine authentisch erlebten Geschichten. Ohne Wenn und Aber.

Freilich gibt es immer wieder Menschen, die ihren Senf dazugeben und fragen: »Wozu macht er das? Das interessiert doch keinen ...« Manchmal berühren mich solche Aussagen immer noch, ich weiß schon, ich sollte an meiner Kritikfähigkeit noch arbeiten (woran nicht?), aber prinzipiell ist es gut so. Wenn es nicht zu grenzüberschreitend wird, darf ja ohnehin jeder sagen, was er möchte.

In der oben angeführten Liste der »Top 7«-Krisensituationen haben mich persönlich in den letzten Jahren zwei betroffen. Eine davon betrifft eine Trennung. Im vergangenen Jahr haben sich meine Frau und ich leider getrennt. Interessant war, als »es« bekannt wurde, dass mich Menschen angerufen haben, bzw. anrufen wollten (ich habe nicht abgehoben), die sich monate- oder jahrelang nicht gemeldet haben. Ich auch nicht zugegebenermaßen. Aber dann plötzlich, als sie über die Scheidung in der Zeitung lesen, viele Monate später, rufen sie an. Warum machen sie das wohl? Um mich zu unterstützen, um mir zu »helfen«? Warum mich, warum nicht meine Exfrau? Das ist schon sonderbar. Weißt du, was sie wollen? Sie wollen wissen warum, weshalb, wer ist schuld, wer nicht usw.

Ich sage dir etwas, auch du bist schon in solchen Situationen gewesen oder kommst noch dorthin ... Wo Leute sich an deinem Leid, an den negativen Dingen deines Lebens ergötzen, sensationslüstern dem Tratsch verfallen, und damit von ihren eigenen armseligen Unzulänglichkeiten ablenken. Sie unterliegen einer Selbsttäuschung. Überleg einmal: Sind es wertvolle Menschen in deinem

Umfeld, die immer über andere reden? Die über Ereignisse berichten, die oft jahrzehntelang zurückliegen, ob wahr oder nicht – egal. Sie erzählen es so, als wäre es gestern passiert. Und sie beginnen ihre hinterhältigen, unlauteren Geschichten zumeist mit der Frage: »Hast du schon gehört?« Verbunden mit einem verschlagenen Blick, allwissend, leicht dümmlich. Nein, das sind ganz sicher keine wertvollen, wertschätzenden Mitmenschen.

Dazu ein Tipp: Ziehe die Betroffenen dazu, über die geredet wird, gib ihnen die Chance, mitzudiskutieren. Du wirst sehen, wie schnell die Klatschtanten und Klatschonkel verstummen. Auch mir wollten jene, die wieder den Kontakt suchten, nicht helfen oder mich seelisch unterstützen. Sie wollten Tratsch und Klatsch erfahren. Das gelang ihnen aber nicht. Denn auf der Liste jener, die mein Privatleben etwas angeht und damit das meiner Exfrau und meiner Kinder – und wir vier sind nach wie vor und für immer eine Familie – stehen diese Menschen nicht drauf.

Partnerschaftsprobleme gehören zu jenen Krisensituationen, die (siehe Top 7) Menschen am stärksten belasten. Persönliches Befinden und die eigene Lebensfreude und auch Sinnhaftigkeit hängen zu einem großen Teil vom Gelingen der Familien- und Paarbeziehungen ab.

Kommt es zur Trennung, zur Scheidung, dann gibt es auch trotz aller Emotionen, die da im »Spiel« sind, Profis. Es gibt Trennungs- und Scheidungsberater, die einen wesentlichen Beitrag dazu leisten können, dass sich die nunmehrigen Ex-Partner und vor allem dann, wenn sie Eltern sind, achten können und die oftmals dramatischen und womöglich traumatischen Folgen für die Kinder abfedern können.

Es gibt meist auch im engeren Freundes-/Bekannten-Kreis Menschen, die sich nicht für die »eine« oder die »andere« Seite entscheiden. Menschen, die sich nicht »einmischen«, die die für sie fremden Angelegenheiten (die sie auch nichts angehen, weil sie nicht persönlich betroffen sind) objektiv und nüchtern betrachten und die da sind, wenn man sie braucht. Die dich in den Arm nehmen, die dir zuhören, die dir Rat und Hilfe geben, die dich auch tatkräftig unterstützen, bei der Wohnungssuche zum Beispiel, die vielleicht auch die Gesprächsthemen bewusst so wählen, dass es nicht immer um das »eine Thema« geht. Wir durften das erfreulicherweise bei einigen unserer – immer noch – gemeinsamen Freunde feststellen. Und ich, das möchte ich explizit festhalten, auch an meinem Arbeitsplatz im ORF bei meinen sehr geschätzten Kollegen von »Heute Leben«.

Immer wieder berichten mir Leser, Zuschauer, Freunde, Bekannte, wildfremde Menschen, dass ihnen die temporäre Begleitung durch »Außenstehende« (und das sind Psychotherapeuten, Coaches, Psychologen, Lebensberater) teilweise existenziell geholfen hat. Die Akzeptanz, die Analyse, das Reden mit einem objektiven Menschen, der nicht versucht, den Betroffenen zu manipulieren, der hilft, andere Sichtweisen zu erkennen (»Es geht mir ein Licht auf!«), der dabei unterstützt Techniken, Wege und Methoden anzunehmen, die mithelfen, aus dem Strudel der seelischen Düsternis herauszukommen. Langsam aber stetig wird es gelingen, die jeweilige Lage und damit das Leben leichter zu nehmen und eines Tages wieder in den Griff zu bekommen.

Wiederholt habe ich, während meiner Therapie und auch in aktuellen Beratungsstunden, meine fehlende Geduld registriert. Ich will immer, dass alles sehr schnell geht. Hin zum Therapeuten – zack, und alles ist gut. Das spielt es leider nicht. Wenn jemand einen solchen Schritt wagt, ja, ich schreibe bewusst wagt – in unserer Gesellschaft ist die Inanspruchnahme einer professionellen Seelenhilfe bekanntlich immer noch ein Tabuthema –, dann ergreift er Eigeninitiative. Dann ist die Leidensfähigkeit möglicherweise ausgeschöpft – »Es reicht!« – und man kommt ins Tun, ins Handeln. Der Weg zum Seelenexperten ist ein mutiger, ein entschlossener Schritt, der einen Umdenkprozess einläuten kann. Das ist nicht nur ein persönlicher Schritt, verbunden mit vielen Fragen wie »Was werden die Leute sagen, wenn sie wissen bzw. wüssten, dass ich zum Psychiater oder Therapeuten gehe?«, »Habe ich jetzt einen Huscher?«, »Kann ich mir das überhaupt leisten?« usw., sondern vor allem auch ein Schritt, der Zeit und Geld erfordert.

Ich bin, wie oben geschrieben, ein überzeugter Lobbyist der psychisch Kranken oder Indisponierten. Weil ich auch dazugehöre und nicht nur deshalb. Wenn die Seele Trauer trägt, dann musst du meiner Meinung nach tätig werden. Du kannst/sollst/musst (suche es dir aus!) professionelle Hilfe in Anspruch nehmen. Und noch einmal und immer wieder: Es ist völlig egal, was »die anderen« dazu sagen und wie sehr sie dich in ihren, teilweise sehr beschränkten, Denkfähigkeiten bewerten oder beurteilen.

Das Problem in Österreich ist, dass sich die Mehrheit der psychisch kranken Menschen in unserem schönen Land eine Psychotherapie auf eigene Kosten nicht leisten kann. Aus dem einfachen Grund, weil sie zu teuer ist. Stell dir vor: Bei einem Stundensatz (meistens 50 Minuten!) einer Therapeutin von 70 bis 150 Euro (oft auch mehr), zahlt die Krankenkasse einen Zuschuss von sage und schreibe 21,80 Euro. Wir alle, die wir versichert sind, zahlen mit unserem Beitrag auch für psychotherapeutische Leistungen, dennoch gibt es in Österreich »Psychotherapie auf Krankenschein« nur für wenige und zwar nach dem Prinzip »Wer zuerst kommt, mahlt zuerst«. Und das geht meiner Meinung nach gar nicht, das ist ein absoluter Skandal.

Gibt es in unserem Wohlstandsland psychische Gesundheit nur für jene, die es sich leisten können? Die traurige Antwort lautet: Ja! Selbstverständlich haben wir eine Zwei-Klassen-Versorgung der psychisch Leidenden. Und dieser dramatische Umstand hat Auswirkungen, die die dafür Verantwortlichen in ihrer Wuchtigkeit vermutlich (noch) nicht realisieren. Immer mehr und immer längere Krankenstände, deutlich mehr Frühpensionen und ein enormer Anstieg im Konsum von Psychopharmaka. Interessant ist das Faktum, dass sich die Ausgaben für Psychopharmaka auf über 250 Millionen

Euro pro Jahr belaufen, während die »Investitionen« in Psychotherapien ca. 55 Millionen Euro pro Jahr betragen.

Warum lediglich 65 000 Versicherte Psychotherapien in Anspruch nehmen, ist mir klar – es ist schlicht und einfach nicht finanzierbar. Das Angebot für jene, die sich in die Hände von Kassentherapeuten begeben möchten, ist enden wollend. Das Stundenkontingent ist viel zu knapp bemessen, es reicht bei Weitem nicht aus, obwohl seit dem Jahr 1992 Psychotherapie eine Pflichtleistung der Krankenkassen ist. Eine Pflichtleistung für alle Betroffenen. Es ist zwar ganz nett, wenn man sich die blumigen Info-Angebote, von wem auch immer, durchliest – aber möchte ich das in meiner Not tun? Wenn ich beengt, blockiert, angeschlagen, verzweifelt oder panisch bin? Nein, das möchte ich nicht, mehr noch, das kann ich in diesem Zustand gar nicht. Das ist ganz einfach ein Ding der Unmöglichkeit. Wer bitte soll sich in dieser elenden Wirrnis auskennen? Die unterschiedlichen Regelungen in den Bundesländern, das geforderte Ausfüllen von Endlosformularen etc. übersteigt doch unsere Möglichkeiten. Warum macht man es uns nicht leichter? Wir werden uns sehr bald eine adäquate, gesicherte, für alle zugängliche Mitfinanzierung von Kassenseite leisten müssen, sonst wird es ein böses Erwachen geben. Wegschauen und ignorieren geht nicht.[15]

Wie finde ich den »richtigen« Begleiter?

Angenommen, ich habe für mich eine bahnbrechende, richtige Entscheidung gefällt und zwar jene, dass ich mich in meiner Krise, in meinen Krisen, in der Zeit meiner psychischen Indispositionen, Panikattacken, Ängste, Depressionen etc. ab sofort fremden Händen anvertrauen möchte, dann stellt sich die Frage: Wo finde ich die richtige Begleiterin oder den richtigen Begleiter? Mit dieser Frage sind wir bei einem wichtigen Themenkreis angelangt.

Mir ist es einige Male passiert, dass die sogenannten Schulmediziner zu mir gesagt haben: »Ja, jetzt suchen Sie sich jemanden und

Der Weg zum Seelenexperten ist ein mutiger,
ein entschlossener Schritt,
der einen Umdenkprozess einläuten kann.

tun etwas für Ihre Seele!« Wobei manche einen sonderbaren Ge-
sichtsausdruck bekamen, wenn sie das Wort »Seele« aussprachen.
Kannst du nachvollziehen, was ich meine? Dieses halbinteressierte,
leicht überhebliche, Allwissen verbreitende Fast-Grinsen. Dieses
»Götter in Weiß«-Gehabe.

Es ging mir den Umständen entsprechend ganz gut, geistig und
körperlich. Aber ich fühlte mich oft am Boden, mir war häufig übel,
ich schwitzte, dann dieses Enge-Gefühl im Brustbereich, die Angst
vor dem Auffallen – »Irgendjemand muss es jetzt doch gleich bemerken!« – und vor allem die Angst vor dem Umfallen. Wer hilft
mir, wenn ich ohnmächtig werde, wenn ich die Kontrolle verliere,
wenn ich wie ein fetter Maikäfer hilflos am Boden vor mich hin
röchle? Das war eine meiner größten Ängste. Umfallen, damit auffallen und die Frage, wer hilft mir. Und morgen steht es in einem
dieser Billigblätter, die ohnehin nicht wissen, wie sie ihre Seiten füllen sollen. Das waren meine Gedanken.

Heute kann ich darüber nur milde lächeln. Eines sage ich dir und
das betone ich immer wieder, vielleicht langweile ich dich damit
schon: Diese Unempfindlichkeit (der Angst gegenüber!) ist ausschließlich das Resultat meiner harten und zielorientierten Arbeit
mit mir und an mir und zu einem Gutteil auch der Arbeit des Therapeuten bzw. der Therapeutin mit mir zuzuschreiben. Ohne professionelle Begleitung hätte ich das nie geschafft. Ich kenne die
scheinbar starken Wortmeldungen der trügerisch Starken, für die
Hilfe von außen weder vorstellbar noch innerlich tolerabel ist: »Das
schaffe ich schon selber! Ich brauche doch keinen Seelenklempner!« Dieser scherzhaft gebrauchte Begriff, den ich persönlich nicht
so mag, weil er verharmlosend klingt, überträgt das Bild eines

> Es sind nicht die Dinge selbst, die
> uns beunruhigen, sondern die Vorstellungen
> und Meinungen von den Dingen.
>
> EPIKTET

Handwerkers, eines Klempners, der Rohrleitungen installiert und repariert, auf die Berufsgruppe der Psychiater und Psychotherapeuten. Beide Berufsgruppen haben doch ständig mit dem Thema »Unglücklich-Sein« zu tun. »Ich brauche keinen Seelenklempner!« Doch viele, mehr als wir glauben, brauchen ihn! Einen »Seelenklempner« zu konsultieren, einen Psychiater, einen Psychotherapeuten, einen Mentalcoach, einen Lebensberater etc. – das hat in der engen Gedankenwelt vieler (noch) keinen Platz. Wobei Coach oder Berater ja eh ganz neutral und nach Management klingt – »Psycho«, das geht für viele gar nicht. Das hat etwas Abschreckendes, beinahe wie ein Schimpfwort an sich. »Psycho«. So wie der Horrorfilm von Alfred Hitchcock aus den 1960er-Jahren.

Der bekannte Münchner Psychotherapeut Dr. Stephan Lermer sagt, dass die psychischen Prozesse bei den meisten Menschen nicht bewusst ablaufen. Er spricht von einem »unbewussten Programm und dass wir unbewusst immer erfolgreich sind. Bewusst wird dann freilich beklagt: ›Mein Gott, warum gelingt es mir nicht? Andere können das, ich kann es nicht.‹ Genau da kann die Psychotherapie helfen, das tiefenpsychologisch aufzulösen, dass da ein Programm da ist, welches das Gelingen verunmöglicht.«[16]

TIPP 13: MIT EINEM VERTRAUTEN REDEN

Suche dir einen oder mehrere vertraute Menschen, rede mit ihnen über deine Situation. Suche dir aber nur solche, die dir vorbehaltlos zuhören. Du brauchst in diesen Situationen niemanden, der bewertet und/oder beurteilt, sondern jemanden, der dir empathisch und freundschaftlich zuhört. Jemanden, der an deiner Seite ist.

- Überlege genau und höre in dein Innerstes, wer dafür infrage kommt.
- Frage 1: »Habe ich zu diesem Menschen vorbehaltloses Vertrauen?«
- Frage 2: »Vertraue ich diesem Menschen jetzt meine persönlichsten Gedanken und Gefühle an, auch wenn wir einmal möglicherweise nicht mehr so nahe sind?«
- Frage 3: »Wer hilft mir vorbehaltlos, wenn ich in Not bin? Wen kann ich kontaktieren?«

Wenn du niemanden hast, mit dem du in deinen dunklen Stunden reden kannst, dann gibt es mehrere Möglichkeiten: Telefonseelsorge, Krisennotdienst, Rettung, Ärzte usw.

Ich bin immer noch der Meinung, dass der beste Schritt in Krisensituationen der Weg zum Experten ist. Dort wirst und darfst du vorbehaltlos deine Probleme schildern, da wirst du aufgefangen. (Diese Leute wissen was sie tun – meistens ...) Da wirst du auch nie bereuen, was du erzählt hast, denn diese Experten stehen unter absoluter Schweigepflicht, und du musst nie mit Gedanken hadern wie »Oh Gott, hätte ich das und jenes doch nicht gesagt, das hätte ich besser für mich behalten« usw. Eine professionelle Begleitung kostet Überwindung, Zeit und auch Geld, aber du hast einen kompetenten Ansprechpartner in schlimmen Zeiten.

TIPP 14: NOTFALLPLAN ERSTELLEN

- Erstelle dir in »guten Zeiten«, wenn es dir gut geht, deinen persönlichen schriftlichen »Notfallplan«.
- In der Panik, in der Verzweiflung, in der Krise hast du weder die Energie, die Kraft, den Durchblick, den Willen Experten, Institutionen etc. zu recherchieren.
- Im Fall des Falles brauchst du die nötigen Kontakte und deren Telefonnummern.
- Erstelle alle Kontakte und Telefonnummern von Menschen und Organisationen, die du brauchst (Schlüsseldienst nicht vergessen! Elektriker! Gasspezialist! Installateur!).

- Das beginnt bei den Blaulichtorganisationen Rettung, Polizei und Feuerwehr, das betrifft Krankenhaus, Notarzt, Vergiftungszentrale, die aktualisierten Telefonnummern und Kontakte deines Hausarztes, deiner Vertrauten usw.
- Unterscheide: wer ist medizinisch, beruflich, privat (für meine Seele, für mein Herz) wichtig?
- Wen brauche ich im Fall einer »Krise« im Haus/Garten/usw.?
- Ordne diese Nummern und Kontakte nach Dringlichkeit!
- Verwahre den Notfallplan sicher, aber so, dass du ihn bei Bedarf sofort findest!

Du bist die Meisterin deines Lebens

Du hast schon viele Herausforderungen in deinem Leben gemeistert. Ein schönes Wort ist das: gemeistert. Du bist die Meisterin deines Lebens – oder anders: Du bist in deinem Leben schon sicherlich das eine oder andere Mal eine »Meisterin« gewesen. Du hast deine Fähigkeit des Meisterns sicher schon oft bewiesen. Vielleicht ist dir das nicht mehr bewusst?

Das hat mit deinen inneren Fähigkeiten zu tun, mit deinen Ressourcen, die möglicherweise vergessen wurden, die von den vielen Abfalleimern und Müllsäcken des Lebens überhäuft und zugedeckt wurden. Forsche nach, grabe deine verschütteten Ressourcen, deine positiven, nährenden, kraftgebenden, energiereichen Fähigkeiten und Erlebnisse wieder aus, indem du konzentriert nachdenkst, wann du – scheinbar und tatsächlich – schwierige Lebenssituationen für dich und andere gelöst hast. Situationen, Erlebnisse, Geschehnisse, bei denen du stark und kraftvoll reagiert hast, indem du selbstbewusst aufgetreten bist und durch deine Worte und Hand-

> Schwierige Zeiten lassen uns Entschlossenheit und innere Stärke entwickeln.
>
> DALAI LAMA

lungen mitgeholfen hast, diverse Lebensknoten zu lösen. Das Wissen, das Bewusstsein, im Leben viele Herausforderungen gemeistert zu haben, gibt Selbstvertrauen und Kraft für zukünftige Probleme, vor allem für deine eigenen. Indem du dir deine gemeisterten Situationen ins Gedächtnis rufst, gewinnst du die Erkenntnis, dass das Potential, Krisen zu meistern, zu ertragen, sie auszustehen, nach wie vor in dir schlummert. Weck es auf! Aktiviere deine Möglichkeiten.

TIPP 15: DEINE MEISTERLICHEN FÄHIGKEITEN

Schreibe drei deiner »gemeisterten« Lebenssituationen auf.

Situation 1:

....

....

....

Situation 2:

....

....

....

Situation 3:

....

....

....

Und notiere bitte, wie es dir gelungen ist, die Situation abzuschwächen, erträglicher zu machen oder ihr gar zu einem positiven Ausgang und damit zu einer guten Entwicklung zu verhelfen.

Sichtweise und Standpunkt

Oft hadern wir mit uns und mit den »Verursachern« der Krise. Wir stellen uns die Sinnfrage. Warum hat es ausgerechnet mich »getroffen«? Wenn wir ehrlich zu uns selbst sind, dann kommen wir zu der Erkenntnis, dass uns manche Krisen nicht »treffen«, nicht passieren, sondern dass wir selbst daran »schuld« sind, dass es so weit gekommen ist. Wir alleine sind schuld daran, dass eine Situation, eine Lebenslage eskaliert ist, und daher haben wir die Folgen und die Konsequenzen auch zu tragen.

Es geht, davon bin ich überzeugt, um den Gewinn einer anderen Sichtweise. Das heißt, du kannst/sollst den eigenen Standpunkt verändern bzw. aufgeben, damit du die Möglichkeit bekommst, eine andere, eine veränderte Sichtweise zu erlangen und dadurch einen großen Nutzen für dich daraus zu ziehen. Was heißt das? Das bedeutet, dass du eine riesige Palette von neuen Handlungs- und Erlebnismöglichkeiten vor dir hast und dadurch viele Lebensanforderungen positiv(er) bewältigen wirst und sich natürlich deine Lebensqualität – um die geht es doch im Ganzen – deutlich verbessern wird. Durch eine Veränderung des eigenen Standpunktes.

Ich weiß schon, das ist die Crux an der Geschichte – die Veränderung. Veränderung, das haben wir am eigenen Leib und in der eigenen Seele schon oft verspürt, tut weh. Es gibt keine Veränderung ohne eigene Investition. Das geht einher mit Mühen, mit Plagen, da tauchen Gefühle der Verzweiflung, der Ratlosigkeit, der Bedrohung, der Angst vor dem Scheitern auf. Das ist der Deal, das musst du in Kauf nehmen und auch wissen!

Die andere Möglichkeit ist, dass du so weitermachst wie bisher. Du steckst den Kopf in den Sand und wartest ab, wie es weitergeht. Machen oder machen lassen. Wer ist die Meisterin deines Lebens? Du oder die anderen? Das ist die Kernfrage. Bist du proaktiv oder reaktiv? Wenn du möchtest, dass »alles« so bleibt, wie es ist, dann verharre. Dann steck dein Köpfchen in den Sand.

Aber ganz ehrlich, das kann es doch nicht sein im Hinblick auf dein, auf mein, auf unser – begrenztes – Dasein. Oder? Wie viele Jahre haben wir noch? Du kennst das Durchschnittsalter der Österreicher. Frau 83, Mann 78. Und die letzten Jahre werden qualitativ

Es gibt keine Veränderung ohne eigene Investition.

> Vertrauen ist eine Oase im Herzen, die von der Karawane des Denkens nie erreicht wird.
>
> KHALIL GIBRAN

nicht die besten sein, wenn wir nicht auf uns schauen! Natürlich sollte uns das Schicksal gut gesinnt sein und uns vor Katastrophen und schweren Bürden, Dramen, Heimsuchungen, Tragödien verschonen. Hoffentlich ist es das. Dazu brauchen wir Vertrauen: Vertrauen in uns selbst. Glaube ich an mich? Bin ich hoffnungsfroh, bin ich ein Optimist? Oder bin ich ein Schwarzseher? Gottvertrauen ist in diesem Zusammenhang ein guter Indikator.

Ich habe im vergangenen Jahr selbst so manche Krise erlebt. Die Palette hat alles geboten, von leichten Störungen bis hin zur schweren Krise. Im privaten Bereich, im Beruf und vor allem mit mir selbst. Und in diesen Situationen denke ich manchmal an meinen geschätzten Freund Wolfgang S., der krebskrank in der Klinik lag und mich während eines Besuches gefragt hat: »Lebst du oder erlebst du dein Leben?« Ich konnte seine Frage nicht beantworten und war emotional sehr aufgewühlt. Aber es war ein Schlüsselerlebnis für mich. Es hat meine Einstellung vielen Dingen gegenüber verändert, vor allem meine Einstellung mir selbst gegenüber.

Stell dir einmal die Fragen: Wie gut kennst du dich? Wie sehr vertraust du dir? Du wirst vielleicht sagen, so ein Blödsinn, mir vertrauen? Ja, *dir* vertrauen. Das ist extrem wichtig und befruchtend, wenn du dich annimmst und dich besser kennenlernst. Es ist aber auch ein mühsamer Prozess.

TIPP 16: INNERE HALTUNG VERÄNDERN

Körper und Seele stehen in einem unmittelbaren Zusammenhang und stehen miteinander in Wechselwirkung. Wenn wir bedrückt, traurig, belastet sind, dann grübeln wir viel und sehen im Extremfall alles negativ – und gerade dann werden in unserem Körper spezielle Muskelpartien aktiviert. Unser Grundtonus, unsere Körper(an)spannung ist dann höher als normal. Das bedeutet, dass belastete Menschen in einem permanenten Anspannungszustand sind. Die Folge sind zum Teil dramatische gesundheitliche Auswirkungen auf den Bewegungsapparat, besonders auf Halswirbelsäule, Nacken, Schultern und den Rückenbereich.

o Stelle dir bitte eine traurige, deprimierende Situation vor – ein konkretes, erlebtes Beispiel.

o Nimm jetzt die dazugehörige Körperhaltung ein (Kopf nach unten, Brust einsinken lassen, Schultern hängen, Mundwinkel nach unten).

Du spürst, wie sich deine Stimmung verändert – nur marginal vielleicht, aber sie tut es.

o Dann stelle dir eine bereichernde, positive, fröhliche Situation vor – ja, auch diese hast du schon vielfach erlebt! Vielleicht hast du es vergessen und vergraben? Nimm dir Zeit!

o Also: Kopf nach oben, Schultern nach hinten, Mundwinkel nach oben, vielleicht lächelst du auch? Und dann nimm einen kräftigen Atemzug und hebe den Brustkorb.

Auch hier verändert sich die Stimmung – diesmal jedoch zu deinen Gunsten. Probiere es gleich einmal aus! Behalte diese positive Situation in Erinnerung! Nimm sie in dir auf!

Urvertrauen

Unter Urvertrauen versteht man in der Psychologie jene innere emotionale Sicherheit, die ein Kind in den ersten Lebensmonaten entwickelt, d.h., das Kind entwickelt das positive Grundgefühl, dass es Menschen vertrauen kann, dass diese ihm wohlgesinnt und verlässlich sind. Das Urvertrauen entsteht also im Wesentlichen aus der positiven Erfahrung, dass zwischen der Welt und den persönlichen Bedürfnissen Übereinstimmung herrscht.

In dieser Phase entsteht eine Grundhaltung, die sich durch das ganze weitere Leben zieht. Ein Neugeborenes ist darauf angewiesen, dass es versorgt wird. Diese Erfahrungen führen zu einem Vertrauen gegenüber der Mutter und dem Vater. Neben dem Erleben des Vertrauens wird auch Misstrauen erlebt, z.B. wenn die Mutter nicht ausschließlich für das Baby da ist, sondern es kurzzeitig alleine lässt, um den Haushalt zu führen o.Ä. Diese Zeiten, in denen das Neugeborene alleine ist, fördern sein Misstrauen.

Es ist wichtig, dass ein Kind Vertrauen *und* Misstrauen kennenlernt. Entscheidend für eine gesunde Persönlichkeitsentwicklung ist, dass sich das Vertrauen stärker entwickelt. Urvertrauen kann sich dann entwickeln, wenn sich die Eltern oder eine andere feste Bezugsperson kontinuierlich liebevoll um ein Kind kümmern und es in seiner Entwicklung unterstützen. Im Gegensatz dazu kann sich das Urvertrauen kaum entwickeln, wenn die Eltern oder Bezugspersonen ein Kind gefühlsmäßig ablehnen, es vernachlässigen oder sogar misshandeln.[17]

Gedanken über Krisen

Große oder kleine Krisen
sind niemals bunte Blumenwiesen
Sehr schade wäre es um sie
fänd der Geplagte deren Lösung nie
Nur wenn der Mensch dann doch
hervorkommt aus dem dustern Loch
ist er erleichtert, manchmal weiser –
vielleicht tönt er danach etwas leiser.
Der Mensch braucht manchmal Seelenpein,
nichts anderes wird die Krise sein
ob's ihm gefällt oder auch nicht
denn wer ist schon auf Leid erpicht?
Für die Änderung von Sicht und Blick
um je zu finden seines Lebens Glück

Dagmar Grünbichler, 2015

Mein Gedächtnis

Hast du dir schon je darüber Gedanken gemacht, was Gedanken sind? Gedanken haben mit Denken zu tun, wir denken pausenlos, Tausende Gedankenblitze, Einfälle, Überlegungen geistern, zischen, rasen, schleichen, ziehen durch unseren Kopf bzw. durch unser Hirn, je nachdem, wie schnell die Synapsen feuern ... Gedanken bestehen eindeutig aus Wörtern, aus Bildern und aus Gefühlen, das heißt, wir Menschen denken und speichern und erinnern uns ausschließlich mit Hilfe dieser drei Faktoren. Die inhaltliche Bedeutung dieser Wörter, Bilder und Gefühle ergibt unsere Gedankenausrichtung, und die Fähigkeit, diese Parameter zu verknüpfen, einzuspeichern, hoffentlich auch abzurufen, sie also zur Verfügung zu haben, ergibt unsere Gedächtnisleistung.

Sowohl die Gedankenausrichtung als auch die Gedächtnisleistung sind trainierbar wie ein Muskel. Und beide wirken sich immens auf unsere Motivation und auf unser Interesse aus, auch auf die Konzentrationsfähigkeit, auf den Energiehaushalt und damit auf unseren Antrieb und unsere Aktivität. Sie haben Auswirkungen auf die Kreativität und den Ressourcenfluss (leider sind viele Ressourcen bei uns verschüttet). Unsere Gedanken ermöglichen erfolgreiche Kombinationsprozesse und eine klare Orientierung in Raum und Zeit.

Und alle diese Auswirkungen unterstützen uns Menschen in unserem Ich-Bewusstsein. Aber leider behindern sie uns auch, je nachdem, wie wir »trainiert« sind. Gedächtnis-Probleme sind etwas völlig anderes als Lern- und Merkschwierigkeiten. Ohne Planung, ohne Interesse, bei Konzentrationsproblemen und einem daraus resultierenden Organisations-Chaos kommen Lern- und Merktechniken gar nicht zum Zug.

Sowohl die Gedankenausrichtung als auch die Gedächtnisleistung sind trainierbar wie ein Muskel.

Wo sind unsere Fähigkeiten und unsere Ressourcen?

Wir alle, du und ich, deine Freunde, Familienmitglieder, Verwandten, Kollegen haben alle Anlagen bzw. Fähigkeiten in uns, die wir/sie für das Erreichen der eigenen Ziele benötigen. Wir besitzen prinzipiell alle Ressourcen, die wir für ein glückliches, zufriedenes, bereicherndes, gesundes, erfolgreiches Dasein brauchen. Prinzipiell ... Jetzt kommt das »Aber«: Wenn es nicht so läuft, wie wir das gerne hätten, wenn sich unser Leben nicht im entsprechenden »Flow« befindet, dann hakt es, dann bremst es, dann wird es teilweise mühsam und beschwerlich, in manchen Fällen unerträglich. Dann ist es zumeist zu spät – dann ist die Krise schon da. Dann sind unsere Ur-Fähigkeiten vergraben, verschüttet, verloren gegangen. Das heißt aber nicht, dass sie völlig verlorengegangen sind – sie sind vorhanden, nur sind sie im Moment unerreichbar. Wir können diese Fähigkeiten aber durch geeignete Maßnahmen, Techniken und Tricks vielleicht wieder aktivieren, sie möglicherweise wieder hervorholen.

Wäre das ein gangbarer Weg für dich? Jeder Mensch nimmt seine Krise bekanntlich anders wahr. Die einen sehen sie als Stolpern, als Irritation, für andere Betroffene bricht eine ganze Welt zusammen. Die Krise wird dein Leben für immer prägen, ganz gleich, wie du mit ihr umgehst. Sie wird von ihrem plötzlichen Auftauchen an ein ständiger Begleiter in deinem Leben sein. Nicht immer jedoch müssen die Krise und ihre Folgen unerträglich sein: Das Zauberwort heißt Resilienz.

Was ist Resilienz? Das ist die Fähigkeit, Krisen zu meistern (auch kommende Krisen), und zwar mithilfe deines Geistes und deines Körpers. Resilienz kommt aus dem lateinischen »resilire« = zurückspringen, abprallen und bedeutet übersetzt so viel wie psychische Widerstandskraft.[18]

Wir alle hatten schon mit Menschen Kontakt, die eine unheimliche Kraft haben, die nichts so leicht aus der Bahn wirft. Meist sind das Menschen, die in ihrem Leben schon viel erlebt haben. Mitge-

Die Krise wird dein Leben für immer prägen, ganz gleich, wie du mit ihr umgehst.

macht haben, sagt man doch auch. Jene, die viel erlebt haben in den unterschiedlichsten Facetten und Ausprägungen, die Höhe- und die Tiefpunkte des Lebens. Licht und Schatten und manchmal haben sie wohl auch den Regenbogen leuchten sehen.

Ich habe das Glück – heute sage ich Glück, vielleicht ist es auch ein Geschenk von wo auch immer es herkam – dass ich viel erleben durfte und musste. Ich meine nicht die Panikattacken, ich meine wunderbare und schreckliche Erlebnisse aus der Kindheit, spannende, hochbeglückende, beseelte, erfüllende Momente, die ich manchmal wie in Zeitlupe erlebte, die ich stoppen wollte, an die ich mich manchmal klammerte wie ein Ertrinkender. Ich war einige Jahre ein Außenseiter ohne Freunde, pummelig, überfressen, von Liebe erdrückt, dann wieder war ich praktisch von einem Tag auf den anderen nach einer körperlichen Verwandlung in der Pubertät der Liebling aller. Ich stand plötzlich im Mittelpunkt und das war ungewöhnlich und auch sonderbar. Das Gefühlspendel schlug dann um, vom hässlichen Entlein zum Schwan.

So in etwa ist mir das vorgekommen und so ähnlich habe ich es auch heute noch in meiner Erinnerung, obwohl die Vergangenheit schon dazu verführt, dass man die Geschichten verschwommen sieht, Erlebtes nur mehr schemenhaft wahrnimmt, vielleicht ein bisschen etwas dazuerfindet, weil es gut klingt usw. Aber das macht ja auch nichts. Das zweifellos vorhandene Aufmerksamkeitsdefizit aus meiner Kindheit kann ich in meinem Berufsleben, sowohl als ORF-Moderator als auch als Mentalcoach und Keynote Speaker, hervorragend befriedigen und kompensieren. Damals war das mit pubertären Überheblichkeitsanfällen nur teilweise möglich. Die »anderen« waren von großer Bedeutung für mich, in meinem Minderwertigkeitskomplex interessierte mich natürlich alles, was sie über mich sagten und tratschten. Das hat sich seit vielen Jahren massiv geändert ... Jaja, die anderen. Ich sehe die diesbezüglichen Anmerkungen, die Anderen betreffend, in meinem ersten Buch »Nur keine Panik« heute milder und nachsichtiger. Nicht alle, die dich umgeben, sind von schlechtem Charakter. Ich war eine Zeit lang vielen Mitmenschen gegenüber misstrauisch, sah in ihnen zumeist gefühllose, unliebenswürdige Zeitgenossen und tat ihnen damit wiederholt Unrecht. Komisch, dass die wahren Freunde oft nicht die sind, von denen du es denkst. Wir wollen jetzt nicht schon wieder mit der berühmt-berüchtigten Frage anfangen, wer denn ein »wahrer Freund« ist. Ich habe gefühlt zwei und auch diese Naheverhältnisse möchte ich nicht analytisch mit allen Parametern hinterfragen. Vielleicht bin ich auch nur zu kritisch und zu beschädigt, kann schon sein.

Die Geschichte mit meinen Panikattacken ist ohnehin bekannt, es gäbe noch eine Menge, aber alles werde ich nicht niederschreiben, das ist dann schon zu privat. Eines jedoch fällt mir in letzter Zeit immer wieder ein: Ich bin ein Held. Jawohl, ein Held! Ich habe in meinem Leben insgesamt drei Menschen das Leben gerettet. So gesehen bin ich doch ein Held, oder? Komisch, dass mir diese Geschichten gerade in letzter Zeit immer wieder in den Sinn kommen, vielleicht hat das auch mit meinem fortschreitenden körperlichen und möglicherweise auch geistigen Reifezustand zu tun. Deshalb schreibe ich es jetzt auch nieder, damit ich nicht eines Tages auf meine guten Taten vergesse.

»Fall 1« war ein einjähriges Kerlchen, Anton, der gerade einmal laufen konnte und sich im Garten meiner damaligen Freundin vom Froschteich sehr angezogen fühlte. Die Erwachsenen feierten um die Ecke, der Kleine war verschwunden, ich denke mir plötzlich, und ich weiß nicht mehr warum, »Wo ist der Bub?«, schau um die Ecke, nichts, auf einmal sehe ich die zwei Beinchen, halb von einem Busch verdeckt, aus dem Teich ragen. Ich denke mir, »Oh Gott, so eine Scheiße, das gibt's doch nicht«, renne hin, reiße den Burschen, der kopfüber, ohne zu zappeln und sich zu wehren, im ca. zehn Zentimeter tiefen Wasser liegt, heraus, schüttle ihn, schreie und Gott sei Dank waren dann die anderen auch schon da, aufgelöst, hysterisch, die Rettung alarmierend usw. Das war nicht mehr notwendig, der Bub atmete wieder, schrie, schwitzte, hatte einen hochroten, nassen Kopf und war ein toller Anblick. Ich werde diesen schreienden Rotkopf mein Leben nicht vergessen und auch nicht den langen intensiven Blick, den mir seine Mutter zuwarf. Sie sagte kein Wort, war dazu auch nicht in der Lage, sie schaute mich nur eine gefühlte Ewigkeit lang an und ich verstand jedes Wort der Verzweiflung, der Dankbarkeit, der Hilflosigkeit, der Erleichterung, das sie nicht aussprach.

Der zweite »Fall« betraf die Tante eines lieben Freundes, bei dem ich zum Mittagessen eingeladen war. Die gute Frau, damals 72 Jahre alt, sehr aktiv und lebensfroh, neigte zur Beleibtheit, um es vorsichtig auszudrücken, und erfreute sich so wie wir an köstlichen Steaks. Was heißt erfreute, sie schlang das Gustostück derart schnell und gierig hinunter, dass nicht uns, sondern ihr der Bissen im Hals stecken blieb. Sie hustete, keuchte, röchelte, lief rot an, wurde dunkelrot im Gesicht, würgte und fuchtelte in ihrer Panik und ihrem Entsetzen wild mit den Armen herum und fiel vom Sessel. Ich sprang auf, richtete die gewichtige Frau mit Hilfe des Freundes und seiner Mutter halbwegs auf, versuchte den sogenannten »Heimlich-Griff«, packte sie also von hinten und versuchte durch eine Kompression des Bauchraums das Steak oder das Steakstück durch den hoffentlich entstehenden Überdruck aus den Atemwegen zu befreien. »Das Heimlich-Manöver, auch Heimlich-Handgriff genannt, ist eine lebensrettende Sofortmaßnahme bei drohender Erstickung oder Bolus-Tod bedingt durch eine komplette Verlegung der Atemwege durch einen Fremdkörper (Verschlucken). Es wurde von seinem Erfinder, dem US-amerikanischen Arzt Henry J. Heimlich, erstmals 1974 beschrieben.«[19]

Du wirst dich fragen, woher ich wusste, was der »Heimlich-

Griff« ist und wie er funktioniert. Ich sah einmal in der U-Bahn in New York eine Werbekampagne dazu im Rahmen einer großen »Erste-Hilfe-Aktion« und habe mir diese Anleitung gemerkt. Was den »Fall 2« betrifft, gelang die Aktion nur teilweise, weil die Tante einen derart großen Umfang hatte, dass es fast nicht möglich war, sie zu umklammern. Die Maßnahme nützte offenbar nichts und die Sekunden schlichen wie in Zeitlupe dahin. Die Situation erschien mir völlig surreal (»Das ist doch jetzt nicht wahr ...«) – schließlich schlug ich ihr mit aller Kraft von hinten wuchtig auf den Rücken und auf einmal spie sie ein großes Fleischstück aus, das in hohem Bogen an die Wand klatschte, dort kurz verharrte und dann ebenfalls wie in Zeitlupe langsam nach unten rutschte. Die Tante kam zu sich, schüttelte sich und fragte uns völlig verwirrt, was denn geschehen sei. Der Freund, der einen sonderbaren Humor hatte, auch in dieser Krisensituation, meinte lapidar: »Der Wolfi hat dir das Leben gerettet, jetzt kannst du weiteressen.« Ungläubig erzählten wir ihr von dem Vorfall, und das war's: Tante vor Erstickungstod gerettet und wieder war ich ein Held. Ich fühlte mich in diesem Moment zwar nicht so, es hatte sich eher ein Gefühl der leichten Übelkeit breitgemacht, aber es war alles gut.

»Fall 3« war für mich der schrecklichste, weil er unsere Tochter Sophie betraf. Sophie war etwa anderthalb Jahre alt. Aus dem Hochstuhl heraus schnappte sie sich plötzlich ein kleines Apfelstück vom Frühstückstisch, stopfte es sich blitzartig in den Mund und begann zu würgen. Totale Krise – möglicherweise zur Katastrophe ausartend – ein Notfall. Innerhalb weniger Augenblicke wurde ihr Gesicht blau, dunkelblau wie eine Jeans, meine Frau und ich versuchten sie aus dem Hochstuhl zu zerren, wir brachten die Verschlüsse der Halterung kaum auf und plötzlich verlor Sophie das Bewusstsein und ihr Kopf kippte auf die Seite. Das war unvorstellbar, schrecklich, die Gedanken, die mir da durch den Kopf rasten, waren »Das Kind stirbt. Erstickt jetzt an einem Donnerstag um 10 Uhr Vormittag in Wien Hietzing, der Notarzt wäre nie rechtzeitig da, was tust du?« Meine Frau schrie, weinte: »Tu doch was!« und ich tat. Sonderbarerweise, obwohl ich in kleinen, eher unbedeutenden Krisensituationen impulsiv und unbeherrscht agiere, handelte ich jetzt wie eine Maschine. Zielorientiert, das kleine Wesen zu retten, drehte ich sie um, schüttelte sie, auch daran denkend, dass man kleine Kinder ja nicht schütteln soll, schlug ihr auf den Rücken, versuchte den »Heimlich-Griff«, hatte Angst, ihr die Rippen zu brechen, und die Zeit verrann. Eine gefühlte Ewigkeit. Dann packte ich sie, griff ihr in den kleinen Mund, spürte mit meinem Zeigefinger das feststeckende Apfelstück, kratzte verzweifelt daran herum, keine Chance. Mir fiel in diesem Moment eine Weinflasche ein, ich weiß nicht, warum. Wenn ein Korken zu weit in die Flasche gerät, abbricht, weil du versucht hast, die Flasche unsachgemäß zu öffnen, was machst du? Genau, du wirst ihn nicht herausbringen, also wirst du ihn in die Flasche hineinstopfen. Und genau das habe ich getan. Ich nahm meinen längsten Finger, den Mittelfinger, und stopfte dieses verdammte Apfelstück in die andere Richtung. Gott sei Dank gelangte er in die Speiseröhre. Ich schüttelte unser Mädchen wieder und plötzlich begann sie zu strampeln, sich zu wehren, atmete, schrie, schwitzte, aus dem blauen Gesicht wurde ein rotes Gesicht, aus dem roten ein käseweißes ... Wir waren jetzt alle drei käseweiß im Gesicht. Meine Frau nahm die kleine Sophie, beruhigte sie halbwegs, legte sie ins Bettchen und rief den Arzt an. Er meinte, wenn sie wieder atmet, sei alles in Ordnung, wir sollten aufpassen, wie es ihr geht und er würde dann vorbeischauen. Aufpassen ... Wir passen immer auf, auch heute noch und bis in alle Ewigkeit.

Ich hatte wieder so ein sonderbares Gefühl, etwas erlebt zu haben, das möglicherweise gar nicht stattgefunden hatte. Habe ich das nur geträumt? Ich hatte mir damals wieder einmal das Rauchen abgewöhnt und schon monatelang nicht mehr zu einem Glimmstängel gegriffen, hatte aber in der untersten Schreibtischschublade, ganz hinten, eine Schachtel Marlboro rot. Die ganz wilden Zigaretten. Als Rettungsanker, als Krücke. Und die brauchte ich jetzt nach dieser Situation. Zudem goss ich mir einen Schnaps ein, den brauchte ich auch – ich Held. Diesmal war das Gefühl viel intensiver, intimer, näher als damals, bei dem Buben und bei der Tante, wie du verstehen wirst. Ich nahm also das Schnapsglas, den Tschick und ging auf den Balkon und dachte mir, »Hey Alter, du bist ja wirklich cool!« Von einer Sekunde auf die andere begann ich zu zittern, verschüttete den halben Schnaps, ließ die Zigarette fallen und musste plötzlich laut heulen, so laut, dass ich dabei geschrien habe in meiner Verzweiflung (warum, es war ja geschafft ...) und auch jetzt, während ich diese Zeilen schreibe, fast zwölf Jahre danach, steigen mir die Tränen in die Augen. Das war schrecklich. Um ein Haar hätte uns unser Liebling verlassen. Das war die schlimmste, die intensivste Krisensituation in meinem Leben. Gut ausgegangen. Jetzt denke ich an die vielen Mitmenschen, die nicht so viel Glück haben, hin und wieder liest man von solchen Unfällen mit Kleinkindern – für mich ist der Gedanke unvorstellbar, eines meiner beiden Kinder zu verlieren.

In Krisensituationen kommen, so zeigen mir diese Erfahrungen, unsere Fähigkeiten zum Vorschein.

Mein Anker

Hast du schon einmal von der (mentalen) Technik des »Ankerns« gehört oder gelesen? Es handelt sich um eine Methode, mit deren Hilfe Gefühle absichtlich »verankert« – fest gemacht – werden.

Viele unserer Sinneseindrücke sind oft mit automatischen Reaktionen verbunden, das heißt, sie können bei uns plötzlich Gefühle und Gedanken auslösen. Denk zum Beispiel an den Geruch von Zimt. Was passiert, woran denkst du automatisch? Richtig: du denkst an Weihnachten, wenn du Zimt riechst. Du wirst dich vielleicht auch an romantische Situationen erinnern, wenn du »euer Lied« hörst, vielleicht macht dich das auch traurig, kann sein, je nachdem, welche Gefühle du mit der jeweiligen Situation verbindest. Das sind völlig normale Empfindungen, die mit Erlebnissen, Gefühlen etc. verknüpft sind.

Dieses Phänomen wird ganz bewusst genutzt, indem absichtlich gewünschte Gefühlszustände »verankert« werden, sodass dieses gewünschte Empfinden durch den Auslöser abrufbar wird. Dieser Auslöser ist der Anker. Das kann eine Berührung, ein Geruch, ein Bild, eine Geste, aber auch ein Ton oder ein Wort sein. Bei der Technik des »Ankerns« geht es um eine oder mehrere Situationen, in denen du dich wohlgefühlt hast oder in denen du eine Krise oder ein Problem gut gemeistert hast. Und an diese Situation, die dich zufrieden gestimmt hat, möglicherweise auch glücklich gemacht hat, kannst und sollst du dich erinnern. Mithilfe deines Ankers kannst du diese Situation bzw. das konkrete Gefühl, das sie in dir hervorgerufen hat, abrufen. Bitte lies dir die folgende »Anker«-Technikanleitung langsam und konzentriert durch, verinnerliche sie und folge den verschiedenen Schritten zuerst gedanklich. Und bitte nimm dir die Zeit dafür, die du brauchst!

TIPP 17: ANKERN

o Such dir einen Platz, an dem du völlig ungestört bist.

o Dann entspanne dich (vielleicht durch einige konzentrierte tiefe Atemzüge).

o Wenn du nun vollkommen entspannt bist, erinnere dich an eine Situation, in der du glücklich und zufrieden warst.

o Geh diese Situation in deinen Gedanken detailliert durch.

o Was hast du in dieser Situation, die angenehm für dich war, gefühlt, was hast du gespürt? Was hast du wahrgenommen?

o Je intensiver du dich daran erinnerst, mit allen deinen Sinnen, desto wirksamer wird der Anker sein.

o Nächster Schritt: Anker setzen.

o Der Anker soll genau dann gesetzt werden (aktiviert werden), sobald du die Erinnerung bzw. das positive Gefühl besonders intensiv empfindest!

- Es geht darum, dein positives Gefühl mit einer Handlung zu verknüpfen.
- Diese Handlung kann beispielsweise das Berühren von Daumen und Zeigefinger sein, das Drehen des Ringes, das Ballen der Faust oder was auch immer – sinnvollerweise etwas Unauffälliges, das von deiner Umwelt (den anderen ...) nicht wahrgenommen wird.
- Wichtig ist, dass du immer den gleichen Anker für das gleiche Gefühl setzt!
- Der Anker wird erst wirksam, wenn du ihn über einen längeren Zeitraum regelmäßig wiederholst.
- Und immer dann, wenn du das zufriedene, selbstsichere, beschützte Gefühl abrufen willst – setze deinen Anker. Das Gefühl wird in dir aufsteigen. Es funktioniert!

Resilienz

Einer, der eine sehr schlimme Krise durchgemacht hat, ist Andreas Herz. Der Keynote Speaker und Gründer der Herz GmbH hat lange gegen eine schwere Krankheit gekämpft und gewonnen. Er hat eine Krise durchgemacht, die ihn, wie er sagt, viel widerstandsfähiger gemacht hat. Er hatte sich danach intensiv mit dem Thema Resilienz auseinandergesetzt und das »Herz-Resilienz®Leadership-Training«-Konzept entwickelt. Andreas hat es sich zur Aufgabe gemacht, andere (betroffene) Menschen zu coachen und ihnen in schwierigen Lebenssituationen eine stützende Begleitung zu sein. Es geht vor allem darum, das eigene Leben wieder selbst zu lenken und zu steuern. Mit dem Ziel, widerstandsfähiger zu werden für mögliche zukünftige Krisen.

Sein Training beruht auf drei Stufen: »Erkennen, Annehmen und Loslassen«. Dadurch lernen die Teilnehmer, die eigene Resilienz zu nutzen und im Alltag anzuwenden. Sein Leitspruch »War der Tag nicht dein Freund, dann war er dein Lehrer« bedeutet für Herz, dass jeder Tag ein Trainer ist und wir unser eigener Coach sind. Neben Training bietet Herz auch persönliche Coachings an, in denen er das Prinzip der Resilienz anwendet. Um widerstandsfähig zu werden, sagt er, muss man nicht erst eine schwierige Zeit durchgemacht haben. Bei fast niemandem bleiben Krisen aus, jeder von uns steht irgendwann einmal vor einem großen Problem-Berg. Was brauchen wir jetzt in solchen Augenblicken, um den Berg abzubauen? Richtig: Wir brauchen Kraft – viel Kraft. Kraft, die wir erlernen und anwenden können.

Der Begriff Resilienz hat, wie schon erwähnt, seinen Ursprung im lateinischen Verb »resilire«, was »zurückspringen« oder »abprallen« bedeutet. Wer im Zusammenhang mit geistiger Gesundheit das Wort »Resilienz« verwendet, spricht über die psychische Widerstandsfähigkeit, über die ein Mensch verfügt. Resiliente Menschen sind viel eher in der Lage, persönliche Rückschläge zu verkraften oder berufliche Krisen konstruktiv zu bewältigen. Oft habe ich mir gesagt, wenn ich meine »Schicksale« mit anderen verglichen habe, »das würde ich nicht aushalten« oder »das könnte ich nie schaffen.« Da sind wir schon wieder im Vermutungsstadium – Konjunktiv. Wir sind sehr wohl in der Lage, Situationen, Krisen, Schicksale zu bewältigen, wir wissen Gott sei Dank nicht, wozu wir fähig sind. Davon bin ich überzeugt.

Es gibt sie, die Zeitgenossen, die die schwersten Schicksalsschläge wegstecken und nach einiger Zeit wieder ein glückliches Leben führen (können). Menschen, die das können und das auch schon bewiesen haben, sind absolut nicht unsensibler oder abgestumpfter oder gefühlskälter gegenüber Leid als andere. Sie gehen in ihren Krisen durch genauso tiefe Täler wie alle anderen auch. Irgendwie schaffen sie es aber trotzdem, aus ihrem Schlamassel und ihren seelischen Tiefen wieder herauszukommen. Sie sind wie

War der Tag nicht dein Freund,
dann war er dein Lehrer.

Stehaufmännchen. Seit einigen Jahren wird der Begriff der Resilienz vor allem in Bezug auf die steigenden Anforderungen des Arbeitslebens immer wichtiger. So schreibt die deutsche Wissenschaftsjournalistin Christina Berndt: »Trotz großen Wohlstands, geringer körperlicher Belastungen und allerlei technischer Errungenschaften, die das Leben eigentlich leichter machen sollten, fühlen sich die Menschen ständig unter Druck. Hoch sind die Ansprüche an Schnelligkeit, Professionalität und Akkuratesse im Berufsalltag.«[20]

Die Fähigkeiten der Resilienz

Resilienz-Fähigkeiten werden hauptsächlich in der Kindheit erlernt. Das ist die gute Nachricht, denn das bedeutet, dass wir alle uns diese Fähigkeiten aneignen können. Und noch eine gute Nachricht habe ich anzubieten: Diese Aneignung ist nicht nur und ausschließlich in der Kindheit möglich, sondern auch als Erwachsener. Die Gene spielen selbstverständlich auch eine Rolle, denn jeder Mensch hat bekanntlich unterschiedliche Veranlagungen, die eine positive Lebenseinstellung begünstigen oder eher nicht. Nur, und jetzt sind die Gescheiten dran und darin sind sie sich einig: Die Grundlagen einer hohen Resilienz kann man erlernen. Meinen die Wissenschaftler. Führende Experten auf diesem Gebiet haben herausgefunden, dass Resilienz auf folgenden Fähigkeiten basiert:

1. Optimismus: Resiliente Menschen wissen, dass es schwere Zeiten im Leben gibt. Sie glauben aber daran, dass sich die Dinge auch wieder zum Positiven wenden. Die Krise oder Turbulenz wird eher als Herausforderung gesehen, die punktuell besondere Anstrengung verlangt. Diese Menschen gehen davon aus, dass eine Krise zeitlich endlich ist und überwunden werden kann. Sie erkennen die Realität an und halten an ihren Zielen fest.

2. Akzeptanz: Plötzlich auftretende Ereignisse und damit verbundene Krisen lassen viele Menschen zunächst die Augen vor der

Realität verschließen. Leugnen der Situation kann dabei helfen, den Schmerz zu ertragen. Resiliente Menschen akzeptieren die aktuelle Situation. Sie lassen sich Zeit, um die Krise zu begreifen und nach Lösungen zu suchen. Sie können gut unterscheiden zwischen veränderbaren und nicht veränderbaren Umständen.

3. Lösungsorientierung: Resiliente Menschen schauen in die Zukunft und passen sich den veränderten Bedingungen an. Sie ziehen die richtigen Schlüsse aus dem, was passiert ist, und lernen daraus. Resiliente Menschen fokussieren sich stark auf Lösungen. Sie blicken nach vorn, aktivieren Ressourcen und versuchen Verbesserungen zu erreichen.

4. Verantwortung: Resiliente Menschen sehen sich selbst nicht als ein Opfer der Umstände, sondern übernehmen Verantwortung für ihr Handeln und ihr Leben. Grundsätzlich sind diese Menschen bereit und fähig, Verantwortung für sich und andere zu übernehmen. Gepaart mit Optimismus und Akzeptanz finden sie einen schnellen Ausstieg aus der Opferrolle.

5. Selbstregulation: Gefühle von Schuld und Selbstvorwürfe sind häufige Krisenbegleiter. Resiliente Menschen haben ein realistisches Verständnis für ihren Eigenanteil an der Krise und können mögliche Selbstbeschuldigungen schnell überwinden. Sie übernehmen im richtigen Maße Verantwortung.

6. Beziehungsgestaltung: Menschen, die Krisen widerstandsfähig begegnen, wissen um ihre Stärken und Schwächen. Sie ergänzen ihre eigenen Ressourcen und Fähigkeiten mit den Kenntnissen und Talenten anderer, das heißt, sie bilden Netzwerke, auf die sie im Bedarfsfall zurückgreifen können. Resiliente Menschen versuchen nicht als einsamer Held die Krise alleine zu meistern.

7. Zukunftsgestaltung: Resiliente Menschen wissen, dass die Zukunft nicht zu 100 Prozent plan- und vorhersehbar ist. Es existiert immer ein Anteil, der sehr wohl geplant und vorgedacht werden kann. Unerwartete Ereignisse machen den anderen Teil der Zukunft aus, und hierauf reagieren resiliente Menschen

mit mehr Handlungsvarianten. Erst die Varianz in der eigenen Handlungsfähigkeit (Alternativen, Visionen) macht eine gute Zukunftsgestaltung möglich. Ist die Zukunftsplanung dabei realistisch, so können auch Krisen und Rückschläge leichter verarbeitet werden.[21]

Widerstandskraft ist trainierbar

Jeder von uns kann seine Widerstandskraft also trainieren und verbessern. Und dabei geht es nicht darum, sich »abzuhärten« und unempfindlich gegenüber den eigenen Emotionen zu werden. Es geht darum, einen besseren Umgang mit seelischen Schmerzen zu erlernen, damit man über kurz oder lang aus einer schweren (Lebens-) Prüfung gestärkt hervorgehen kann. Neben diesen Fähigkeiten hat die Wissenschaft aber eine weitere Entdeckung gemacht. »Besonders widerstandsfähige Menschen weisen eine entscheidende Parallele in ihren Handlungsmustern auf. Ihnen gelingt es deshalb so gut, schwere Krisen zu überstehen, weil sie es schaffen, ihren Krisen einen Sinn zu geben. Dafür muss man aber weder religiös noch spirituell sein. Das bedeutet nur, dass diese Menschen bewusst darauf schauen, wie sie an dieser Krise persönlich wachsen können. Sie schauen bewusst nach etwas Positivem. Sie geben ihrer Krise damit eine tiefere Bedeutung und schaffen es so, sie in ihre Lebensgeschichte zu integrieren. Das ist der zentrale Faktor, weshalb sie mit Krisen so gut zurechtkommen.«[22]

Oft gelingt das erst im Nachhinein, manchmal auch erst, wenn schon viel Zeit verstrichen ist. Aber je häufiger man die Erfahrung macht, einer Krise im Rückblick einen Sinn abgewinnen zu können, desto leichter fällt es einem nach der nächsten Krise. Nicht immer freilich, und das schreibe ich jetzt, obwohl viele eine andere Meinung dazu haben: Es ist meinem Denken, meiner Erfahrung nach nicht immer so, dass man in einer Krise auch eine Chance sehen kann. Es gibt Schicksalsschläge, die es einem nahezu unmöglich

An jeder Krise kann ich auch persönlich wachsen.

machen, etwas Positives zu sehen. Und wenn dich der Schmerz beherrscht, dann bist du froh, wenn du den Tag hinter dich bringen kannst, und verschwendest keinen Gedanken an Morgen oder an die ferne Zukunft. Erst mit einigem zeitlichen Abstand, wenn die Schmerzen nicht mehr ganz so überwältigend sind, kannst du in der Vergangenheit auch Gutes oder Sinnvolles entdecken. Aber auch bei unerträglich scheinenden Schicksalsschlägen oder Erfahrungen macht es Sinn, weiter bewusst nach den positiven Dingen Ausschau zu halten.

Wenn es uns gelingt, Widrigkeiten als Chance zu begreifen und diese in unsere Lebensgeschichte zu integrieren, dann können wir Krisen langfristig sicher besser bewältigen. Das Denkmuster, das besonders resiliente Menschen ausmacht, lautet: »An jeder Krise kann ich auch persönlich wachsen. Was kann ich also daraus für mich lernen? Was ist das Geschenk darin?«

Lasst uns also beginnen, diese Fähigkeiten zu trainieren und zu verinnerlichen. Ab jetzt und zwar täglich. Wir müssen das nicht mit Stift und Papier tun, wir rufen uns diese Fragen und Denkmuster regelmäßig einmal pro Tag, am besten vor dem Einschlafen, ins Bewusstsein. Indem wir uns dieses (neue) Denkmuster aneignen, rüsten wir uns für eine etwaige schwierige Situation in der Zukunft. Wir lernen eine zentrale Kompetenz, die unsere Widerstandsfähigkeit steigert. Dieses Training kann dabei helfen, leichter Abstand von der schmerzlichen Seite zu gewinnen und den Fokus wieder auf das Positive im Leben zu richten.

Wir dürfen aber eines nicht vergessen: Es geht nicht darum, Leid nicht zu spüren oder nicht traurig zu sein. Es wird dir und mir mit regelmäßiger Übung gelingen, die Spanne zwischen dem Schmerz und der Zeit, in der wir anfangen, Positives zu sehen, zu verkürzen. Und es wird für uns alle leichter, auch im Unglück einen tieferen Sinn für uns selbst zu erkennen.

TIPP 18: »5-FINGER-TECHNIK«-TAGESBILANZ

Ein wichtiger Schritt ist es, den Tag positiv abzuschließen. Das heißt, du blickst am Abend mental zurück auf deine Berufsrollen, auf deine Privatrollen, auf deine Ich-Rolle und identifizierst deine positiven Tageshighlights.

o Du beginnst mit dem Daumen,
o dann kommt der Zeigefinger,
o dann der Mittelfinger,
o dann der Ringfinger
o und schließlich der kleine Finger.

Du beantwortest bitte bei jedem Finger die u.a. Fragen. Wenn du Lust hast, notiere deine Tageshighlights, die Fingerfragen betreffend!

D steht für DAUMEN: »Denkergebnisse gehabt?« (Erkenntnisse, Einfälle, Ideen?)
Z steht für ZEIGEFINGER: »Ziel(chen) erreicht?«
M steht für MITTELFINGER: »Mentalübung(en) gemacht?«
R steht für RINGFINGER: »Was habe ich heute richtig gemacht?« (Selbstlob, Leistungs-, Entscheidungshighlight?)
K steht für KLEINER FINGER: »Körpergeschenk« (Was hat mein Körper heute bekommen?)

Versöhnung mit dir?

Wenn diverse Lebenswege direkt in eine Lebenskrise führen, dann ist es plötzlich, überfallsartig da: Dieses lähmende Gefühl, in einer Sackgasse zu stecken. Die Gründe, die Auslöser sind so vielfältig wie das Leben in seiner ganzen Buntheit und Vielfalt. Tod, Trennung(en), Probleme im privaten Bereich, im Berufsumfeld oder krankheitsbedingte Veränderungen, die dein Leben von einer Sekunde auf die andere auf den Kopf stellen können. Aber auch weniger dramatische Geschehnisse, wie die Pubertät der Kinder, die Wechseljahre, die Midlife-Crisis etc. können unser Dasein ganz schön durcheinanderrütteln.

Dass wir Menschen Gewohnheitstiere sind, ist keine neue Erkenntnis, wir mögen es nicht, aus unserer Lebenslethargie herausgerissen zu werden. Viele haben eine Abneigung dagegen, »aufgeweckt« zu werden, am liebsten ist es manchen von uns, wenn sie in einem wohligen Dämmerzustand dahinvegetieren, ohne große Aufregungen egal in welcher Lebensrolle. Ich erinnere mich oft an meine Kindheit, wo häufig betont wurde, dass Frieden und Harmonie das Wichtigste seien. Frieden und Harmonie? Ja, das wäre schon sehr wünschenswert, vor allem, wenn wir uns die jüngsten Geschehnisse, Verbrechen, Kriege, Auseinandersetzungen weltweit zu Gemüte führen (müssen). Aber ob Frieden und Harmonie eine Lösung sind? Ist dauerhafter Friede überhaupt möglich? Im Kleinen und im Großen? Ich fürchte, nicht, weil die Meinungsvielfalt, die Einstellungen, die Bereitschaften so unterschiedlich sind und so weit voneinander abweichen und damit entfernt sind.

Ist Friede mit dir selbst möglich? Bist du mit dir versöhnt bzw. ausgesöhnt? Hast du dir diesen Gedankengang einmal überlegt? Das ist für mich ein ganz wichtiger gedanklicher Schritt und dann in der Folge möglicherweise auch ein realistischer, auf unser Leben zu übertragender. Du wirst dich vielleicht fragen: »Wozu sollte ich mich mit mir versöhnen? Es geht mir ja eh ganz gut.« Oder du sagst: »Also mir geht es wirklich gut. Wirklich.« Tatsächlich? Es geht dir »wirklich« gut mit dir?

Wie viele Menschen kennst du in deinem engeren Umfeld, die häufig und beinahe bei jeder Gelegenheit betonen, wie gut es ihnen doch geht? Weißt du, was ich glaube? Ich denke, dass es jenen, die immer etwas extra betonen (müssen), herausstreichen (müssen), sich quasi in eine ständige Verteidigungsposition, ihre Lebensqualität betreffend, begeben, dass es denen gar nicht so gut geht.

Versöhnung mit sich selbst ist oft ein langwieriger, mühsamer, schmerzhafter Prozess, der sich, wie ich aus eigener Erfahrung weiß, mit professioneller Hilfe besser entwickelt. Selbstentzweiung und Selbstversöhnung sind immer auch Entzweiung und Versöh-

Selbstentzweiung und Selbstversöhnung sind immer auch Entzweiung und Versöhnung mit den anderen und mit der Welt.

nung mit den anderen und mit der Welt. Versöhnung ist auch ein Ausgleich der Widersprüche im Inneren und zugleich auch Versöhnung der Extreme in einer Situation. In der Psychotherapie geht es unter anthropologischem Aspekt immer ganz wesentlich um Versöhnung. Wichtig in diesem Zusammenhang ist die Feststellung, dass Versöhnung nicht identisch ist mit Vergebung und auch nicht mit Erlösung!

Das Wesen der menschlichen Seele gleicht, wie Platon im »Phaidros« seinen Lehrer Sokrates sagen lässt, »einem Gespann von nur zwei Rossen mit einem Führer. Von den Rossen ist das eine gut und edel und solchen Ursprungs, das andere aber entgegengesetzter Abstammung und Beschaffenheit. Schwierig und mühsam ist daher natürlich bei uns die Lenkung.«[23]

Atmen ist Leben

In der Zeit meiner Panikattacken war ich teilweise wie gelähmt. Das war die Leidenszeit, in der ich mich in der Früh, zu Mittag und am Abend mit Schulnoten bewertet habe, was meinen Allgemeinzustand betrifft. Ich führte eine Art Tagebuch in Schulnotenform. Wenn ich dieses heute durchblättere – und es handelt sich um einen Zeitraum von rund zwei Jahren –, dann ist es für mich immer noch fast unvorstellbar, wie ich diese Lebensphase überstanden habe. Dennoch ist dieses qualvolle Erleben heute, wenn ich eine Art Lebensbilanz ziehe, abgesehen von meinen beiden wunderbaren Kindern und meiner Exfrau Katharina, das Beste, was mir in meinem Leben passiert ist. »Passiert« so etwas? Aber das zu diskutieren würde zu weit führen …

Heute rede ich mich recht leicht, da ich keine Panik mehr verspüre, auch wenn ich nach wie vor ab und zu »meine Zustände« habe. Aber ich bin angstfrei und lebe gut damit. Ich betrachte meine Attacken als Warnsignal an meine Seele und meinen Körper. Bitte, liebe Expertin, nein, schreib mir jetzt nicht, es geht mir gut und ich verdränge auch nichts mehr. Versprochen. Keine Ratschläge, ich kenn mich ganz gut aus … Du kannst dir kaum vorstellen, wie viele Ratschläge ich bekomme. Von Damen, von Herren, von Expertinnen und Nichtexperten, interessant, wie viel Zeit manche Mitmenschen haben. Der Punkt ist: ich brauche keine Unterstützung, keine Hilfe (mehr) – ich weiß, wie es mir geht, und ich bin zufrieden. Ich tue auch viel dafür, obwohl ich damals, in der Leidensphase, nicht wusste, was und wen die Panikattacken in meinem Leben über Bord werfen, welche Veränderungen passieren würden.

Die bewusste und intensive Beschäftigung mit mir selbst, mit allen meinen guten und schlechten Anlagen und Eigenschaften, all dies wäre ohne die massiven Warnsignale nicht möglich gewesen.

Viele Betroffene berichten, dass das Schlimmste, was sie in der Akutphase ihrer Attacken empfinden, die Todesangst sei, sie hätten oft auch Angst zu ersticken. Der Erstickungstod ist für mich auch eine grässliche Vorstellung, für wen nicht? Aber, liebe Leserin (vielleicht bist du auch eine von vielen Betroffenen – also möglicherweise liebe Leidensschwester) – wir werden nicht ersticken. Und weißt du, warum nicht? Weil wir atmen. Wir atmen ab dem Moment unserer Geburt bis zu unserem Ableben. Wir atmen und damit leben wir!

Unsere Atemmuskulatur ist zugleich unsere sensibelste Muskulatur. Sie ist auch die erste, die auf eine veränderte Hormon- und Transmittersituation im Körper reagiert. Also auf Stress. Und Stress zeigt sich sofort in der Veränderung unserer Atmung. Umgekehrt beeinflusst auch eine Stressatmung die Hormon- und Transmitterproduktion im Körper (Cortisol!) und bereitet ihn auf eventuelle Verteidigungsstrategien vor. Durch tiefes, entspanntes Atmen (das wir leider oft vergessen!) gelangen sogenannte Entwarnungsimpulse in unsere Körperchemie und damit kommt es zur »Entstressung«. Und dadurch werden erfreulicherweise gebundene, blockierte Energien frei. Was sind wir doch für ein Wunderwerk als Menschen, nicht wahr?

Die Versorgung unseres Körpers mit Sauerstoff hat massive Auswirkungen auf unseren Energiehaushalt. Energie entsteht durch Verbrennung – wir brauchen Brennstoff und Sauerstoff. Du weißt es aus eigener Erfahrung: Wenn du bewusst und damit richtig atmest, dann steigert sich dein körperliches und auch seelisches Wohlbefinden. Bewusste Atmung wirkt Angst und Panik entgegen. Und weißt du, warum? Weil du dich voll und ganz auf deine Atmung konzentrierst und die Angst in den Hintergrund tritt. Du konzentrierst dich einzig und alleine auf deine Atmung. Du musst es wollen, dann kannst du es auch. Du wirst ausgeglichener, entspannter und ruhiger werden. Du wirst deinen »langen Atem« wieder finden, der deine verschütteten Lebensenergien zum Vorschein bringt.

Am wichtigsten bei der Tiefenatmung ist das Aus-Atmen, es ist der Schlüssel zur Wiederherstellung eines natürlichen Atemflusses.[24]

Ich möchte dir den Atemklassiker schlechthin näherbringen, der mir schon vor vielen Jahren im Rahmen meines Studiums an der Hochschule für Musik und darstellende Kunst am Mozarteum in Salzburg sehr geholfen hat. Nicht nur beim Musizieren, sondern vor allem auch in Prüfungssituationen, in denen ich so etwas wie »Lampenfieber« verspürt habe. Es ist eine Übung, die mir in Phasen geholfen hat, in denen ich verkrampft und nervös war, mich unter Druck gesetzt fühlte usw. – eine einfache Übung, die dir helfen wird, dich in angespannten Situationen lockerer, ressourcenvoller und besser zu fühlen.

Bewusste Atmung wirkt Angst und Panik entgegen.

Körperecho

Der Begriff »Körperecho« (Bodyscanning) kommt aus der Verhaltenstherapie und bedeutet ein intensives, körperliches »In-sich-hinein-Horchen«. Unter einem Bodyscan versteht man das achtsame innere »Abtasten« des Körpers im Ruhezustand. Achtsam deshalb, weil es dabei um mehr als nur um Aufmerksamkeit geht. Während man in sitzender oder liegender Position seinen Fokus nacheinander auf verschiedene Bereiche des Körpers richtet, tauchen nicht nur angenehme, sondern bisweilen auch unangenehme Empfindungen, Gedanken oder Emotionen auf. Die Aufgabe besteht nun darin, alle Erscheinungen wertfrei wahrzunehmen, das heißt allem, was im Bewusstsein auftaucht, mit Gleichmut zu begegnen, unabhängig davon, ob wir das Wahrgenommene gewöhnlich als gut oder schlecht bewerten würden.

Jedes äußere Erlebnis, jede Vorstellung und jede Erinnerung löst bei uns augenblicklich Reaktionen im Reflexhirn aus, welche im Körper ein Echo hinterlassen. Dieses Echo ist wahrnehmbar und kann sowohl positive als auch negative Auswirkungen auf das »Chemiehirn« und in der Folge auch auf das »Denkhirn« haben. Die Intensität, welche dieses Körperecho emotional hinterlässt, ist höchst subjektiv und jeder Mensch hat hier ein ganz individuelles Maß.[25]

Der Bodyscan ist eine sehr effektive Meditationsübung, um die Beziehung zwischen Körper und Geist zu vertiefen und um zu lernen, sich zu konzentrieren. Aber zugegeben: Anfangs kann er sich so langweilig und unspektakulär anfühlen, dass viele Übende ihn nicht recht ernst nehmen. Der Bodyscan ist weder eine »Entspannungs«- noch eine »Wohlfühl«-Übung. Wenn du im Laufe der Zeit feststellst, dass sich deine Muskeln lockern und angestaute Spannungen auflösen, dann ist das lediglich ein feiner Nebeneffekt. Der Bodyscan trainiert das Bewusstsein und bringt dich der Aufmerksamkeit nahe. Es geht nicht um die Beantwortung der Frage, ob dir das Ganze »Spaß« macht (oder auch nicht) oder ob du »Lust« dazu hast (oder auch nicht). Tu es ganz einfach! »Hin zu« statt »weg von«. Nicht nachdenken, machen – zu deinen Gunsten.

TIPP 20: BODYSCAN

o Leg dich auf den Rücken und achte darauf, während der ganzen Übung möglichst wach zu bleiben.

o Schließe deine Augen.

o Spüre und fühle deinen Atem, wie sich deine Bauchdecke hebt und senkt, ganz von selbst, ohne dass du etwas tust. Einfach ruhig ein- und ausatmen.

o Lenke deine Aufmerksamkeit jetzt auf die Zehen des linken Fußes. Spüre, was du in den Zehen wahrnehmen kannst: Temperatur, Berührung (wenn du zugedeckt bist), ein Kribbeln, etwas anderes oder vielleicht auch gar nichts. Es ist auch in Ordnung, ganz bewusst nichts zu spüren.

111

o Gehe für kurze Zeit mit der Aufmerksamkeit wieder zu deiner Atmung. Dann wende dich deinen Fußsohlen zu, der Ferse, dem Knöchel. Und während du in diese Körperteile bewusst hinein- und wieder herausatmest, nimm alle Empfindungen wahr.

o Sobald du merkst, dass Gedanken auftauchen, hole deine Aufmerksamkeit zum Atem und zur jeweiligen Körperregion zurück.

o Taste dich innerlich auf diese Art und Weise durch das linke Bein aufwärts, dann von den Zehen des rechten Fußes über das rechte Bein, den Rumpf, von den Fingern der linken Hand zur linken Schulter, von den Fingern der rechten Hand zur rechten Schulter, vom Hals über den Kopf bis zum Scheitel.

o Die Aufmerksamkeit bleibt währenddessen auf den Atem und auf die verschiedenen Empfindungen in den unterschiedlichen Körperregionen gerichtet. Atme bewusst dorthin und wieder heraus.

o Wenn es dir gut tut: Nimm dir mindestens einmal pro Woche etwa zwanzig Minuten Zeit für einen Bodyscan.[26]

Wertehierarchie

Was bedeutet dir in deinem eigenen Leben am meisten? Was ist am wichtigsten für dich? Wenn du eine persönliche Wertehierarchie erstellen würdest, welche Werte würden die ersten zehn Ränge einnehmen? Grundsätzlich sind Werte durchaus erstrebenswerte Inhalte unseres Lebens, wichtige Grundlagen und Bedürfnisse für eine gute Lebensqualität. Und die Lebensqualität ist jener Begriff, der mir persönlich am wichtigsten ist. Da geht einfach meiner Einstellung und Meinung nach nichts darüber. Eine gute Lebensqualität zu haben, ist das erstrebenswerteste Ziel, das wir haben können. Und zwar eine dauerhaft gute Lebensqualität. Natürlich wird uns die eine oder andere Krise oder auch ein Schicksalsschlag ein Schnippchen schlagen, wie man so schön sagt – aber die vorhandene, greifbare, fühlbare Lebensqualität steht auf meiner Werteliste ganz oben.

Lebensqualität. Qualität, das bedeutet Güte, das heißt auch Wertbeständigkeit, Stärke, Begabung, das hat mit Vorzügen und guten Eigenschaften zu tun. Für mich ist Lebensqualität ein mächtiger, starker und situationsbedingt auch unerreichbarer Begriff. Wenn du aber »dran bleibst«, wenn du das Ziel deiner Wünsche nicht aus den Augen verlierst, wenn du agierst statt zu reagieren, dann wird dir das Erreichen deiner guten Lebensqualität gelingen.

Was die eigene, die persönliche Wertehierarchie betrifft, nehmen wir alle individuell eine je andere Gewichtung vor. Wir bringen unbewusst eine Reihenfolge in unser inneres Wertesystem. Stabile, ausgeglichene, in sich ruhende Menschen können meistens mit großer Klarheit und mit Durchblick definieren, was ihnen im eigenen Leben besonders wichtig ist, und sie missachten diese Prioritäten nur sehr selten. Wesentlich für die eigene Motivation ist jedoch, dass die Werte, die für uns Priorität haben, einen strategisch günstigen Platz in dieser inneren Wertehierarchie erhalten. Unabhängig davon, wie diese beschaffen ist, stellt sich die grundlegende Frage: Wie kommen die verschiedenen Zielvorstellungen miteinander aus?

Es gibt Werte, die in die gleiche Richtung zielen und sich gegenseitig fördern. Andere konkurrieren miteinander und untereinander und setzen sich dann gegenseitig außer Kraft. Werte können also an sich positiv sein – wenn sie aber den falschen Stellenwert in der Wertehierarchie haben, dann führen sie auf Dauer zu Erfolgsblockaden. Es gilt deshalb, genau abzuwägen, welchem Wert wir einen höheren Rang geben und welchem einen niedrigeren. Rangniedrigere Werte können ranghöheren geopfert werden. Ranghöhere sollen geeignet sein, die rangniedrigeren zu nähren.[27]

Werte geben deinem Leben Sinn. Wie wichtig vor allem in Krisenzeiten unser persönliches Wertesystem sein kann, zeigt Viktor E. Frankl in seinem Buch »... trotzdem Ja zum Leben sagen« auf. Er beschreibt aufgrund eigenen traumatischen Erlebens und anhand von Studien mit KZ-Häftlingen die Wichtigkeit einer klaren Zielsetzung in Krisenzeiten. Seiner Beobachtung nach ist es eminent wichtig, einen Sinn im (Über-)Leben zu sehen und über eine klare und starke Werteorientierung zu verfügen, um auch härteste Anforderungen zu überstehen. Glaube, die Liebe zum Menschen, politische Überzeugungen, Familienangehörige, die versorgt werden müssen, das Bedürfnis, Schwächeren hilfreich zur Seite zu stehen – all dies konnte nach Frankl einzelnen Menschen Sinn geben und ermöglichte ihnen ein Überleben unter menschenverachtenden Bedingungen.[28]

»Werte geben uns Regeln und Prinzipien, nach denen wir unser Leben in Balance bringen und vor allem halten können. Haben wir uns einmal Klarheit über unsere Wertvorstellungen verschafft, fällt es uns leichter, daraus sinnvolle Ziele zu entwickeln. ›Sinn‹-volle! ›Ziele‹ haben immer auch den ›Haben‹-Gesichtspunkt im Fokus, wenn nicht sogar im Vordergrund, dagegen spiegeln Werte den ›Sein‹-Aspekt wieder, wie zum Beispiel finanziell unabhängig sein zu wollen.«[29]

TIPP 21: PERSÖNLICHE WERTEHIERARCHIE

- Schreibe deine zehn wichtigsten Werte auf je eine Karte.
- Ordne, vorerst intuitiv, deine Werte hierarchisch.
- Überprüfe die Rangordnung nach den oben genannten Kriterien.
- Korrigiere und verändere die Rangordnung so lange durch den Filter »Lebensqualität«, bis deine persönliche Wertehierarchie ein optimales Körperecho hervorruft.

Betroffene berichten

Gregor D., ein Bekannter aus Tirol, 29 Jahre jung, Angestellter, Fußballschiedsrichter, hat völlig recht, wenn er meint, dass man Krisen oft selbst auslöst, das heißt dafür verantwortlich ist. Oder zumindest Mitverantwortung trägt. Er freilich war in der Situation, dass ihn seine Lebenskrise unvermittelt getroffen hat, als er im Jahr 2013,

Die Definition von Wahnsinn ist, immer wieder das Gleiche zu tun und andere Ergebnisse zu erwarten.

ALBERT EINSTEIN

mit 27 Jahren, eine Hiobsbotschaft, seine Gesundheit betreffend, übermittelt bekam. Diagnose Hodenkrebs.

Wenn man das hört, dass es jemanden – freilich immer andere – betrifft, was denken wir da? Ziehen wir in Betracht, dass wir selbst nicht unverwundbar sind und auch zu den Betroffenen zählen könnten? Oder schieben wir diesen Gedanken weit weg von uns ... »Wird schon nichts passieren? Wenn ich dann eine schlechte Diagnose bekomme, dann hör ich auf zu rauchen, zu trinken, zu fett zu essen, dann bewege ich mich ...« Das hört man oft und das ist spannend.

Ich überlege mir bei gesundheitlichen Schreckensnachrichten, wenn sie durch den Bekannten- oder Verwandtenkreis geistern: »Wie würde ich reagieren? Was würde ich unternehmen? Würde ich kämpfen oder würde ich resignieren?« Ich kann dir keine Antwort auf diese und andere Fragen geben. Ich weiß es ganz einfach nicht. Es würde mir auch das Urverhalten, die Urreaktion auf eine schwere Krise – entweder Totstellen, Davonlaufen oder Kämpfen – vermutlich nicht helfen. Flüchten – wohin? Davonlaufen? Das wird auch kein befriedigendes Ergebnis bringen. Kämpfen – aber gegen wen? Wer ist mein Feind? (M)eine Krankheit? Oder die vielen Anteilnehmenden, von denen jeder zumeist ungefragt einen oder mehrere Ratschläge für dich parat hat? Oder sind es gar die Schulmediziner, die dich Chemo-therapieren wollen, dich bestrahlen möchten, die dich auf ihre Art und Weise auf Teufel komm raus heilen wollen? Vielleicht bist du ja auch nur ein Versuchskaninchen, wer weiß? Oder sind deine Gegner die alternativen Heiler, die Myriaden von Kräutleins, Salben, Ingredienzen hervorzaubern und dir diese dann zumeist teuer verkaufen wollen?

Interessant ist zu beobachten, wie viele skrupellose Zeitgenossen aus deinem Leid, aus deiner Krankheit – egal ob physisch oder psychisch – Kapital schlagen möchten und das leider häufig auch tun. Kein anderer Opfertyp ist meiner Meinung nach angreifbarer und verführbarer (weil sich an einen eventuell letzten Hoffnungsstrahl klammernd) als vom Schicksal hart und intensiv Betroffene, von der Krise akut Ereilte. Die Schwachen, das sind die Opfer, die in ihrer Notlage, aufgrund ihrer Engpässe und Probleme (fast) alles unternehmen, um aus diesem Dilemma wieder herauszukommen.

Gregor, 27 Jahre und Hodenkrebs, schrieb mir:

»Plötzlich veränderte sich mein Leben schlagartig und ich dachte nur mehr an das Eine: ›Wie geht es weiter?‹ Dass dir das aber keiner so richtig beantworten möchte, habe ich aufgrund der Komplexität der Krankheit erst später bemerkt. Nach der OP wurde schnell klar, dass der Tumor bösartig war, aber Gott sei Dank noch nicht gestreut hat. Leider, bei einer Kontrolle ein Jahr später, die nächste bittere Nachricht. Ein aussagekräftiger Blutwert (Tumormarker) ist angestiegen und eine Chemotherapie wurde empfohlen. Auch wenn die Angst davor so groß war, wie noch nie vor etwas zuvor, habe ich mich überwunden und zugestimmt. Entweder kämpfen und siegen oder nichts tun und … Aber diese Entscheidung zu treffen braucht viel Überwindungskraft. Also, Augen zu und durch für die nächsten drei Monate. Das sagt sich leichter, als es sich tatsächlich anfühlt und man möchte sich nicht damit beschäftigen. Aber spätestens ab dem Zeitpunkt – übrigens der schlimmste für mich –, als die Haare ausfielen und sich die Nebenwirkungen bemerkbar machten, habe ich gewusst, jetzt bin ich mitten drin. Mir hat dabei mein Hobby als Fußball-Schiedsrichter sehr geholfen. Da kann ich auch nicht sagen, wenn ich nach 55 Minuten einen katastrophalen Fehler gemacht habe und am liebsten im Erdboden versinken würde, so, jetzt pfeife ich ab und geh nach Hause. Im Nachhinein betrachtet war es eine Prozedur, die zwar kein Kindergeburtstag war, aber angeschlagen hat und wieder alles in den Normalbereich brachte.«

Gregor erkannte, dass ihm am besten das Gespräch geholfen hat, die Kommunikation mit verständnisvollen, zuhörenden Menschen, auch der intensive Dialog mit den behandelnden Ärzten. Besonders in Erinnerung ist mir dieser Satz von ihm: »*In ein Loch fällt man schnell, die Kunst ist es, wieder aufzustehen und neue Wege zu gehen.*« Ich kenne den Satz abgewandelt, so ungefähr: »Wenn du hinfällst, steh auf und geh weiter.« Die Frage ist nur: wohin? Wohin soll ich weitergehen? Werde ich intuitiv von meinen Gedanken geleitet, weist mir jemand den Weg, habe ich eine »Vor«-Sehung? Der Begriff der »neuen« Wege gefällt mir. Das hat mit Weitblick, mit Klarheit zu tun. Übrigens: Gregor geht es wieder gut.

Auch meine sehr geschätzte ehemalige Studienkollegin, Mentalcoach und Lebensberaterin Monika Osl, hat mir in einem sehr persönlichen Brief von ihrer Geschichte berichtet. Mit ihrer Erlaubnis gebe ich sie hier etwas verkürzt wieder, vor allem weil sie mich sehr berührt hat und weil ich weiß, wie viel positive Energie Monika in sich hat.

»Meine Krise riss mich völlig aus meinen so geordneten Bahnen und erschütterte mich in meinen Grundfesten – ein Schicksalsschlag, der mich innerhalb von 2 Jahren gleich zweimal traf. In einem späten Stadium der Schwangerschaft starben meine Söhne Kilian und Noah, ohne Vorwarnung und ohne einen Zusammenhang erkennen zu dürfen ... Diese Krise war eine persönliche Katastrophe und in den ersten Monaten war ich wie in einer Schockstarre gefangen – hatte mich in den hintersten Winkel meines ›Körperhauses‹ zurückgezogen, schaffte es nicht, Kontakt zu meinem ›Außen‹ und auch keinen zu meinem ›Innen‹ herzustellen. Im Nachhinein betrachtet war dieser Zustand eine Art Schutzmauer, da ich den Schmerz sonst nicht ertragen hätte können. Irgendwann stellte sich wieder zaghaft eine Sehnsucht nach Lebendigkeit ein – ich wollte mich wieder spüren, wollte am Leben teilhaben. Ich merkte, dass ich mit den Kindern auch meinen Bezug zu mir und zu meinem Körper verloren hatte. Mir wurde klar, es gibt für mich nur einen

Tu das, wovor du dich fürchtest, und die Furcht stirbt einen sicheren Tod!
HANS MORSCHITZKY

Ausweg aus dieser persönlichen Misere: Ich musste mich versöhnen – mit mir, meinem Körper (den ich für einen jämmerlichen Versager hielt) und meiner Geschichte, denn ich wollte wieder ein ›normales‹, unbeschwertes und freudvolles Leben führen. Ich begann Versöhnungsarbeit zu leisten. Ja Arbeit, die mir schwer fiel, zu der ich mich zwingen musste, die mir viel Energie abverlangte. Ich war zutiefst dankbar, dass ich zu diesem Zeitpunkt bereits mein Studium zum Mentalcoach begonnen hatte und wusste, Veränderung konnte nur in mir selbst passieren. Durch die Art und Weise meines Denkens, durch die Bilder, mit denen ich mein Gehirn nähre, beeinflusse ich meine Gefühle und auch mein Handeln. Ich nahm mir vor, jeden Tag etwas zu finden und aufzuschreiben, wofür ich meinem Körper dankbar bin. Die einfache Formel lautete ›Hinschauen + Danken/Wertschätzen = Beginn von Versöhnung und Heilung‹ und brachte mich an meine Grenzen. Ich hatte mit mir auch vereinbart, das Geschriebene täglich zu lesen – wirken zu lassen – ohne es zu bewerten. Von der Empfindung ›Selbstliebe‹ war ich zu diesem Zeitpunkt meilenweit entfernt. Aber Schritt für Schritt kam ich mir näher. Es war ein mühsamer Prozess, der mich forderte.

Es geschah etwas Wundersames: Ohne es bemerkt zu haben, lernte ich in mich hineinzuhorchen und erstmals hatte ich meinen Fokus ganz bewusst auf mich gelenkt, Achtsamkeit entwickelt und meine Bedürfnisse sortiert und der Fähigkeit, das Leben zu genießen, einen großen Raum zugestanden. Ich lernte dabei auch meine Fehler als Teil von mir und meiner Persönlichkeit anzunehmen. Mein Blick auf mich und in mich ist realistischer und liebevoller geworden. Heute haben sich meine Prioritäten geordnet – ich schaffe es viel mehr, den Moment zu l(i)eben ... Die Erkenntnis, auch schwere Zeiten zu schaffen und bewältigen zu können, hätte ich ohne diese krassen Einschnitte in mein geordnetes Leben nie gewonnen. Ich hätte mir selbst auch nie so viel Kraft, Durchhaltevermögen und vor allem Resilienz zugetraut. Es ist wichtig, sich ›auf den Weg zu machen‹ – sich dabei zu beobachten und einschätzen zu lernen, VerTRAUen wachsen zu lassen, in sich selbst und in seine Fähigkeiten, und damit auch steinige Wegstrecken zu meistern. Aus heutiger Sicht hätte ich keine Scheu mehr, mir für meine Reise zurück ins Leben – zumindest für manche Streckenabschnitte –, einen professionellen Begleiter zu suchen, wel-

cher mir hilft, auf dem Weg zu bleiben, der mich motiviert, weiterzugehen, mir eine andere Sicht der Dinge zeigt, mich Perspektiven wechseln lässt.«[30]

Furcht – wovor?

Unsere Furcht ist zweifellos ein Phänomen, das uns wie keine andere Kraft von den guten Dingen im Leben abtrennt. Wenn es dir gelingt, deine Furcht einzugrenzen, sie zu überwinden, mit ihr zu leben, dann hast du schon fast gewonnen. »Furcht ist ein uns Menschen eigenes Grundgefühl, welches sich in als bedrohlich empfundenen Situationen als Besorgnis und unlustbetonte Erregung äußert. Auslöser können dabei erwartete Bedrohungen etwa der körperlichen Unversehrtheit, der Selbstachtung oder des Selbstbildes sein. Krankhaft übersteigerte Angst wird als Angststörung bezeichnet.«[31] Furcht ist ganz normal, alle Menschen fürchten sich, die einen öfter, die anderen weniger oft.

»Fürchte dich nicht«, das gibt's nur in der Bibel (Jesaja 41,10): »Fürchte dich nicht, denn ich bin mit dir, hab keine Angst, denn ich bin dein Gott. Ich helfe dir, ich mache dich stark, ja, ich halte dich mit meiner hilfreichen Rechten.«

Wir sind stärker, als wir glauben, wir sind belastbarer, als wir ahnen, erst in Krisensituationen lernen wir uns richtig kennen. Du hast sicherlich dahingehend schon die eine oder andere Erfahrung gemacht. Du kennst die Merkmale der Furcht, wenn wir zittern, angespannt, übernervös sind, wenn uns der Schweiß ausbricht, wenn wir hektisch atmen, der Pulsschlag viel höher ist, wenn wir die Augen aufreißen, gar flüchten wollen usw. – Furcht ist normal und menschlich.

Vielen Menschen sieht man es nicht an, wenn sie sich fürchten, das sind die Unterdrücker, jene, die keine Gefühle zeigen (wollen), und es gelingt ihnen auch. Aber das ist deren Sache, das geht uns nichts an. Eine gute Methode, die ich in meiner »Angstzeit« kennengelernt habe, war jene, mich der Angst zu stellen. Also mich be-

Furcht ist normal und menschlich.

wusst Situationen auszusetzen, in denen ich allein bei der Vorstellung Angst bekam, mich Furcht und Schrecken überfiel. Das war eine psychotherapeutische Maßnahme, die mir, seriös wie alles in diesem Zusammenhang, angeboten wurde und da ich erfreulicherweise neugierig und flexibel bin und war, habe ich es ausprobiert.

Weißt du, wovor ich mich am meisten fürchtete? Ich hatte panische Angst davor in der Öffentlichkeit umzufallen. Ja, du liest richtig: umzufallen, das Bewusstsein zu verlieren, die eigene Kontrolle abgeben zu müssen. Ich bin, nebenbei bemerkt, ein Kontrollfreak, obwohl ich das immer und vehement abstreiten werde. Behalte es also für dich und verwende es bitte nie gegen mich. Das wäre mir peinlich.

Sehr schwierig war es für mich, ins Kino zu gehen. Das ging in meiner Akutphase gar nicht. Die Menschenmassen, die Enge, die drückende Schwüle in den Kinosälen, die nach Popcorn, Nachos und Cola gierenden Kinder, alles hektisch, laut und unangenehm. Und dann noch ein Platz in der Mitte. Super! Das war nicht auszuhalten und alleine von der Vorstellung her stresserzeugend. Ich bin also ins Kino gegangen, in Begleitung, wir nahmen uns Randsitze. In der Mitte, das war nicht möglich. Ich sitze heute noch am Rand im Kino oder im Konzert, aber nicht, weil ich es nicht aushalte, sondern weil es ganz einfach angenehmer ist. Ich halte mir sozusagen einen Fluchtweg offen ... Wir saßen im Kino, ich erinnere mich nicht mehr an den Filmtitel oder an die Akteure, ich weiß noch, dass es laut war, viel Action usw. Für mich war es auch actionreich, ich schwitzte wie irre, das Wasser lief mir herunter, als hätte ich einen Marathon absolviert, ich hatte Angst, dass man es bald riechen würde – ich als Oberhygieniker –, und ich dachte geradezu fixiert an meine Panikattacke. Wann kommst du denn endlich, das gibt's ja gar nicht ... und sie kam. Und damit das Gefühl, als würden mich alle anstarren, und Gedanken wie: »Schau, der Fernsehmann, der schwitzt, dem geht's nicht gut, wahrscheinlich hat er gerade eine Panikattacke. Einen Huscher. Na so etwas!«

Niemand beachtete mich, außer meiner Begleiterin, die genervt säuselte: »Geht's dir nicht gut?« Klappe, dachte ich mir. Oh Gott, jetzt saß ich zehn Minuten im Kino, der Film war lähmend aufregend und ich »panikierte« vor mich hin. »Fall bloß nicht um«, rasten die Gedanken durch meinen Kopf. »Bloß nicht umfallen, wer hebt dich auf?« Es war ja schon sitztechnisch unmöglich, dass ich hinunterfallen würde ... Ich bin nicht ohnmächtig geworden, der Schweiß ist langsam eingetrocknet, die Panikattacke verschwunden, beachtet hat mich auch niemand, nein, stimmt nicht, eine etwa 70-jährige Dame hatte mich offenbar erkannt und mich nach der Vorstellung mit einem herzlichen »Hallo Herr Chmelar, ist das schön, dass ich Sie einmal persönlich sehe!« bedacht. Ich würgte ein charmantes »Ja, es freut mich auch« hervor und taumelte, die Begleiterin am Arm, in Richtung Auto. Plötzlich schoss es mir durch den Kopf: »Ich habe es ausgehalten. Es ist (fast) nichts passiert.«

Ich war fast stolz auf mich und wusste, es geht ja doch irgendwie. Die Angst vor Kinobesuchen war weg bzw. kleiner geworden, und ich habe mich dann immer wieder dieser Situation ausgesetzt. »Masochist« sagst du jetzt vielleicht, oder »Geht's noch? Warum sollte ich mich bewusst in Situationen bringen, vor denen ich mich fürchte?« Weil es die einzige Möglichkeit ist, die Furcht hinter sich zu lassen. Wir verlieren unsere Ängstlichkeit, wenn wir uns der Situation oft genug aussetzen, vor der wir uns fürchten.

Depression lähmt, man fällt in ein Loch und kommt nicht mehr heraus. Ich bin oft in ein Loch gefallen, aber immer rausgekommen, und ich weiß auch jedes Mal, dass ich es schaffe. Ich sehe das Licht.
ISABEL ALLENDE

Und da vieles, wovor wir uns fürchten, im Kopf passiert, in unserer Vorstellungswelt, möchte ich dich einladen, eine kleine mentale Übung zu machen, die deine Sinne anspricht. Es geht um assoziatives Verhalten, also all das, was du spürst, fühlst usw. – es geht aber auch um eine dissoziative Betrachtungsweise, das heißt, du kannst dich *nur* in deiner Vorstellung auf einen Kasten setzen (bitte nur in deiner Vorstellung!) und von oben beobachten, wie es dir während dieser Übung geht. Bitte lies dir den Tipp »Angstsituation bewältigen« durch, einmal, zweimal, sprich ihn, wenn du willst, auf Band, auf dein Smartphone, und folge deinen eigenen Anweisungen.

TIPP 22: ANGSTSITUATION BEWÄLTIGEN

o Stell dir vor deinem geistigen Auge vor, du würdest dich für 5 Sekunden in eine konkrete Angstsituation begeben.

o Dann stell es dir etwas länger vor, in kleinen Schritten, immer länger.

o Dann nimm zu deinem inneren Bild auch noch andere Sinne dazu. Einen Sinn nach dem anderen. Vielleicht die Geräusche deiner Angstsituation. Was hörst du? Spüre in dich hinein, was das mit dir macht. Immer nur für einen kurzen Zeitraum. Eine Momentaufnahme: Was riechst du? Was siehst du? Was hörst du? Schmeckst du etwas?

o Dann bring dich einen weiteren kleinen Schritt näher an deine Angstsituation heran. Nur so weit, wie du es aushalten kannst. Du kannst dich völlig sicher fühlen.

o Dann nähere dich deiner Angstsituation in kleinen, in ganz kleinen Schritten. Und halte es immer länger aus. Zuerst vielleicht eine Minute lang. Dann kannst du es, wenn du möchtest, steigern. Eine Minute, zwei Minuten, vielleicht sogar drei Minuten. Du hast das im Gefühl, auch wenn die Sekunden dann langsamer verrinnen werden.

o Nähere dich immer weiter. Bis du dich irgendwann an diese unangenehme Situation gewöhnt hast. Und du merkst, dass die Angst, die Furcht verschwunden ist.

o Wichtig: Dieser Weg heraus aus der Angst, der Furcht, funktioniert am effektivsten schrittweise!

Jahreszeitlich bedingte Krisen

Krisen treten auch jahreszeitlich bedingt auf, geradezu vorprogrammiert. Ich möchte jetzt nicht allzu detailliert auf dieses Phänomen eingehen, da gibt es ausreichend Literatur dazu, und wenn es dich interessiert, kannst du ja gerne recherchieren. Ich möchte eine Zeitspanne herausgreifen, die sich zur absoluten Krisenphase entwickeln kann: Urlaub, Ferien, geplante Erholungszeit. Kennst du das? Da erheben wir den Anspruch, dass alles perfekt sein muss, da fordern wir geradezu von uns und von allen Beteiligten, dass von der Vorbereitung über die Anreise, die Unterkunft, das Essen, die Erholung, die Stimmung alles optimal und toll sein muss, die Kinder haben gefälligst zu schätzen, was man ihnen bietet usw. – und das Gegenteil ist leider oft der Fall.

Im Urlaub sind es die ersten drei Tage, in denen die Wahrscheinlichkeit, dass die Situation eskaliert, besonders hoch ist. Viele Erholungswillige kommen mit der veränderten, neuen, ungewohnten Situation nicht klar – herausgerissen aus dem stressigen Berufsalltag sind Mutter, Vater, die Kinder, vielleicht auch die Verwandten, die mitfahren, »gezwungen«, nun auf einmal harmonisch, entspannt, lustig, freundlich und dankbar zu sein. Es ist eine völlig veränderte Lage, alle picken zusammen und das ist meiner Meinung nach ein großes Problem. Man hat noch weniger Zeit für sich, man kann nicht ausweichen (noch weniger und seltener als zu Hause), man ist auf einen Punkt fest gemacht und das für einen auch zeitlich fixierten Zeitraum.

Ich weiß, das ist Jammern auf hohem Niveau, aber wenn jemand nicht so ganz überzeugt davon ist, von der Realisierung der Urlaubswünsche des Partners oder der Kinder, kann das ein Albtraum sein. Wenn man es den »anderen«, vor allem den Liebsten, besonders recht machen will, dann scheitert dieser Plan leider häufig. Dazu kommt noch ein großer bis immenser finanzieller Aufwand und der alles beherrschende Gedanke: »Es muss klappen, wir müssen es fein haben, alle sollten das schätzen, was ich/wir ermögliche(n).« Solche gedanklichen Vorgänge führen zu nichts – das geht in die Hose. Die Urlaubszeit ist eine höchst emotional geschwängerte Zeit, liebe Freundinnen, kennt ihr das? Nur ein paar bescheidene Tipps von meiner Seite (obwohl ich auch nicht wirklich weiß, wie »es« geht …): 1. Müssen wir nicht in den »Urlaub« fahren, keiner verlangt das von uns, 2. müssen nicht immer alle gemeinsam irgendwohin reisen, 3. kann/darf man sich arrangieren … 4. darf man auch getrennt reisen (ohne Hintergedanken).

Die Sommerzeit ist nachweislich eine aufgeheizte, eine hitzige Jahreszeit, immer dann, wenn die Temperaturen steigen, kommt es vermehrt zu Aggressionen auch bei normalerweise friedfertigen Mitmenschen. Und bedauerlicherweise kann schon eine vermeintliche Kleinigkeit zu einem »wahnsinnigen« Problem führen. Beobachte das Verhalten mancher Verkehrs-TeilnehmerInnen im Sommer. Oder studiere die Chronikseiten in den Zeitungen und du wirst sehen, dass viel mehr Gewaltdelikte – auch innerhalb der Familie – in der heißen Jahreszeit passieren.

Der Elefant auf dem Dorfplatz

In einem Dorf waren zwei Familien zerstritten, die Schwarzkopfs und die Weißhaupts. Der Streit hatte irgendwann einmal mit einem Missverständnis angefangen. Jede der Familien behauptete, die Wahrheit zu kennen, und beschuldigte die andere Familie, die Wahrheit zu verleugnen und nur auf ihren Vorteil bedacht zu sein. Der Streit beeinflusste nach und nach die Stimmung im gesamten Dorf.

Eines Tages rief der Bürgermeister das Dorf zu einer Versammlung auf dem Marktplatz zusammen. Die Mitglieder des Dorfrates führten die zerstrittenen Familien hinter das Rathaus und verbanden ihnen die Augen.

Währenddessen brachten einige junge Leute einen großen Elefanten aus Pappmaché auf den Marktplatz und stellten ihn in die Mitte der Menschenmenge.

Die Schwarzkopfs und die Weißhaupts wurden mit verbundenen Augen

auf den Marktplatz geführt und der Bürgermeister bat die Familienmitglie-
der, das Wesen, das auf dem Marktplatz stand, zu betasten und den anderen
zu erzählen, was das für ein Tier sei.

Vater Schwarzkopf berührte die Ohren und sagte, dass das Wesen groß
und platt sei. Vater Weißhaupt, der den Rüssel berührt hatte, sagte: »Nein,
das stimmt nicht. Das Tier ist lang und rund wie ein Rohr.« – »Nein, das
stimmt nicht«, rief die älteste Tochter der Schwarzkopfs: »Das Wesen ist so
stämmig wie eine Säule.« Sie hatte nämlich die Beine betastet. Mutter Weiß-
haupt wiederum war der Meinung, dass das Tier lang und glatt und am
Ende spitz sei. Sie hatte die Stoßzähne angefasst.

Schließlich unterbrach der Bürgermeister sie und sagte: »Ihr habt alle
recht, nehmt die Augenbinden ab.« Das taten alle Schwarzkopfs und Weiß-
haupts und jeder erkannte den Elefanten. Und dass jeder von ihnen das
Wesen richtig beschrieben hatte.

Der Bürgermeister ergriff das Wort: »Ja, ihr habt alle recht. Aber jeder hat
nur ein kleines Stück des Elefanten beschrieben. Genauso ist es mit der
Wahrheit: Was wir sehen oder wahrnehmen, ist oft nur ein kleiner Teil des-
sen, was wirklich ist.«

Gleichnis aus Asien

Machen, Handeln, Tun

Bist du die Architektin deines Lebens? Bist du die Macherin oder
wirst du gemacht? Entscheidest du in den meisten Lebenslagen, wie
und wo es langgeht? Oder fühlst du dich fremdbestimmt? Hat sich
dieses »Gesteuert-Werden« bei dir im Laufe der Jahre eingeschli-
chen und ist es heute so, weil es halt (gefühlt) immer schon so war?
Vielleicht bist du an einem Punkt angelangt, wo du zu dir selbst
sagst: »Es reicht. Ich möchte, kann und will etwas ändern – zugunsten meiner Lebensqualität!«

Hör auf mit dem ewigen Gejammere, dass du nichts machen,
nichts verändern könntest. Ich bin das Exempel eines Menschen,
der auch nichts verändern wollte, weil das unbequem, schmerzhaft,

blöd ist und mir gegen den Strich geht und ging. Aber wir haben in unserem endlichen Sein keine andere Chance. Wenn alles so funktioniert, mit dir, mit deiner Umgebung, wie du das willst und wie es dir gefällt – im privaten Bereich, im Beruf und mit dir selbst! – ja, dann ändere nichts, dann ist alles in bester Ordnung. Wenn du freilich immer häufiger zweifelst und dich dunkle Gedanken überkommen, wenn du über dich und dein Leben nachdenkst, dann liegt die Veränderung an dir. Nur an dir.

Du merkst genau, worum es geht. Ich weiß das. So gut kennen wir uns schon. Ermutige dich selbst, deinen Lebensweg aktiv zu beschreiten, du bist die Gestalterin, du bist die Macherin deines Lebens! Mach weiter, beginne zu machen, gib nie auf, schreibe, plane, führe durch, trainiere deinen Geist und deinen Körper und achte auf dich. Du bist der wichtigste Mensch in *deinem* Leben.

Hörst du die Mitmenschen, denen das nicht passt: »Das ist doch ein Skandal, wie kann man nur so egoistisch sein.« Das ist alles andere als ein Skandal, liebe Freundin, das ist vernünftig und normal. Du bist der Mittelpunkt deines Lebens und du gehst deinen Weg. Die anderen reagieren zumeist befremdlich, wenn du ihren – erwünschten – Weg verlässt. Wenn du so reagierst, wie sie es nicht erwarten. Wenn du nicht mehr funktionierst. Probiere es aus, wie einen Versuch – wie ein Projekt. Teste es. Teste dich und teste die anderen. Und noch etwas: du wirst das aushalten. Die Konsequenzen.

Einer meiner Leitsätze lautet: »Hin zu statt weg von!« Das ist ein Satz mit unheimlich viel Gehalt, das ist genau der Punkt, wo viele von uns aufgeben und meinen: »Das kann ich nicht! Das schaffe ich nicht! Viel zu viele Hindernisse, das ist schwierig, beschwerlich, mühsam ...« Du kennst die vielen Ausreden, die wir in allen Lebenslagen parat haben. Ausreden, die uns von der Verwirklichung unse-

> Ermutige dich selbst,
> deinen Lebensweg aktiv zu beschreiten.

rer Wünsche abhalten, die uns zum Erreichen unserer Ziele den Weg versperren, die dem Schweinehund nachgeben, die uns in unserer Bequemlichkeit und damit in unserem vermeintlichen Wohlfühlen belassen.

Das ist der große Irrtum.

Alte Gewohnheiten beibehalten, die uns quälen, die uns an den Rand des Zusammenbruchs bringen, das hat doch eher nicht so viel mit »Wohlfühlen« zu tun, oder!? »Das habe ich immer schon so gemacht ... Ich habe immer den anderen den Gefallen getan ... Ich habe immer schon so agiert!« Du hast immer schon so agiert? Nein, du hast nicht agiert. Du hast reagiert. Und das ist der springende Punkt an der Sache, liebe Leserin. Du hast reagiert. Und zwar genauso, wie das die anderen von dir erwarten und einfordern. Du bist das Opfer, das sich nicht wehrt. Willst du, dass das so bleibt? Nein? Dann tu etwas dagegen.

Wir alle haben Angst, Neues zu wagen, es ist unsere Skepsis, die uns davon abhält, neue und damit andere Wege zu beschreiten, ungewohnte Pfade für uns zu erkunden und zwar für uns selbst und deutlich und erfreulicherweise spürbar (nicht vor allem, aber auch) für unsere Umgebung. Es geht um eine vielleicht insgeheim gewünschte Lebensveränderung. Die für eine Veränderung nötigen Ressourcen sind durch jahrelanges Verharren, durch gefühltes »So war es immer schon!« oft blockiert oder verschüttet.

Es handelt sich um einen lebenslangen Prozess, den wir manchmal aus den Augen verlieren, und zwar meistens dann, wenn es uns halbwegs gut geht. Wenn die Leidensfähigkeit größer wird, wenn wir Abstand zu diversen Krisen gewinnen, dann ist die Welt eh wieder halbwegs in Ordnung. Glauben wir. Du darfst natürlich pausieren, dir ein paar »achtsamkeitsfreie« Tage gönnen – du darfst prinzipiell ohnehin alles! Nur solltest du dich, wenn ich dir das sagen/schreiben darf, nach diesen Kunstpausen wieder besinnen, dich deiner besinnen und dich wieder in den Mittelpunkt deines Daseins rücken.

Vergiss nicht: *du* bist der wichtigste Mensch in deinem Leben. Tief in unserem Inneren weißt du das ja! Das ist nichts Neues, wir genieren uns leider nach wie vor, so zu denken, es auch auszusprechen und vor allem zu leben. Warum? Weil wir es so nicht gelernt haben. Wir wurden angewiesen, bescheiden zu sein, uns hinten anzustellen, uns fast duckmäuserisch zu verhalten, nicht aufzufallen, nicht renitent zu sein. Renitent war übersetzt der Zustand, wenn du deine Meinung gesagt hast, nicht wahr? Schluss damit. Trainiere weiter deinen Geist, deine Seele und deinen Körper und lass dich auf keinen Fall von inneren oder äußeren Widerständen davon abhalten!

TIPP 23: REFLEXION

Ich habe einige Reflexionsfragen, deine Bedürfnisse betreffend, vorbereitet und bitte dich, sie auf einem DIN-A4-Blatt oder in deinem Notizbuch schriftlich zu beantworten:

o Welche Wünsche möchte ich mir in nächster Zeit erfüllen?

o Wie kann ich mein Leben vereinfachen?

o Wie kann ich Zeit schaffen für sinnvolle Tätigkeiten, die mir Freude bereiten?

o Nimm dir jetzt einen Moment Zeit und schreibe deine Antworten auf.

Wenn du je in eine Situation kommst, von der du glaubst, dass du sie nicht bewältigen wirst, willst oder kannst, wenn dir Gedanken der Resignation oder gar des Aufgebens durch den Kopf gehen (das kommt vor und ist durchaus menschlich), dann lies dir bitte die folgende kurze Geschichte durch:

Wer nicht täglich seine Furcht überwindet, hat die Lektion des Lebens nicht gelernt.

RALPH WALDO EMERSON

Die Fabel von den Fröschen

Eines Tages entschieden die Frösche, einen Wettlauf zu veranstalten. Um es besonders schwierig zu machen, legten sie als Ziel fest, auf den höchsten Punkt eines großen Turms zu gelangen.

Am Tag des Wettlaufs versammelten sich viele Frösche, um zuzusehen.

Nun war es so, dass keiner der zuschauenden Frösche wirklich glaubte, dass auch nur ein einziger der teilnehmenden Frösche tatsächlich das Ziel erreichen könnte. Statt die Läufer anzufeuern, riefen sie also »Oje, die Armen! Sie werden es nie schaffen!« oder »Das ist einfach unmöglich!« oder »Das schafft ihr nie!«

Und wirklich schien es, als sollte das Publikum recht behalten, denn nach und nach gaben immer mehr Frösche auf.

Das Publikum schrie weiter: »Oje, die Armen! Sie werden es nie schaffen!«

Und wirklich gaben bald alle Frösche auf – alle, bis auf einen einzigen, der unverdrossen an dem steilen Turm hinaufkletterte – und als einziger das Ziel erreichte.

Die Zuschauerfrösche waren vollkommen verdattert und alle wollten von ihm wissen, wie das möglich war.

Einer der anderen Teilnehmerfrösche fragte ihn, wie er es geschafft hätte, den Wettlauf zu gewinnen.

Und da erst merkten sie, dass dieser Frosch taub war![32]

Entdigitalisieren

Das Thema »digitale Entschleunigung« liegt mir sehr am Herzen. Abgesehen davon, dass auch ich schleichend in diese Falle getappt bin und schon viertelstündlich überprüft habe, wer mir doch nicht aller eine E-Mail oder eine SMS geschickt hat oder mich vielleicht angerufen hat und ich es möglicherweise nicht bemerkt habe! Warum machen wir das? Ich meine nicht nur die junge Generation, die ja mit einem Bleistift oder einer Füllfeder manchmal nicht mehr entzifferbar schreiben kann, nein, ich meine uns – dich und mich.

Warum können wir ohne dieses verflixte Handy großteils nicht mehr existieren? Warum sitzen Jung und Alt alle mit Handys bewaffnet in Lokalen, Restaurants, Bars etc.? Manchmal, wenn ich Menschen im Café beobachte, habe ich das Gefühl, dass sie rein gar nichts mehr miteinander reden. Sie tippt, er wischt, sie wischt, er tippt. Vielleicht schreiben sie sich ja gegenseitig Nachrichten, wer weiß? Völlig verrückt, oder nicht?

Bei einer Familien-Geburtstagsfeier vor einigen Jahren musste ich sehr lachen, als die sechs Kinder, allesamt mit Handys in der Hand auf einem Riesensofa nebeneinander sitzend, auf meine Frage, was sie denn machten, sagten: »Wir spielen miteinander!« Das sah lustig aus und dennoch war es mir zuwider. Trotzdem habe ich die Bauxerln fotografiert und erfreue mich, leicht den Kopf schüttelnd, heute noch an diesem Meisterfoto. Wobei ich der guten Ordnung halber sagen möchte, dass »unsere« Kinder viel miteinander spielen und das durchaus auch ohne digitale Hilfsmittel.

Die digitale Sucht hat uns mit voller Breitseite erwischt und wir werden sie, wenn wir uns nicht bewusst und diszipliniert mit ihr auseinandersetzen, auch nicht mehr loswerden. Experten gehen davon aus, dass weltweit 2,8 Millionen E-Mails pro Sekunde verschickt werden. Zur Weihnachtszeit werden die E-Mail-Postfächer und vor allem die Empfänger mit schrecklichen, halblustigen PowerPoint-Präsentationen, flash-animierten Grafiken und tönenden Grußbotschaften auf eine zusätzliche Belastungsprobe gestellt. Ich habe gestern übrigens drei »Freunde« aus meinem Facebook-Bereich eliminiert, weil sie mich fast täglich mit diesen Schwachsinnigkeiten belästigt haben. Schluss damit, befreien wir uns ein wenig, entschleunigen wir!

In der »Frankfurter Allgemeinen Zeitung« habe ich kürzlich einen interessanten Artikel gelesen, über den deutschen Henkel-Konzern, der eine Initiative für E-Mail-freie Weihnachtstage gestartet hat. Der Konzernchef hatte ein Verbot verhängt. »Zwischen Weihnachten und Neujahr werden E-Mails nur im absoluten Notfall geschickt werden dürfen!« Auch andere Unternehmen setzen mit E-Mail-freien Tagen ein Zeichen in diese Richtung. Ich setze auch ein Zeichen und zwar in Form eines Tipps für dich – und ich verrate dir, es ist mir anfangs auch sehr schwer gefallen, das umzusetzen, was ich in den nächsten Zeilen beschreibe ... Aber es befreit ungemein und es macht beinahe glücklich, weil unabhängig und damit selbstbewusst. Na, das klingt doch vielversprechend, was meinst du?

TIPP 24: KONTAKTHYGIENE AM HANDY

o Überprüfe, ob du alle Kontakte, die du in deinem Handy gespeichert hast, auch tatsächlich brauchst und möchtest. Bringen dir diese Personen alle etwas für deine Lebensqualität, egal in welcher Richtung?

o Gehe sie alle durch von A bis Z und wenn der Gedanke an die oder den Betreffenden nicht ein zumindest leicht positives, gar wohliges Gefühl auslöst (Verwandte fast ausgenommen – das ist ein eigenes Kapitel bzw. Buch wert), dann lösche den Kontakt.

o Frage dich: Was bringt mir X für meine Seele, für meinen Körper, für meinen Geist? Vielleicht auch für meine Brieftasche? Frage dich das. Und wenn die Antwort lautet »Nichts«, dann Auf Wiedersehen.

Ich hatte gefühlte tausend Kontakte in meinem Handy. Heute sind es 85. Immer noch zu viele. Und du wirst sehen, es werden dich dann »Nummern« oder »Anonyme« anrufen, die du nicht kennst. Bist du dann neugierig? Hältst du es kaum aus, nicht abzuheben? Egal, heb nicht ab. Wenn dich jemand sehr vermisst, dann wird er wissen, wie er dich erreicht. Und dazu gleich noch ein Tipp:

TIPP 25: HANDY-AUSZEIT

o Gönne dir temporäre Handy-Auszeiten.

o Nimm dein Handy nicht zu jedem Restaurantbesuch mit.

o Lass dein Handy zu Hause, wenn du Freunde besuchst.

Wie bitte? Ja, ich hör dich schon: »Das ist ja unmöglich, das kann ich nicht ...« Das kannst du nicht? Wenn du es nicht »kannst«, dann »willst« du es nicht. »Ja aber, dann wissen die Kinder, die Ehefrau, der Ehemann, der Freund, die Freundin, Tante Mitzi etc. nicht, wo ich bin!?« Na und? Das ist doch völlig wurscht, ob die wissen, wo du bist. Jene, die dich erreichen sollen, bei denen du nicht zwangsläufig das Gesicht verziehst, wenn sie dich anrufen, denen gibst du die Nummer der Freunde oder des Lokals oder wo du dich gerade befindest. Wo ein Wille, da ein Weg!

Man muss Aufwand für die gewünschte Veränderung betreiben, das ist klar. Klar ist aber auch: Du musst nicht zu jeder Tages- und Nachtzeit für jeden erreichbar sein. Und indem du das nicht (mehr) bist, steigert sich deine Lebensqualität deutlich und spürbar, das garantiere ich dir. Mehr Unabhängigkeit bedeutet mehr Lockerheit, mehr Gelassenheit, mehr Freude. Probiere es aus!

Pausenmanagement

Ideal ist es, bei jeder Tätigkeit, egal was du tust, nach jeder Stunde eine kurze Pause von etwa fünf Minuten einzulegen. Ob du arbeitest, ob du lernst, ob du einer schweren körperlichen Tätigkeit nachgehst – mach eine kurze Pause, steh auf, streck dich durch oder halte kurz inne, mach einen kleinen Spaziergang durchs Haus, durch die Wohnung oder das Büro. Das entspannt dich und hilft dir dabei, anschließend wieder mit voller Konzentration bei deiner Tätigkeit – bei der Sache – zu sein.

TIPP 26: JEDE STUNDE EINE KLEINE PAUSE

○ Streue kurze Pausenblöcke von fünf Minuten ein – das ist optimal, da der größte Erholungswert zu Beginn der Pause besteht.

- Allerdings sollte die Pause auch nicht kürzer sein, da der Körper sonst keine Gelegenheit hat, sich zu erholen.
- Zu lange Pausen sind kontraproduktiv, da sie einen schnell aus dem Arbeitsfluss herausbringen und der Erholungswert längerer Pausen auch nicht signifikant höher ist als der einer kurzen Pause. Nur wenn sich der Körper sowieso in einem Leistungstief befindet – also zur Mittagszeit – macht es Sinn, auch längere Pausen einzulegen.
- Die Mittagspause solltest du also auf jeden Fall wahrnehmen und konsumieren![33]

Erholsamer Schlaf

Womit verbringen wir ein Drittel unserer kostbaren Lebenszeit? Richtig: mit Schlafen. Und das ist keinesfalls eine verlorene Zeit, wie manche fälschlicherweise behaupten und auch glauben. Schlafen ist die lebenswichtigste Regenerationsphase, die wir zur Verfügung haben. Schlafen ist daher für unser persönliches Wohlergehen sehr wichtig und keinesfalls eine Zeitverschwendung für faule Menschen. Während des Schlafens laufen wertvolle Erholungs- und Aufbauprozesse ab. Wir wünschen uns alle einen guten Schlaf, frei von Störungen, frei von ständigem Aufwachen. Wir denken über das Thema »Gut schlafen« meist erst nach, wenn Schlafprobleme auftauchen, wenn wir häufig aufwachen oder nicht mehr gut einschlafen können. Erst dann beginnen wir, einen guten Schlaf zu schätzen.

Mittlerweile ist es so, dass schlafabhängige Störungen und Erkrankungen das Gesundheitssystem Unsummen kosten. Geringere Aufmerksamkeit, geringere Leistungsfähigkeit, Unfallschäden, Ausfallszeiten belasten unsere Volkswirtschaft. Alleine in Österreich ist ein Viertel der Bevölkerung vom Thema »Schlafstörungen« betroffen.[34]

Viele Menschen nehmen ihre Probleme von der Arbeit mit nach Hause – und damit mit ins Bett.

»Durch die ständige Erreichbarkeit und Reizüberflutung verstärken sich die stressbedingten Schlafstörungen«, sagt die Diplompsychologin Felicitas von Elverfeld.[35] Vielen Beschäftigten fehle ein Gegengewicht zur Arbeit und vor allem die Zeit, sich nach Feierabend emotional vom Job zu distanzieren. Einer Untersuchung des Robert-Koch-Instituts (RKI)[36] zufolge berichtet fast jede dritte Frau (30,8 Prozent) und mehr als jeder fünfte Mann (22,3 Prozent) von Schlafstörungen mindestens dreimal pro Woche. »Erholsames Schlafen ist die Grundvoraussetzung für Gesundheit, Leistungsfähigkeit und Wohlbefinden«, sagt Jürgen Zulley, Schlafforscher und emeritierter Professor für Biologische Psychologie an der Universität Regensburg. »Man kann viele Belastungen ertragen, wenn man zwischendurch wieder zur Ruhe kommt.«

Machen wir uns doch gemeinsam Gedanken darüber, wie wir unseren Schlaf gestalten! Ich weiß schon, vollmondsensitive Menschen werden jetzt sagen: »Da ist nichts zu machen, ich kann einfach nicht schlafen, wenn ...«, oder wenn die Probleme erdrückend sind, dann läuft es auch schlecht ... Aber wir können verschiedene Maßnahmen ergreifen. Dazu gehört unbedingt eine gesunde bzw. »schlaffreundliche« Ernährung.

Da ich die Erfahrung gemacht habe, gut vorbereitet ins Bett zu gehen, möchte ich dir vier kleine Tipps geben, die mir sehr geholfen haben. Wenn ich am Abend schwere Speisen wie Schweinsbraten oder Backhendl oder viel Brot zu mir genommen habe, dann wusste ich, dass ich einen Deal eingehe. Und zwar jenen, dass ich nicht oder nur ganz schlecht schlafen würde können. Zwei, drei Gläser Wein haben diesem Deal dann meistens mitzugestimmt und schon war es um meinen Schlaf schlecht bestellt.

Das Beste wäre überhaupt das »Dinner Cancelling«, aber das funktioniert in meinem Fall, der ich meist zu großer Unbeherrschtheit neige, eher nicht. Der Begriff »Dinner Cancelling« hat für mich beinahe etwas leicht Bedrohliches. Weniger essen, bewusst essen (auch am Abend), damit kann ich mich anfreunden. Die Abendmahlzeit ist meist jene, die ich am meisten genieße. Du auch? Da ist es ruhig, da stört mich keiner, das Handy ist ausgeschaltet und ich habe Zeit für mich. Leider schmeckt es mir am Abend auch am besten. Egal, wir können frei entscheiden, wir werden nicht besachwaltet, was unsere Nahrungsaufnahme betrifft. Konkret dürfen wir uns überlegen und auch mit uns ausmachen, wie wir vorgehen. Wir könnten beispielsweise einen Plan erstellen, was wir am Abend essen, das wäre sinnvoll. Und zwar gleich einen Wochenplan. Mittlerweile haben wir ja alle (hoffentlich) unser »Tagebuch«, unser Notizbuch, unseren Zeitplaner, und da schreiben wir hinein, was wir wann und wo einkaufen werden, was wir essen werden, und damit wissen wir auch, wie es uns dann vermutlich gehen wird. Du weißt ja, was dir gut tut, und auch, was dir schlecht bekommt. Willst du mit prallem Bäuchlein ins Bett wanken, möglicherweise steht dir schon ein leichter Schweißfilm auf der Stirn und du bist dir bewusst, dass nach ca. zwei bis drei Stunden der Verdauungsapparat auf Hochtouren laufen wird, dass sich das Ganze negativ auch auf deine arme Leber auswirken wird? Andere Möglichkeit: du möchtest weniger, dafür aber bewusster und geplanter essen und gut schlafen? Willst du das? Ganz einfache Frage, schwierigere Antwort, ich weiß ...

TIPP 27: DIE GUTER-SCHLAF-VORBEREITUNG

o Nicht mit zu vollem Magen zu Bett gehen.
   Ist der Magen voll, pumpt der Körper Blut in den Bauch und benötigt viel Energie zur Verdauung. Du wirst ganz sicher nächtens aufwachen und nicht durchschlafen können. Idealerweise solltest du etwa zwei Stunden vor dem Schlafengehen nichts mehr essen.
o Entspannungsmusik.
   Entsprechende Musik kann sehr dazu beitragen, dich erholsam und leicht in das Land der Träume gleiten zu lassen. Ich bevorzuge klassische Musik (Mozart, Vivaldi, Haydn).

o Ein gutes Buch lesen.

   Abends im Bett ein gutes Buch zu lesen (anstelle von Fernsehen ...),
   kann dir sehr dabei helfen, abzuschalten und zu einem angenehmen
   Schlaf zu finden.

o Schafe zählen.

   Ich weiß, dieser Ratschlag gilt als Klischee, kann aber sehr hilfreich
   sein. Häufig ist der Körper abends erschöpft, der Geist aber hellwach
   und mit den Problemen des Tages beschäftigt. Schäfchen zählen hilft
   dabei, den Geist zu entspannen und angenehm einzuschlafen.

Keine Zeit am Morgen?

»Der frühe Vogel fängt den Wurm« heißt es so treffend. Ich will
dich jetzt nicht strapazieren und dir von wissenschaftlichen Erkenntnissen berichten, denen zufolge Spitzenmanager und erfolgreiche Menschen, die viel leisten, ausschließlich Frühaufsteher
sind. Und dass jene, die lange in ihren Betten herumkugeln, nicht
zu den Gewinnern zählen – weder im persönlichen Bereich und
auch nicht beruflich ... Das heißt freilich nicht, dass man nicht auch
mal träge sein darf, ja auch faul sein ist erlaubt – aber das ist eine
andere Geschichte.

Faktum ist, dass der frühe Morgen der Start in den neuen Tag ist
und dir die erste Gelegenheit bietet, den Grundstein für einen positiven Tagesverlauf zu legen. Wenn der Tagesbeginn bereits von
Hektik und Stress geprägt ist, wird es dir höchstwahrscheinlich
schwer fallen, im weiteren Tagesverlauf zu einer guten Balance und
einer positiven Grundstimmung zu finden. Gehetzt, gestresst, unbefriedigt wirst du möglicherweise wieder einmal aus deiner ohnehin wackeligen Balance geraten. Umso wichtiger ist es also, dass du
die Weichen für einen ausgeglichenen und entspannten Tag früh
und zeitgerecht stellst.

Ich habe mir mit dem »Aufstehen« jahrelang sehr schwergetan.
Nicht, dass ich einer war, der um 10 Uhr erstmals die Äuglein geöff-

net hat, nein, ganz so krass war es nicht, aber ich habe viel zu oft und auch viel zu lange herumgetrödelt und mich dann in Zeitnot gebracht. Verbunden immer mit der quälenden Frage »Soll ich jetzt aufstehen oder nicht?« Vorausgesetzt, man hat prinzipiell die Zeit und die Möglichkeit, so lange im Bett liegen zu können ... Und so ganz nebenbei ist der Aspekt »Ich verschlafe kostbare Lebenszeit« auch nicht zu vernachlässigen.

TIPP 28: ZEITGERECHT AUFSTEHEN

o Wecker zeitgerecht einstellen (nicht auf die letzte Minute).

o Wenn der Wecker läutet, dann steh auf. Ohne Wenn und Aber.

Das »Herumreiten auf den Minuten«, wie ich es lange praktiziert habe, befriedigt nicht und die paar Minuten länger im Federbett machen das Kraut auch nicht fett. Du kennst das ja sicher aus deiner Erfahrung.

o Und wenn du glaubst, es nicht zu schaffen (»Ich kann nicht, ich bin noch sooo müde!«), dann gib dir eine subvokale Unterstützung und weise dich selbst an aufzustehen, trotz der gefühlten Schlaffheit und Energielosigkeit.

o Das könnte in etwa so klingen: »Rechtes Bein (oder linkes Bein – je nachdem in welche Richtung du aufstehst) aus dem Bett, so und jetzt geh ins Bad, wasch dir das Gesicht mit kaltem Wasser, putz dir die Zähne, dusch dich« usw. Weise dich selbst energisch an, diese Schritte zu tun und diese Aktionen zu setzen!

Du wirst sehen, die ersten Male kann es mühsam sein, aber es funktioniert! Was passiert, wenn du so weitermachst wie bisher? (Ich unterstelle dir das jetzt einmal.) Du wirst nicht entspannt aufstehen, du wirst keine Zeit für eine angenehme Morgentoilette haben, du wirst Stress bekommen, weil du um ... Uhr schon in der Arbeit/in der Schule sein musst, du wirst keine Zeit haben, ausgiebig und gut zu frühstücken, du wirst dir im Stehen einen Kaffee hineinschütten und ein Croissant in dich hineinstopfen, während du die Wohnung oder das Haus verlässt. Dann sitzt du im Auto oder hetzt zu öffentlichen

Verkehrsmitteln und kommst bereits gestresst und abgespannt an deinem Ziel an. Willst du das? Das alles kannst du ändern! Du hast es in der Hand bzw. in deinem Plan. In deinem Zeitmanagement.

TIPP 29: FRÜHSPORT

o Nimm dir jeden Tag in der Früh zwanzig Minuten Zeit für Bewegung, Dehnung, Ausdauer, Kraft.

o Mach ein paar einfache Dehnübungen.

o Geh eine kurze Runde joggen.

o Zieh ein paar Bahnen im Schwimmbad.

o All das kurbelt deinen Kreislauf an, und macht dich fit und bereitet den Körper auf einen anstrengenden Arbeitstag vor.

o Nicht jeder hat morgens Zeit und Motivation für ausgiebigen Frühsport, aber wer einmal damit angefangen hat, wird das morgendliche Work-Out nicht mehr missen wollen.

Morgenplanung

Du kannst dir die eigene Morgenplanung auch in deinen Zeitplaner eintragen, versuch es doch einmal über einen Zeitraum von zwei Wochen, dann wird sich das ganze Prozedere zu deinen Gunsten (!) automatisieren.

Das könnte folgendermaßen aussehen:

Annahme ist, dass du um 8.30 Uhr im Büro sein musst und du brauchst von zu Hause 30 Minuten von der Haustüre dorthin. Bisher bist du um 7.30 Uhr aufgestanden, das geht sich hinten und vorne nicht aus. Wie soll das funktionieren?

TIPP 30: DER MOPLA (MORGENPLAN)

o Geh mindestens eine halbe Stunde früher als »normal« ins Bett und beachte, dass du mindestens 7 Stunden Ruhe hast.

o Stell dir den Wecker entsprechend, und wenn er läutet, dann steh auf, ohne Wenn und Aber!

- Plane genügend Zeitpuffer für Morgentoilette/Anziehen/Frühstück ein – mindestens 30 Minuten!
- Plane 10 Minuten für Dehnungsübungen, Liegestütze etc., je nach Fitness, das würde deine Lebensqualität heben (auch das kannst du in deine neue Zeitplanung aufnehmen und schriftlich festhalten!).
- Plane die Weg-Zeit in die Arbeit ein – mindestens 30 Minuten.
- Vielleicht bist du ja auch einmal fünf Minuten früher – entspannt(er) – an deinem Arbeitsplatz?

In Summe gewinnst du ca. 15 bis 20 Minuten, die können aber Gold wert sein – zugunsten deiner Lebensqualität. Probier es aus!

Die wichtigste Tagesmahlzeit

Eine alte Volksweisheit lehrt uns: »Frühstücke wie ein König, esse zu Mittag wie ein Edelmann und zu Abend wie ein Bauer.« In diesem Sprichwort steckt viel Wahrheit. Auch die moderne Ernährungswissenschaft geht davon aus, dass das Frühstück die wichtigste Mahlzeit des Tages ist. Studien deuten darauf hin, dass regelmäßiges Frühstücken Stress und Depressionen vorbeugt. Auch das Risiko von Herz-Kreislauf-Erkrankungen kann durch ein gesundes Frühstück gesenkt werden. Ideal ist ein vollwertiges Frühstück, das reich an Vitaminen und Kohlenhydraten ist. Das kann etwa ein Vollkornbrot mit Früchten sein oder ein leckeres Früchtemüsli mit einem Orangensaft. So können sich die Energiespeicher des Körpers auffüllen und man ist bereit für das Tagwerk. Wichtig ist also: Verzichte keinesfalls auf das Frühstück! Dadurch fehlt dir die Grundlage, am Vormittag konzentriert und effektiv arbeiten zu können.

Für mich war Frühstück viele Jahre lang kein Thema. Ein schneller Espresso, vielleicht einen Apfel hinuntergeschlungen und schon hatte mich der stressige Tagesablauf in seinen Fängen. Wenige Stunden später hatte ich natürlich Hunger. Ein Kornspitzerl mit

Schinken war gleich gekauft, ebenso schnell »genossen«, und dann wartete wieder viel Arbeit, Hektik, Perfektionismus, das »Tun-müssen« usw. Keine Zeit für geregelte Mahlzeiten, keine Rede von »gesundem« Essen, energiereich und kraftspendend. Und dann war er endlich da, der Abend und damit das Abendessen. Zumeist reichhaltig, mit den verbundenen Lustbefriedigungen, die zu schlechtem Schlaf und einem wachsenden Körperumfang beitrugen.

Ein Wechsel war angesagt, ein gewollter Wechsel. Und ich habe, mit viel Überwindung, diesen Wechsel bei meiner Ernährung begonnen. Und zwar mit einem Frühstück, für das ich mir Zeit nahm, zu Beginn Zeit nehmen musste, um auch herauszufinden, was mir guttut. Das war die berühmte Mischung aus Inspiration und leichter Verzweiflung. Natürlich hatte diese Umstellung, die dazu beitrug, dass ich den Wirrnissen, den Krisen, den Irritationen meines Lebens gestärkter entgegentreten konnte, vor allem mit meinen Ernährungsgewohnheiten zu tun.

Ich sehe das Erreichen einer Lebensqualität als beschwerliche Reise in kleinen Schritten, im mentalen Bereich, im seelisch-emotionalen Bereich und im körperlichen Bereich. Es sind die beiden umfangreichen Kapitel Ernährung und Bewegung, die mehr Klarheit, Übersichtlichkeit und Verständlichkeit in mein Leben brachten.

Was das Thema »Frühstück«, die erste Mahlzeit des Tages, betrifft, habe ich verschiedenste Variationen ausprobiert. Früchte taten mir nicht sonderlich gut, ich fühlte mich zwar beschwingt und leicht, nur mit der Verdauung war das dann eine beschwerliche Sache. Smoothies, diese zusammengemixten grünen Säfte, waren auch nicht das Gelbe vom Ei, belegte Brote auch nicht, die machen mich müde.

Und dann geriet ich an meine chinesische Medizinerin Dr. Shi Chun Wen[37] aus Wien, die mir in einem längeren Gespräch das »warme Frühstück« nahelegte. Warmes Frühstück, das klang zunächst grauslich. Sie hat mir erklärt, dass die Traditionelle Chinesische Medizin (TCM) Gesundheit als harmonisches Ganzes, als

Gleichgewicht von Körper, Seele und Geist betrachtet und dass ich mich nur dann wohlfühlen würde, wenn ich mit mir im Einklang wäre. Im Einklang ... Na, wenn die gute Frau Doktor wüsste ... Sie erzählte mir von Yin und Yang, wie groß die Aufmerksamkeit sei, die die Chinesen der Ernährung schenken, dass falsche Ernährung Leiden verursacht und die richtige Ernährung viele Beschwerden lindert usw.

Mir hat dieses chinesische Sprichwort sehr gut gefallen: »Das Nahrungsmittel ist Arzneimittel. Die Arznei ist Nahrung.« Dr. Wen meinte auch, dass die Nahrungsmittel ganz auf das Individuum und dessen körperlich-seelische Verfassung abgestimmt sein müssten. Da wurde ich hellhörig und fragte, was denn gut und förderlich für *mich* sei. Da antwortete die Ärztin, die in meinen Augen ja beinahe eine Hellseherin ist, weil sie mir nach der (chinesischen) Untersuchung alles auf den Kopf zusagte, was mir psychisch und physisch fehlt und fehlte: »Beinahe alles, was Sie im Moment nicht tun bzw. essen und trinken.«

Na bumm, das hat gesessen.

Ich sollte zarte Haferflocken mit Apfelstücken und wenige Bananenscheiben in Wasser (!) köcheln und diesen Brei dann lauwarm verzehren. Nach meiner Vorstellung nicht gerade ein kulinarischer Höhepunkt, wie du dir vorstellen kannst. Ich habe also begonnen, Haferschleim mit Apfelstückchen und Bananenscheibchen in Wasser gekocht zu essen. Ausnahmsweise durfte ich in der Anfangsphase auch ein klitzekleines Löffelchen Honig dazugeben. Allein die Zubereitung war aufwendig, die Krallen der Müdigkeit hatten mich noch umfangen, antriebslos war ich, demotiviert. Aber siehe da, nach einigen Tagen schmeckte mir dieses »Mahl« schon etwas besser und heute möchte ich nicht mehr darauf verzichten.

Natürlich praktiziere ich das nicht jeden Tag, genauso wenig wie ich am Abend immer diszipliniert und gesund esse, aber es gelingt mir immer besser und der Hauptgedanke dabei ist: »Was führe ich mir zu? Was tue ich mir an?« Oder auch nicht. Es tut mir gut, es macht mich energiereicher, präsenter, wacher und vor allem, der Hunger bzw. der Appetit taucht erst später auf. Viel später.

TIPP 31: NEURO-SHAKE-REZEPTE

o Muttersaft aus Holunder, Heidelbeere oder schwarzer Johannisbeere oder Sojamilch als Basis nehmen,

o ein Mineraliengemisch hinzufügen (gegen Übersäuerung),

o Lezithin und Glutaminsäure (aus der Apotheke) hinzufügen (Anti-Stressfaktor/Intelligenzelemente),

o Weizenkeimöl (Vitamin E/ungesättigte Fette),

o eine zerquetschte reife Banane (Serotonin),

o feingemahlener Hafer- oder Dinkelschrot (Neurotransmittervorstufen und Vitamin B-Komplex),

o Zitronensaft (Vitamin C/Entgiftung und Intelligenzelement).

Oder:

o 1 Glas Vollmilch oder Sojamilch

o 1 Eigelb

o 1 Esslöffel Lezithin-Granulat

o 1 Esslöffel Weizenkeime

o 1 Esslöffel ungesättigte Öle (z.B. Weizenkeimöl).

Energie durch richtige Ernährung

Leben ist ein Prozess und wie wir wissen, braucht jeder Prozess »Brennstoff«. Der Brennstoff des Lebens ist neben Sauerstoff unsere tägliche Nahrung. Was ist Nahrung? Wir bezeichnen alles als Nahrung, was für unser körperliches und geistiges Leben notwendig ist: die stoffliche Nahrung, die den Körper ernährt, die Sinnesberührung, die das Gefühl und die Empfindung ernährt, die geistige Nahrung, die unseren Willen, das Denken und Überlegen ernährt, und das Bewusstsein, als Grundlage der entsprechenden Weltanschauung.

Es gibt unzählige Versuche, festzustellen, welche Nahrungsbestandteile auf Körper und Gehirn wirken. Im Allgemeinen reicht eine normale, vollwertige Kost aus, um den Bedarf des Menschen an lebenswichtigen Vitaminen, Mineralien, Fettsäuren und Spurenelementen zu decken. Diese Stoffe sorgen in jeder einzelnen Körperzelle für ein harmonisches Zusammenspiel. Tatsache ist jedoch, dass die meisten von uns unter einem Mangel an eben jenen Bausteinen der Zelle leiden.

Was passiert bei Mangelernährung? Antrieb, Kreativität und die Möglichkeit, neue Gedanken zu fassen, andere Menschen zu begeistern, neue Projekte in Angriff zu nehmen, leiden massiv. Schlechte Ernährungsgewohnheiten (dazu gehören auch: schlechte Grundstimmung beim Essen, negative Glaubenssätze, rigide Verweigerung usw.) führen zu niedrigem Blutzuckerspiegel des Gehirns, zu depressiven Phasen und Stress. Nahrungsmittel vollbringen in Körper und Gehirn wahre Wunder, vorausgesetzt, wir führen uns die richtigen Stoffe in optimaler Zusammensetzung und Qualität zu und sorgen dafür, dass sie an den Ort ihrer Entfaltung gelangen.[38]

Ich habe in meinem Buch »Nicht ohne meinen Schweinehund« viel über die sogenannte gesunde Ernährung geschrieben, also erspare ich dir das jetzt. Nur so viel: Wir gehen tagtäglich einen Handel mit unserem Körper ein, wenn wir ihm ungesunde Nahrungsmittel zuführen (Süßigkeiten/Zucker, Fett, fette Wurst, Schweinsbraten, panierte Köstlichkeiten, Fast Food, Pommes, Brioche, Kekse, Weißbrot etc.) und uns unwohl fühlen. Viele von uns akzeptieren Adipositas (Fettleibigkeit), die wiederum das Risiko für Diabetes und kardiovaskuläre Erkrankungen massiv erhöht! Das wissen wir zwar, den medizinischen Check verweigern wir, weil man uns dann ja auf unsere katastrophalen Cholesterinwerte und Triglyceride und Harnsäure und weiß Gott was draufkommen könnte. Das nehmen wir hin, als wäre es nicht existent. Das ist meiner Meinung nach fahrlässig, mir und dir gegenüber. Das kann die Betroffenen acht bis zehn Jahre ihres Lebens kosten! Über Bluthochdruck, Arthrose, Herzinfarkt, Schlaganfall oder Krebs brauchen wir jetzt gar nicht zu diskutieren, oder?

Wir wissen es und gehen bewusst in unser leider gewöhntes Ernährungs- bzw. Verdauungsprozedere. Vereinfacht: wenn ich zumeist am Abend »sündige« (es ist nicht jeder Genuss gleich Sünde, wirklich nicht), also wenn ich zuschlage und mir die Folgen egal sind, dann ist mein Schlaf gestört, mein Verdauungsapparat spielt verrückt, ich leide an Sodbrennen (manche schlucken prophylaktisch Säurehemmer ...), meine Lebensenergie leidet massiv. Wenn dann noch der Alkoholkonsum ein – für Körper und Geist – erträgliches Maß überschreitet und dazu vielleicht noch geraucht wird, dann gleicht das ab und zu schon einem selbstverursachten Super-Gau.

Ich habe das auch schon mehrere bis viele Male erlebt, gemacht und bewusst über die Stränge geschlagen. Das zu vermeiden, ist eine Frage des Bewusstseins, es ist auch eine bewusste Handlung des »Nein-Sagens«, meistens den Mitmenschen gegenüber, aber auch zu mir selbst. Hörst du den Schweinehund, wenn du daran denkst? »Jetzt geh, heute ist doch eine Ausnahme ...!« Eine Ausnahme? Wie viele Ausnahmen im Jahr kennst du? Es sind unzählig viele. Neujahr, der Fasching (den mag ich besonders, eine unfassbar dämliche Jahreszeit), dann steht Ostern vor der Tür, da wird auch gevöllert auf Teufel komm raus. Entschuldige – der Teufel passt nicht so ganz zum Osterfest. Dann Muttertag, Pfingsten, die Ferien nahen, der Urlaub, da wird wieder (ausnahmsweise) viel gegessen und getrunken, dann der Sommer mit den vielen Heurigenbesuchen, die Herbstzeit mit Myriaden von kulinarischen Veranstaltungen, bei denen sich die meisten von uns gebärden, als gäbe es kein Morgen mehr. Dann der Spätherbst mit unzähligen Weinverkostungen, bevor wir dann in den Wahnsinn der Weihnachtsfeiern taumeln. »Wir müssen uns unbedingt noch *vor* Weihnachten sehen ... Bravo! Erstens »müssen« und zweitens »vor«? Wer hat denn diese gesellschaftlichen Zwänge erfunden? Das verstehe ich nicht.

Nicht zu vergessen die vielen Charity-Glühweingelage zugunsten ich weiß nicht wem. Nichts gegen Nächstenliebe, nichts gegen Charity, aber muss es immer ekliger, stark übersüßter Chemiepunsch sein, den man in sich hineinleeren muss? Ja, man muss! Weil man beobachtet wird, wenn man Gutes tut und Schlechtes trinkt. Schon lange ist dieses Missfallen in meinem Hirn herumgegeistert, aber ich war oft zu feige oder auch zu bequem, um Nein zu sagen. Aber das letzte Mal habe ich es geschafft: Ich habe in der letzten Weihnachtszeit das »Charity-Punsch-Vernichten« verweigert. Und ich bin jetzt noch froh darüber, dass ich es durchgezogen habe. Du merkst, ich gerate wieder ein wenig in leichte Emotion ... und übertreibe ein bissel ... Aber du weißt, was ich meine.

Ich habe nichts gegen Heurige, nichts gegen kulinarische Events und schon gar nichts gegen meine geschätzten, beinahe geliebten Winzerinnen und Winzer. Aber vielleicht rufen wir uns die goldene Mitte ins Bewusstsein. Es muss nicht jedes Mal ein Wettfressen und Wetttrinken gegen mich selbst sein, es geht auch moderater. Um es auf den Punkt zu bringen: Der Schlüssel für ein glücklicheres und gesünderes, längeres Leben liegt in uns selbst. Ein moderater Lebensstil mit ausgewogener Ernährung und ausreichend Bewegung beugt Übergewicht vor und hält uns fit. Du musst nicht auf gesellige Zusammenkünfte verzichten. Weniger Kalorien und mehr Antioxidantien – das wäre die goldene Regel für Good Aging am Teller. Ich möchte hier einen lebenswichtigen Tipp meines Freundes Christian Thuile, Ernährungsexperte und Energiemediziner aus Südtirol, anführen und auch auf eines seiner Bücher, »Fit und gesund ein Leben lang«[39], verweisen. Er meint: »Halten Sie Ihr Gewicht im unteren Drittel des Normbereichs. Sparen Sie bei Zucker, Fett und Fast Food.«

Der Schlüssel für ein glücklicheres und gesünderes, längeres Leben liegt in uns selbst.

TIPP 32: KALORIEN SPAREN

o Sei sparsam mit Butter und Margarine.

o Gib fettarmem Käse den Vorzug.

o Keine Butter zum Käsebrot.

o Magermilch und Halbfettmilch statt Vollmilch.

o Kein Obers im Kaffee.

o Beim Kochen mit Fetten und Ölen sparen.

o Kein Fertigdressing auf den Salat.

o Fette Wurst von deinem täglichen Speiseplan streichen.

o Öfter Fisch statt Schwein.

o Auf Paniertes verzichten.

o Gemüse grillen, dünsten, blanchieren.

o Kleinere Portionen, dafür öfter essen.

o Kau langsam und öfter – das fördert das Sättigungsgefühl.

o Torten und Kuchen nur bei besonderen Anlässen.

o Eis, Fast Food, Pommes, Chips, Knabbereien, Schokolade und Kekse möglichst selten.

o Mehr Ballaststoffe.

o Weg mit dem Zucker.

o Kein Weißbrot – mehr dunkle Brotsorten.

o Alkoholkonsum bewusst einschränken.

Man ist, was man isst (und trinkt)

»Das Schicksal der Völker hängt von dem ab, was und wie sie essen«, schrieb der französische Denker Jean Anthelme Brillat-Savarin und meinte damit: Unsere Essgewohnheiten spiegeln wider, wer und was wir sind. Mitunter bestimmen sie gar unsere Weltsicht, unsere Werte und unsere gesamte Lebenseinstellung. Der Spruch »Der Mensch ist, was er isst« wird übrigens dem Philosophen und Anthropologen Ludwig Feuerbach zugeordnet.[40]

Wir sind zu Kalorienzählern geworden, wir verhalten uns, was das Essen betrifft, manchmal geradezu mimosenhaft schwermütig, weil wir kein Gefühl mehr dafür haben, wie wir uns gesund ernähren sollen und uns – und das ist das Entscheidende – damit wohlfühlen. Die Experten erzählen uns alles Mögliche über Kohlenhydrate, Fette, Eiweiße, Vitamine, Spurenelemente, aber vielleicht gerade wegen dieser Informationsflut resignieren viele von uns und tragen ihre Wohlstands-Wampe wie einen Protest mit sich herum. Wie oft hören wir von ausgefressenen Menschen in unserer Umgebung: »Ich fühle mich eh gut, mir geht's gut, ich weiß nicht, was du hast oder warum du so schaust.«

Glaube mir, liebe Leserin, die Dicken mit dem Fettkasten vorne, die fühlen sich nicht wohl, das Gegenteil ist der Fall. Nur haben die meisten weder die Motivation noch die Konsequenz und schon gar kein Ziel (gehabt), um irgendetwas zu ändern. Sie haben den Absprung ganz einfach versäumt. Viele glauben auch, dass es zu spät sei, und das ist ein Irrtum. Du kannst dich jetzt verändern, du kannst jetzt – ab heute – deine Ernährungsgewohnheiten umstellen und dich ab jetzt besser behandeln.

Das ist sie wieder, die Kernfrage: »Wie gehe ich mit mir um? Wie behandle ich mich? Was führe ich mir zu?« Kein Mensch wird zum Essen und Trinken in überschäumendem Maß gezwungen. Wir lassen uns gerne einlullen, überreden, wir brechen gerne die selbstauferlegten Regeln und Vorsätze – das stimmt, aber zwingen tut uns niemand, oder?

Kennst du die Typen, die sich in der Fastenzeit die sogenannten Joker gönnen und gewähren? So wie in der Millionenshow, wenn Armin Assinger, den ich sehr mag, seinen Kandidatinnen diverse Joker anbietet, die sie zur Lösungsfindung verwenden. Auch die Fastenwilligen geben sich Joker, das heißt, sie können pro Joker tun und lassen, was sie wollen, sie unterbrechen das Fasten damit. Ein völliger Irrsinn, kannst du dir das vorstellen? Entweder ich faste oder ich faste nicht.

Ich faste übrigens nicht. Das schon erwähnte und vielgepriesene »Dinner Cancelling« praktiziere ich auch nicht rekordverdächtig oft. Vielleicht fünfmal im Jahr, wenn ich Lust und Laune habe, mache ich das. In diesen seltenen Askese-Phasen freilich habe ich das Gefühl, ich hätte einen Flachbauch, und vor allem macht sich dann die scheinbare Angst breit, dass ich verhungern könnte. Dem ist logischerweise nicht so. Ich erinnere mich an einen Abend vor einigen Monaten, an dem ich beschloss, einmal nichts mehr zu essen. Meine letzte genossene Mahlzeit war ein feiner Salat zu Mittag. Die Stunden verrannen, ich las ein Buch, schaute ein wenig fern, es war schon 22 Uhr und ich war stolz auf mich. Ha, Dinner Cancelling.

Der gute Kardinal Franz König hatte ja doch recht, ein tolles Gefühl. Es wurde 23 Uhr, mein Magen knurrte laut. Ich hörte und spürte ihn deutlich und auch der Schweinehund, der an und für sich Redeverbot hatte, meldete sich unerlaubt. »Hey, lieber Freund, jetzt hast du so viel geleistet heute und du isst nichts? Du verzichtest? Warum bloß?«

»Halt die Klappe, Schweinehund, du hast heute Redeverbot!« Und immer dann zeigen sie im Fernsehen vitale Menschen, die essen, nicht nur in der Werbung. Glückliche Familien, Freundesrunden, die an üppig gedeckten Tischen sitzen. Als ich dann wieder das Buch zur Hand nahm, schrieb der Autor über – jawohl: Essen. Köstliche Happen wurden in diesem Buch aufgetischt, der Rotwein funkelte im Glas, ich konnte ihn schier schmecken. Warum auch nicht? Ein Glas. Nur eines ...

Wenn ich nichts dazu esse, dann wird schon nicht viel passieren, oder? Ich erwog also tatsächlich ein Glas Wein zu trinken und, ganz versteckt im Gehirn, auch zu essen.

Wo ist denn das Genussempfinden im Gehirn angesiedelt? Eine wichtige Frage, oder? Die Experten lokalisieren die Freude am Essen, also am Genuss, in zwei wichtigen Hirnarealen, zum einen im »Nucleus accumbens«, zum anderen im sogenannten »ventralen Palladium«, das ist eine Struktur tief im Vorderhirn. Aber Studien identifizierten eine ganze Reihe von weiteren Bereichen, die bei lustvollen Erfahrungen ebenfalls stimuliert werden. Im

»präfrontalen Kortex« beispielsweise. Hast du genug davon? Ich auch.[41]

Soll ich dir etwas verraten? Aber sag es niemanden! Ich habe mein persönliches Kurzfasten gebrochen. Es war mittlerweile 23.30 Uhr, ich stellte mir einen Topf Wasser auf, kochte mir köstliche Pasta mit einer (selbstgemachten) Tomatensauce mit Zwiebeln und Knoblauch und italienischen Kräutern, dazu viel Parmesan, und dazu musste, ja musste, ich eine halbe Flasche Rotwein trinken. Das war beinahe orgastisch. Das war so wahnsinnig toll und schön und hob meine Lebensfreude um ein vermeintlich Vielfaches. Ich bezahlte die Rechnung mit einer fast schlaflosen Nacht. Das war der vorhergesehene, logische Deal. Es hätte nicht anders kommen können.

Also, mach das nicht, das ist ein Unsinn. Trink lieber ein Glas Leitungswasser, dann wird deine Genusssucht oder deine Gier reduziert. Vielleicht noch ein Häferl Kräutertee danach, dann sind das Hungergefühl und der Appetit weg. Wobei die Spaghetti schon besser schmecken ...

Wir sind, was unsere Ernährung betrifft, auch leicht verunsichert – wir werden mit Informationen, häufig falschen, überhäuft. Hat Essen viel mit Genuss zu tun oder sind es gierige, schnelle Sättigungsaktionen? Dann lesen wir beim Einkaufen noch die vielen Hinweise auf (angeblich) gesunde Zusätze, die in den Nahrungsmitteln enthalten seien: Kalzium in der Milch, Bifidus im Käse, Folsäure im Müsli etc. Die Werbung trägt natürlich das Ihre dazu bei, im TV werden wir mit Süßigkeitsangeboten überschwemmt, die uns zumeist schlanke, sportliche, vitale Damen und Herren und liebe Bauxerln präsentieren. Die springen lebenslustig und dynamisch in der Gegend herum, lecken zart an diversen Schokoriegeln in allen Farben, erfreuen sich der funktionierenden Partnerschaft zwischen Kakao und Milch usw. Herrlich, so funktioniert perfekte Manipulation.

Apropos Wasser, das ist ein sensationeller Tipp, den ich dir geben möchte. Wasser ist Leben, das wissen wir, und wir trinken zu wenig davon. Mineralwasser, also kohlensäurehaltiges Wasser, hat mich vor allem in meiner Panikattacken-Zeit mitunter traurig gemacht, fast ein wenig depressiv gestimmt. Du wirst sagen:»Jetzt ist es endgültig aus mit ihm.« Nein, es stimmt: Kohlensäurehaltiges Wasser ist in vielen Fällen nicht gut für die Seele. Frag mich nicht warum, ich weiß es nicht, aber es ist so. Ich bin umgestiegen auf Leitungswasser, das mir anfänglich ebenso wenig geschmeckt hat wie der zuckerfreie Kaffee. Mittlerweile ist es für mich unvorstellbar, Kaffee oder Tee zu süßen. Alles nur Gewohnheitssache!

TIPP 33: WASSER TRINKEN
o Trinke vorzugsweise Leitungswasser.
o Falls das heimische Leitungswasser nicht deinem Geschmack entspricht – trinke Wasser aus Glasflaschen.
o Vermeide Wasser in Plastikflaschen – es sind nachweislich Plastikrückstände enthalten!
o Lege dir eine Glaskaraffe für den Arbeitsplatz zu und sieh zu, dass sie immer nachgefüllt wird.
o Trinke Wasser, wann immer es geht – es sättigt und es ist blutverdünnend.
o Trinke schon in der Früh Leitungswasser.
o Trinke nicht während des Essens, sondern vorher und/oder nachher!
o Stell dir auch in der Nacht eine Wasserflasche neben das Bett (hat vielleicht den Nachteil, dass du aufstehen musst ...).
o Trinke vor den Mahlzeiten langsam in kleinen Schlucken ein großes Glas Wasser.

Yoga – Wege zum Selbst

Yoga ist ein Thema, das mich seit ein paar Jahren regelrecht verfolgt. Im positiven Sinn. Ich kenne mich mit Yoga heute noch nicht aus, ich weiß nicht, wie es möglich ist, dass so viele Menschen, die Yoga machen, derart begeistert sind. In der Yogatherapie geht es um die Symbiose von Körper, Geist und Atmung. Sie ermöglicht uns, mit Hilfe von Asanas (Körperhaltungen), Pranayama (Atemtechniken), Selbstreflexion und Meditation eine achtsame Lebensführung umzusetzen.

Der Begriff Yoga kann sowohl »Vereinigung« oder »Integration« bedeuten, als auch im Sinne von »Anschirren« und »Anspannen« des Körpers an die Seele zur Sammlung und Konzentration bzw. zum Einswerden mit dem Bewusstsein verstanden werden. Yoga ist eine indische philosophische Lehre, die eine Reihe geistiger und körperlicher Übungen umfasst. Yoga, wie er im Westen gelehrt wird, beruht auf einer modernen Form, oft gekennzeichnet durch eine Übernahme von Elementen aus westlicher Psychologie, physischen Trainings und wissenschaftlichen Annahmen. »In diesen Fällen stellt moderner Yoga eher eine New-Age-Lebenseinstellung dar als eine Form hinduistischer Spiritualität.«[42]

Yoga? Wäre das etwas für mich? Schon vor einigen Jahren stellte ich mir diese Frage und prüfte, was in meiner Gegend, im Carnuntum in Niederösterreich, angeboten würde. So viel Zeit wie einer meiner Freunde, der drei Monate zum Meditieren nach Indien abtauchte, hatte ich nicht. Ich wollte das, wie vieles in meinem Leben, nur einmal ausprobieren und der Aufwand sollte, wie meistens, kein allzu großer sein. Erfreulicherweise bietet die Volkshochschule in Bruck an der Leitha, damals lebte ich noch in einem Dorf in der Nähe, auch Yogakurse an. Dort wurde ich fündig: »Hatha-Yoga für Anfänger«, in der Ausschreibung war von »traditionellen Körper-, Atem- und Entspannungs-Übungen aus dem klassischen Hatha-Yoga und Bewegungsabfolgen aus dem therapeutischen Yoga« die Rede. Stichworte wie »tiefes und bewusstes Atmen, achtsames und konzentriertes Bewegen, gezieltes Dehnen und Kräftigen« erregten meine Aufmerksamkeit, das ist etwas für mich, dachte ich. Um meine Beweglichkeit stand es ja ohnehin noch nie besonders, einerseits durch die vielen Operationen, denen ich mich nach langjährigem begeisterten, aber ebenso erfolglosen Fußballspielen unterziehen musste, andererseits waren Dehn- und Streckübungen schon seit jeher nicht so wirklich das meine ... Eine gewisse Ungelenkigkeit begleitet mich schon seit meiner Schulzeit, aber macht ja nichts, bisher waren keine schweren körperlichen oder gesellschaftlichen Folgen daraus abzuleiten.

Alles das, was da in dem bescheiden gestalteten Folder beschrieben war, sollte meine physische Gesundheit stärken, mir zu einem besseren Körpergefühl verhelfen und meine Aufmerksamkeit schulen. Und natürlich machte mich auch die Aussicht auf »innere Ruhe und Kraft, Erholung und Stärke« freudig neugierig und wahrlich mutig. Mutig deshalb, weil ich mich anmeldete. In meiner Position als einer, der einen gewissen Bekanntheitsgrad hat, ist es ein bisschen schwieriger in öffentliche Kurse zu gehen, als für jemanden, der völlig unbekannt ist. Du erregst, ob du das willst oder nicht, Aufmerksamkeit. »Jössas, im Fernsehen schaun's aber viel dicker aus, Se san eh ganz fesch, na sowas« ... und weitere Kommentare dieser Art. Und das nervt schon ein wenig, glaube mir. Aber das ist halt die andere Seite der Medaille, die meiner Meinung nach übrigens drei Seiten hat: die Oberfläche, den Rand und die Unterseite. ☺ Positiv daran ist wiederum, dass ich dann weiß, dass mir die Leute im Fernsehen zuschauen. Ohne Zuschauer kein Bekanntheitsgrad. Aber lassen wir das jetzt.

Die erste Yogastunde, elf Frauen, zwei Männer. Die Damen starrten uns – vom vermeintlich stärkeren Geschlecht – in einer Mischung aus »Was machen die zwei denn da?« und »Toll, dass die das auch machen!« an, irgendwie lächelten sie auch milde, eine Spur Bedauern glaubte ich auch in ihrer Mimik zu erkennen, aber vielleicht habe ich das nur in meinem kleinen persönlichen, an und für sich geheimen, Verfolgungswahn so registriert.

Wir saßen in einem kleinen, etwas überhitzten Turnsaal auf Matten herum und warteten auf den Beginn. Die Yogalehrerin war eine junge, dynamische, leicht aufgedrehte, tätowierte Dame, die wusste, wovon sie sprach, das war gleich einmal klar. Bemüht, engagiert, klar in ihren Erklärungen, leider – und das hätte ich gebraucht – von Milde und Nachsichtigkeit keine Spur. Diverse Übungen wurden angeleitet, die Damen und der andere Herr, die ich aus meinem Augenwinkel heraus beobachtete, agierten so, als wäre das schon ihr x-ter Besuch in diesem Kurs und nicht die erste Stunde bei den Anfängern. Dicke Frauen waren derart beweglich, dass ich innerlich fast zerbrach und jede Wette verloren hätte, anzuzweifeln, dass ich das nicht zusammenbrächte, was die lieferten. Ich quälte mich herum, dehnte mich, versuchte mit gestreckten Knien irgendwie den verdammten Boden mit meinen Fingerspitzen zu berühren, es schmerzte, meine Bänder waren (und sind es immer noch) ganz einfach zu kurz! Mit einer Leichtigkeit turnten, dehnten sich, formten die in der Mehrzahl dicken Menschen um mich herum die gewünschten Hunde, Affen, Sonnengrüße etc. – ich torkelte, taumelte, nahe einem Kreislaufzusammenbruch und einer Panikattacke auf meiner Matte herum.

Ich sah erschöpft auf meine Uhr und registrierte, wie sich die Minuten zähflüssig dahinschleppten und die Zeit einfach nicht verging. Scheiß Yoga. Wer zum Teufel hat mich auf die bescheuerte Idee gebracht, einen Yogakurs zu besuchen? Mit wildfremden Menschen, wo ich mich ohnehin nur blamiere. Ich erlaubte mir schüchtern die Frage: »Entschuldigen Sie, ist das wirklich der Anfängerkurs?« Ein forsches »Schhhhhh!« folgte von der unbarmherzigen Yogalehrerin und ich wusste, dass ich keine Chance hatte. Man muss ja auch die Klappe halten und darf nicht reden, dabei rede ich doch so gerne. Falscher Ort, falsche Zeit.

Weißt du, wie oft ich mich noch hingetraut habe? Ganze vier Mal! Beachtenswert, nicht? Ich fand es zeitweise sogar ganz gut, dass meine Gliedmaßen schmerzten, ob der regelmäßigen Dehnung. Meine Bänder kannten sich gar nicht mehr aus und mein Körper rebellierte. Ab der zweiten Stunde bemerkte ich so etwas wie Gruppenempathie. Einige suchten meine Nähe. Rutschten samt Matten immer näher. Das tat gut! Dann bin ich aber draufgekommen, warum sie in meine Nähe rutschten: Sie wollten hautnah miterleben, wie sich das Wolfram-Bauxi abmühte, sie haben sogar gelacht, als ich den fliegenden Drachen oder den schreienden Wellensittich probiert habe. Sie haben mich ausgelacht. Kannst du dir das vorstellen? Deshalb sind sie näher gerückt, um die Katastrophe live mitzuerleben. Okay, ich übertreibe, ganz so schlimm war es nicht, aber sie haben gelächelt. Mich ausgelächelt und das halte ich nur schwer aus. Yoga und ich. Grmpfffff. Das war also mein erstes Mal und es war nicht das letzte Mal.

Jahre später lernte ich unseren TV-Yogafachmann und Arzt Dr. Peter Poeckh kennen. Ein sehr sympathischer, unkapriziöser Mensch. Peter Poeckh lernte Yoga am Anfang von der therapeutischen Seite kennen: Er fand, geplagt von einem schweren »Tennisarm«, durch Yoga zu seiner ursprünglichen Gelenkigkeit zurück. Begeistert vom Potenzial dieser uralten Bewegungsform reiste er zu Yogameistern in der ganzen Welt und begann intensiv zu praktizieren. Poeckh erkannte aber auch, dass der Übungsstil, der in den westlichen Ländern favorisiert wird, eindimensional und zu leistungsorientiert ist. Die Ausführung der Asanas wird zu wenig als ein ganzheitlich auf Körper und Geist wirkendes System betrachtet. Je länger Poeckh selbst praktizierte, desto mehr Unstimmigkeiten machten sich bei ihm selbst bemerkbar, es schmerzte das Knie, es zerrte ein Muskel oder der Rücken fühlte sich überstrapaziert an.

Im Gespräch erzählte er mir Hochinteressantes aus seiner Praxis: »Für mich als Mediziner ist es immer wieder erstaunlich zu sehen, welch beeindruckende Veränderungen diese Personen vollziehen. Ich denke da zum Beispiel an ein 16-jähriges Mädchen, das schlechte Noten in der Schule hatte und dadurch großem Druck ausgesetzt war. Sie hat mit Yoga gelernt, sich besser zu konzentrieren und den Fokus auf die wichtigen Themen zu legen. Plötzlich konnte sie, ohne große Anstrengung aufzuwenden, nur mehr ‚Sehr gut' und ‚Gut' in ihrem Zeugnis finden.« Er berichtete mir auch von einer Frau, die seit einem Jahr Brustkrebs und diverse starke körperliche Schmerzen hatte. Er und sein Team erstellten wunderbar wirksame Übungen für sie. Die entscheidende Frage aber war, was denn ihr größter Wunsch in ihrem Leben wäre. Plötzlich platzte es mit Tränen aus ihr heraus: Sie wünschte sich seit zwanzig Jahren so sehnlichst einen Mann an ihrer Seite. Weiters erzählte sie, dass sie in ihrer Kindheit und sogar noch als Erwachsene von ihrem Vater wiederholt zu hören bekam, dass sie sowieso für nichts gut genug sei und sicher keinen Mann finden werde. »Oft sehen wir nur Symptome einer Krankheit oder unsere scheinbar unüberwindbare Akutsituation. Wahrscheinlich liegen dahinter aber ganz tief vergrabene Themen, die es anzupacken gilt. Jede Krise, jede Krankheit, jeder Schmerzzustand, jede Überbelastungssituation, jede Niederlage ist gleichzeitig immer auch eine Chance voranzukommen.«[43]

Yoga und Burn-out

Im Yoga kennt man drei Stufen der persönlichen Entwicklung: Erkennen, Akzeptieren und Verändern. Viele von uns hadern mit ihrem persönlichen Schicksal, mit ihren Krisen – das ist menschlich. Aber wir sollten nicht hadern, sondern uns darauf freuen, dass wir die Möglichkeit haben, einen Schritt nach vorne gehen zu können und vor allem zu dürfen. Wir sind in der Lage dazu! Zumindest ein Großteil von uns.

Was ist unser ureigenes menschliches Bedürfnis? Wir möchten glücklich sein, wir wollen zufrieden sein, wir wollen unbelastet und frei sein. Wir wünschen uns doch manchmal, wir könnten alles leichter nehmen, besser mit den vielen Steinen, die uns das Leben (und oft auch wir selbst) in den Weg legt, umgehen zu können. Diese Steine, manchmal sind es riesige Felsbrocken, müssen wir aus dem Weg räumen, damit wir wieder vorwärtskommen. Wir müssen unsere Engpässe verbreitern, sodass wir die Möglichkeit haben, durchzukommen.

Yoga kann uns dabei unterstützen, den Kontakt aufzunehmen

mit unseren tiefsten innersten Wünschen und Bedürfnissen. Die meisten Menschen, die in eine Yogatherapie kommen, sehnen sich nach einer Verbesserung ihrer Lebensqualität, auf körperlicher wie auch auf psychischer Ebene. Und oft ist eine Krise der auslösende Prozess, um den Antrieb zu finden, bestimmte Dinge zu verändern.

Wenn die Erschöpfung ein Ausmaß annimmt, dass wir unserem Job oder gar unserem Privatleben nicht mehr nachgehen können, ist höchster Handlungsbedarf angesagt. Dann kommt das zum Tragen, was ich so gerne »Hin zu statt weg von« nenne. Ins Tun kommen, aktiv werden, agieren, machen und nicht nur reagieren. Man könnte auch sagen: Bevor wir ausbrennen, müssen wir für eine Sache gebrannt haben. Viele Menschen versuchen trotzdem, ihre Lebenssituation mit allem Einsatz aufrechtzuerhalten, und hinterfragen dabei nicht, ob es denn für sie überhaupt stimmig ist, so zu leben. Ob sie den passenden Beruf gewählt haben, den richtigen Partner oder auch die geeigneten Lebensumstände. Hier können geschulte Yogatherapeuten eingreifen und unterstützen. Das Hinterfragen und Reflektieren der eigenen Lebenssituation ist die Basis der Weiterentwicklung.

Jetzt möchte ich dir drei Übungen aus einem Programm bei Erschöpfung und Burn-out näherbringen, die mir Yogatherapeut Dr. Peter Poeckh beigebracht hat und die ich regelmäßig praktiziere.

TIPP 34: YOGA ZUR ENTSPANNUNG UND AKTIVIERUNG

o Übung 1 dient der Entspannung, dem Lösen von Erschöpfung und Müdigkeit.

o Lege dich auf eine Matte oder auf den Boden – in Rückenlage – strecke die Beine nach vorne aus – bei Rückenbeschwerden kannst du sie auch aufstellen.

o Dann atme bitte ein und strecke gleichzeitig mit dem Einatmen beide Arme hinter den Kopf.

o Beim Ausatmen bring die Arme zurück nach vorne und atme mit einem »HA« durch den Mund aus.

- Diese Übung wiederhole 8 bis 10 Mal.
- Übung 2 aktiviert deine Energiebahnen, stimuliert den Kreislauf und kräftigt deine tiefliegende Rückenmuskulatur.
- Komm in den Kniestand.
- Beim Einatmen öffnest du auf Schulterhöhe die Arme zur Seite.
- Beim Ausatmen setz dich nach hinten vorsichtig auf die Fersen ab und leg die Stirn auf den Boden. Langsam!
- Diese Übung wiederhole bitte 6 Mal.
- Mit der Übung 3 kannst du tiefe Verspannungen in deinem Oberkörper und deinem Nacken mobilisieren und lösen.
- Komm in die Hocke mit den Füßen hüftbreit auseinander.
- Beim Einatmen strecke die Arme zur Seite.
- Beim Ausatmen drehst du deinen Oberkörper, den Kopf und den rechten Arm nach rechts zur Seite.
- Bitte wiederhole diese Übung 4 Mal.
- Dann mach diese Übung noch einmal – und drehe beim Ausatmen deinen Oberkörper, den Kopf und den linken Arm zur linken Seite.
- Wiederhole diese Variante bitte auch 4 Mal.[44]

Burn-out

Wir wissen, dass ein Burn-out-Syndrom vor allem dann entsteht, wenn wir uns über einen längeren Zeitraum über-fordern. Wir fordern zu viel von uns, wir muten uns zu viel zu, wir glauben, unersetzlich zu sein, wir delegieren nicht, wir sind pflichtbewusst usw. – kommt dir das alles bekannt vor?

Erst vor wenigen Tagen ist eine liebe Bekannte am Arbeitsplatz zusammengebrochen. Sie war – trotz einer leichten Grippe – in die Arbeit gegangen, weil sie der irrigen Ansicht ist, dass der Betrieb ohne sie nicht »läuft«. Zuerst vermutete man einen Schlaganfall, die Diagnose der behandelnden Ärzte fiel Gott sei Dank anders aus. »Sie sind restlos überfordert, Sie bekommen auch keine Medikamente, das, was Sie jetzt brauchen, ist Ruhe. Schlaf. Erholung.« Einfach gesagt, schwer umzusetzen. Diese Frau hat den Rat, den lebenswichtigen Rat der Mediziner befolgt und hat sich das erste Mal, seit vielen Jahren, ausgerastet, über einen längeren Zeitraum von vier Monaten. Und das war und ist lebensnotwendig für sie. Und weißt du, was passiert ist? Die Familie hat sie unterstützt, sie abgeschottet, die Arbeit funktionierte auch ohne sie, genauso gut, wenn nicht besser, weil sich alle Beteiligten mehr engagierten, und ihr geht es jetzt merklich besser.

Kein Mensch ist unersetzlich! Wir sind häufig der Meinung, dass es ohne uns »nicht mehr geht«. Das ist ein fataler Irrtum und diese Einstellung kann ins Verderben führen. Wie viele Mitmenschen kennst du, vielleicht bist du selber so eingestellt, die sagen: »Ich kann doch wegen einer leichten Grippe nicht zu Hause bleiben. Ich kann doch, nur weil ich überfordert bin, nicht für meine Familie kochen, das Haus nicht putzen etc.« Ja, das kannst du – in diesem Fall sind deine sogenannten Liebsten gefordert, *dich* zu unterstützen, dich abzuschotten von jeglichem Stress, dich zu tragen, dir zu helfen.

Solltest du glauben, dass dir nichts passieren kann, dann täuscht du dich gewaltig. Schneller als du es erkennen wirst, kann das System – und das bist du (*dein* System) – zusammenbrechen und dann entsteht ein größerer Schaden, eine viel größere Krise für alle Betroffenen, als wenn du dir eine Auszeit gönnst. Dass es dich nicht treffen wird, das ist nicht wahr und dagegen kannst du etwas tun. Du.

Ich weiß aus schmerzvoller Erfahrung, dass wir dazu neigen, in »Hoch-Zeiten«, also wenn es uns gut geht, auf die eigene Lebensqualität zu vergessen. »Es ist ja eh alles in Ordnung ...« Wir vernachlässigen uns, wir gehen schludrig mit uns um, wir sind nicht achtsam. Es ist unabdingbar, sich die eigene Fahrlässigkeit und Nachlässigkeit, das Zurückfallen in alte Verhaltensmuster bewusst zu machen. Wir müssen es schaffen, die sogenannte Gegenwartskraft zu entwickeln. Im Hier und Jetzt. Nicht die Vergangenheit ist das Entscheidende in unserem Dasein, schon gar nicht die Zukunft (wer weiß denn schon, wie lange sie dauern wird?) – das Hier und Jetzt ist entscheidend. Carpe diem!

Die Gründerin des Instituts für Gehirn-gerechtes Arbeiten, die berühmte Vera F. Birkenbihl, war eine Querdenkerin und sie hat so passend formuliert, dass wir uns immer und immer wieder auf die Verpflichtungen, auf die Zwänge des Lebens, unseres täglichen Tuns, einlassen (ohne uns zu wehren) und das fälschlicherweise mit unserem Leben verwechseln. Nein, das ist nicht unser Leben, das ist unser Dahinvegetieren. Wir müssen die Chance nützen und in uns gehen und über uns nachdenken. Der Dalai Lama hat schon gesagt: »Der entscheidende Schlüssel zum Glück ist, mit dem zufrieden zu sein, was man im Augenblick ist und hat. Diese innere Zufriedenheit verändert Ihren Blick auf die Dinge, so dass Ihr Geist in Frieden verweilen kann.«

Was aber, wenn ich im Hier und Jetzt mit meinem Leben nicht zufrieden bin? Tausende Bücher gibt es zum Thema Glück, Erfüllt-

Wir müssen es schaffen,
die sogenannte Gegenwartskraft zu entwickeln.

heit, Zufriedenheit, genauso viele verschiedene wissenschaftliche Definitionen – aber was ist Glück für *dich*? Wohlbefinden? Angstfrei zu sein? Vielleicht der Satz »Es geht mir gut?« Das drückt doch einen spürbaren persönlichen Reichtum und Wohlstand aus, wenn ich sagen kann »Es geht mir gut!« Ob »sehr« gut, oder ein bisschen »weniger« gut, daran kann man ja relativ schnell etwas ändern, aber damit man zur Aussage »Es geht mir gut!« kommt, ist Arbeit, ist Veränderung notwendig.

Häufig sind es viel zu hohe Ansprüche, die dein Umfeld und vor allem du an dich stellst, die dich unweigerlich in eine wie immer geartete Form des Burn-out führen. Wenn du unter Stress stehst, dann passiert etwas in deinem Gehirn und damit werden entsprechende Hormone und Neurotransmitter ausgeschüttet, die nicht gut für deinen Gesamtzustand sind. Seelische Indispositionen wirken sich unweigerlich und unaufhaltsam auf deinen Körper, deinen Geist und deine Seele aus. Die Reihenfolge kannst du bestimmen. Es entsteht eine Blockade zwischen Großhirn und Stammhirn. Und dadurch kommen wir ins Reagieren und nicht in unser eigenes Tun. Die verschiedenen Stadien des Burn-out, definiert von dem deutsch-amerikanischen Psychologen und Psychoanalytiker Herbert J. Freudenberger, kannst du in verschiedenen Büchern, unter anderem in meinem Buch »Nur keine Panik« nachlesen. Der französische Philosoph und Schriftsteller Voltaire hat schon im 18. Jahrhundert so treffend festgestellt: »In der ersten Hälfte unseres Lebens opfern wir unsere Gesundheit, um Geld zu erwerben, in der zweiten Hälfte opfern wir unser Geld, um die Gesundheit wiederzuerlangen. Und während dieser Zeit gehen Gesundheit und Leben von dannen.«

TIPP 35: ANSPANNEN/ENTSPANNEN NACH JACOBSON
Mit dieser Atemtechnik, die du am besten im Sitzen machst, wird es dir gelingen, in einen Zustand der inneren Ruhe und Ausgeglichenheit zu gelangen.

- Atme langsam ein und spanne dabei alle Muskeln deines Körpers an, von Kopf bis Fuß.
- Halte kurz den Atem an und entspanne deine Muskeln anschließend bewusst wieder beim Ausatmen.

Es wird sich ein Gefühl von angenehmer Wärme und ein wohliges Schweregefühl im Körper einstellen.

- Wiederhole diesen Vorgang vier Mal.
- Entspanne anschließend noch drei Minuten im Sitzen und halte dabei die Augen geschlossen.
- Fühle, wie dich ein angenehmes Gefühl von Wärme durchströmt, und denk dabei an etwas Positives.
- Stell dir vor, wie du an einem tropischen Strand sitzt und eine angenehme Brise durch dein Haar weht.

Nach dem Beenden dieser Gedankenreise kannst du dich noch kurz dehnen und strecken. Dazu noch einmal kräftig gähnen und du bist wieder voller Energie und bereit für die Anforderungen des Alltags.

Keine Zeit für mich?

»Ich habe keine Zeit.« Damit ist meistens gemeint: »Ich habe keine Zeit für mich.« Du kennst sicher auch in deinem Umfeld Menschen, die oft davon reden, was sie alles unternehmen werden, wenn sie in Pension sind oder wenn die Kinder aus dem Haus sind. Dass sie dann ihre lang ersehnten Reisen in ferne oder nähere Länder unternehmen werden, dass sie dann Golf spielen, Sprachen lernen, lang herumliegende Bücher lesen, dass sie dies und das und jenes machen werden. Auf die Frage, warum sie es nicht jetzt tun oder sehr bald, antworten die meisten, dass sie keine Zeit hätten.

Keine Zeit? Im Grunde ist das eine einzige Ausrede. Es gibt für die meisten Tätigkeiten im Leben nicht den richtigen Zeitpunkt. Spürst du, was ich dir sagen will? Der richtige Zeitpunkt ist jetzt. Statt davon zu träumen, irgendwann einmal Golf oder Gitarre spielen zu lernen, gehe es jetzt an. Wenn du dich bemühst (ja, auch hier ist Mühe und Veränderung gefragt und nötig!), dann wirst du Mittel und vor allem Wege finden, die langersehnten Tätigkeiten, Hobbies, Dinge in deinen Arbeitsalltag zu integrieren. Da ist *dein* Zeitmanagement, deine Planung, deine Einteilung gefragt.

Frag dich einmal, mit wem und womit du deine Zeit verbringst. Und hinterfrage dann auch gleich, ob das so ist, wie du das möchtest, wie du dir das vorstellst, oder ob du möglicherweise in deinem Tagesablauf schon resigniert hast, weil »es« nicht anders geht. Wer bestimmt, was in deinem Leben passiert, wie es »geht« oder zu gehen hat? Hast du ein Mitspracherecht? Bist du die Gestalterin deines Lebens oder bestimmen andere, wie du zu funktionieren hast? Es geht nicht darum, dass du ausschließlich egoistisch agierst und nur noch das tust, was du willst, es geht vor allem darum, dass du dir (auch) deine persönlichen Zeitinseln – jeden Tag – ohne Wenn und Aber reservierst, sie planst und dann auch umsetzt.

Ich möchte dir jetzt eine Übung näherbringen, die in meinem Leben zu einem entscheidenden und vor allem bewussten Umdenken geführt hat. Ich mache dich darauf aufmerksam, dass du dafür eine gewisse Zeit einplanen solltest, das Ganze dauert etwas länger und du solltest, wenn möglich, ganz konzentriert bei (deiner) Sache sein.

Das Thema heißt »Lebensrollen«. Lebensrollen? Was verstehe ich darunter? Die Antwort ist einfach: Ich möchte, dass du dir deiner Lebensrollen bewusst wirst. Zur Erklärung: Es gibt gegebene und gewünschte Lebensrollen. Die ersten hast du dir nicht selbst ausgesucht, sie sind dir »gegeben«: z.B. deine Lebensrolle als Tochter, als Sohn, auch deine Ich-Rolle. Alle Lebensbereiche, die mit deiner Stammfamilie in unmittelbarem Zusammenhang stehen, Rollen, sind dir also gegeben. Die gewünschten Lebensrollen sind jene, über die du selbst entscheidest. Zum Beispiel: deine Beziehungsrolle (Ehefrau/Ehemann/Freund/Freundin usw.), deine Berufsrolle, deine Freizeitrollen usw. – alle diese hast du dir, zumindest am Anfang, gewünscht ...

TIPP 36: LEBENSROLLEN BEWUSST MACHEN

Nimm dir bitte mehrere DIN-A4-Blätter zur Hand und los geht's:

1. Mach dir deine Lebensrollen bewusst und schreibe sie auf (Vater, Mutter, Tochter, Sohn, Partner, Neffe, Onkel, Opa, Beruf, Hausfrau/Hausmann, Freizeitaktivitäten, die dir wichtig sind und die du regelmäßig betreibst).

2. Dann teile deine Lebensrollen in die Bereiche Privat, Beruf und in deinen Ich-Bereich (also Individuum) ein – welche Lebensrolle gehört wohin?

3. Zu guter Letzt erstelle dein »Rollendiagramm«, am besten in Form einer Torte – alle Rollen bekommen gleich viel Platz! Du kannst deine dir »sympathischen« Rollen mit dir angenehmen, vielleicht helleren Farben kennzeichnen und jene Rollen, die dir nicht so zusagen, in vielleicht dunkleren Farben.

4. Jetzt stelle dir Fragen wie: »Woher kommen meine Sorgen, meine Nöte, meine Probleme? Aus dem privaten Bereich, aus dem beruflichen Bereich?« Und beantworte sie in kurzen Stichworten bzw. Sätzen.

5. Jetzt notiere jene sieben Rollen, die dir am wichtigsten sind, die du am meisten lebst, die unverzichtbar für dein Leben sind (und vergiss nicht deine »Ich-Rolle« ...)

1 ....
2 ....
3 ....
4 ....
5 ....
6 ....
7 ....

Jetzt schau dir bitte deine Lebensrollen (deine Tätigkeiten) in Gedanken eine Woche lang an. Finde nun eine Woche lang heraus, wie viel Zeit du täglich für die wichtigsten sieben Lebensrollen zur Verfügung hast! Das ist hochinteressant, diese eigene Bilanz einmal schwarz auf weiß zu sehen bzw. zu spüren.

Mach dir bewusst, dass du für die Dauer einer Woche (sieben Tage), wenn du im Schnitt 8 Stunden schläfst, 112 Stunden für dich, bzw. für die »anderen« zur Verfügung hast.

Wie, mit wem, womit verbringst du deine Zeit? Wenn du diese Fragen ehrlich beantwortest, wirst du sehen und bemerken, dass für *dich* relativ wenig Zeit übrig bleibt. In vielen Fällen sogar keine. Was tust du? Du wirst von deinen anderen Lebensrollen Zeit abziehen – zu deinen Gunsten – das ist doch ein Vorschlag!? Jeden Tag vielleicht eine Stunde für dich? Das geht nicht, sagst du? Das geht nicht? Es geht. Versprochen.

Autosuggestion verändert alles

Ich habe in meiner Tätigkeit als Mentalcoach und Lebensberater oft Menschen begleitet, die in den unterschiedlichsten Lebensrollen, Phasen und Abstufungen erschöpft und depressiv waren. Viele von ihnen kehrten dann später in ihre ursprünglichen Lebensbedingungen zurück, aber unter völlig veränderten Voraussetzungen und vor allem Rahmenbedingungen. Sie haben Veränderungen in ihrem Ich-Bereich, in ihrem Privatleben und in ihrem Berufsleben vorgenommen. Veränderungen, die ihnen, den Betroffenen, gutgetan haben und immer noch guttun. »Es geht diesen Menschen in ihrem Leben von Tag zu Tag in jeder Hinsicht besser und besser!«

Wir alle beeinflussen uns ununterbrochen selbst, von dem Moment, in dem wir nachzudenken begonnen haben, bis zum Tod, besser gesagt, solange wir dazu in der Lage sind. Beinahe pausenlos kreieren wir Gedanken und Gefühle, die uns prägen. Aber eines ist Faktum: Wir gehen mit diesem Gedankengut leider oft leichtfertig und leichtsinnig um. Was fällt uns leichter: Positiv zu denken oder uns in unserem Leid, in unserem vermeintlichen Leid zu ergießen? Sei ehrlich! Natürlich tun wir uns leichter damit, schlecht zu denken und vor allem uns schlecht zu fühlen. Als Opfer. Wir sind Opfer und spielen diese Rolle nach außen gern.

Das ist unbewusste Autosuggestion, die zumeist – und das vergessen wir oft – verhängnisvolle Konsequenzen hat. Autosuggestion ist nichts Neues: Es geht darum, sich selbst mental auf etwas Erwünschtes zu programmieren.

»Autosuggestion (griechisch-lateinisch: Selbstbeeinflussung) ist der Prozess, durch den eine Person ihr Unbewusstes trainiert, an etwas zu glauben. Dies wird erreicht durch Selbsthypnose oder wiederholte Selbst-Affirmationen und kann als eine selbstinduzierte Beeinflussung der Psyche angesehen werden.«[45] Die Wirksamkeit der autosuggestiven Gedankenformeln kann durch mentale Visualisierungen des angestrebten Ziels erhöht werden. Der Erfolg der Autosuggestion wird umso wahrscheinlicher, je konsistenter und länger (bzw. öfter) sie angewendet wird.

Bei der Autosuggestion wird derselbe formelhaft umrissene Gedanke über längere Zeit in Form mentaler Übungen wiederholt, bis er zum festen Bestandteil des unbewussten Denkprozesses geworden ist. Dies geschieht oft in Kombination mit Entspannungstechniken. Je nach weltanschaulichem Hintergrund wird erwartet, dass sich dieser Gedanke in Überzeugungen oder Tatsachen verwandelt. »Dieser Prozess kann sowohl absichtlich wie auch unabsichtlich erfolgen, obwohl Autosuggestion üblicherweise die bewusste Anwendung bedeutet. Typische Wege, den eigenen Geist durch Autosuggestion zu beeinflussen, sind: sich die Auswirkungen einer Überzeugung bildlich vorzustellen, sie verbal zu bekräftigen oder sie mental durch permanente Wiederholung zu vergegenwärtigen (innerer Sprechgesang).«[46]

Da gibt es Leute in meinem Umfeld, die mir immer wieder unter die Nase gerieben haben: »Alles gut und recht, aber das ist doch ein reines Programmieren auf bestimmte Verhaltensweisen.« Richtig erkannt, natürlich ist das eine Art »Programmieren«, aber zu deinem Nutzen, zu deinem Vorteil, zur Hebung deiner Lebensqualität.

Warum muss ich mich ständig negativ einstellen, in Gedanken, Worten und Werken? Warum haben wir so große Angst vor Veränderung? Das sind entscheidende Fragen und darauf gibt es auch die – alles entscheidende – Antwort. Ich meine, die hinsichtlich meiner Lebensqualität entscheidende oder mitentscheidende Antwort: Es ist die Angst vor dem Anders-Sein und Anders-Handeln. Es ist die eigene Bequemlichkeit, meine »Leidens-Rolle«, in der ich mich eingerichtet habe. Schuld sind an allem *immer* die anderen. Für jemanden, der so programmiert ist, ist das einfach. »Ich bin unbefleckt, ohne Schuld, ich bin im falschen Moment immer am falschen Platz mit den falschen Menschen zusammen. Schade, schade, arm bin ich, so arm.«

Weißt du, was diesen Menschen fehlt? Selbstreflexion. Sie definieren sich zumeist über ihren Perfektionismus, den sie aber leider oftmals nur einseitig, also meistens in dieselbe Richtung einsetzen und andere Bereiche völlig vernachlässigen. Das betrifft Frauen wie Männer gleichermaßen. Das Eingeständnis, dass ihr Pflichtbewusstsein alleine (die Berufsrolle, die Mutterrolle oder die Vaterrolle usw.) absolut nicht ausreicht, um ein erfülltes Leben zu führen, so etwas wie Zufriedenheit und Glück verspüren zu dürfen, irritiert diese Menschen. Da müssten sie ja ins Tun, ins Machen kommen, und zwar im kognitiven Bereich – also alles, was das Gehirn und das Handeln betrifft –, im seelischen Bereich und im körperlichen Bereich. Sie müssten sich mit Seele, Herz, Hirn und Körper beschäftigen und alle Bereiche pflegen und nähren. Und das kann unbequem sein, wie du weißt.

Das »Programmieren« ist hier nicht im Sinne eines technisch ablaufenden Vorganges gemeint, sondern als eigene Fähigkeit, die es uns ermöglicht, unser Verhalten zielsicherer und systematischer zu lenken. Botschaften, die wir immer und immer wieder, fast schon redundant, hören, übernehmen wir meist als wahr, ohne dass wir sie ernsthaft überprüfen. Das passiert auch mit den vielen Botschaften, die wir uns selbst senden. Wenn du dir z.B. vor einem Wettbewerb immer wieder sagst, dass du niemals gewinnen kannst, weil du zu schlecht bist, dann wirst du relativ sicher eher verlieren als gewinnen. Viele Hochleistungssportler arbeiten mit positiven Botschaften an sich selbst, feuern sich an und programmieren sich so auf Erfolg. Mentaltraining im Sport – das ist nichts Neues.

Die meisten Menschen programmieren sich unbewusst und leider nicht immer zum Positiven. Du kennst Sätze, es sind beinahe Glaubenssätze, wie: »Das werde ich nie lernen, dazu bin ich zu dumm.« Oder wir scheitern schon gedanklich in den ersten Phasen der Annäherung an einen möglichen beruflichen Aufstieg: »Die Stelle bekommt ganz sicher der Kollege X und ich sicher nicht.« Eine ganz wichtige »Umstellung« in meinem Leben hat es gegeben – oder habe ich gegeben, weil es ja von mir ausgegangen ist und das war die Entscheidung, fast nur noch positiv zu formulieren – »hin zu statt weg von« ... Alle positiven Glaubenssätze sind mit der Überzeugung verbunden, dass ich es schaffen werde. Dass ich den privaten, beruflichen und vor allem den Wirrnissen mit mir selbst gewachsen sein werde.

Warum haben wir die Tendenz, mehr negative als positive Gedanken zu produzieren? Warum machen wir uns auffallend oft Sorgen und schüren unbegründete Ängste? Warum sind wir so programmiert, so »gestrickt«? Ich weiß es nicht. Ich weiß nur und habe dies an Leib und Seele erfahren, dass negative Gedanken und negatives Handeln auf Dauer krank machen. Das ist übrigens auch wissenschaftlich erwiesen. Manche bekommen die Rechnung erst

Mit der Kraft der Gedanken bestimmen wir nicht nur über Gesundheit und Krankheit, sondern unsere Gedanken sind unser Schicksal. Das ist eine Gesetzmäßigkeit, der sich keiner entziehen kann; aber gleichzeitig eine wunderbare Chance.
WILLIAM JAMES

spät in ihrem Lebensherbst oder beginnenden Lebenswinter präsentiert. Umgekehrt können uns positive Gedankeninhalte nachweislich zur mentalen Entspannung, zur eigenen Aktivierung, zu einer veränderten inneren Einstellung, zu anderen äußeren Zielen und zu einer – zu unseren Gunsten – veränderten, persönlichen (Grund-)Einstellung verhelfen. Wir werden gehaltvoller, qualitätsbewusster und besser denken, wir werden auch mit unseren Mitstreiterinnen besser umgehen. Wir stellen uns in den Mittelpunkt unseres Lebens. Entscheidend für ein Gelingen ist, dass du dein Ziel/deine Ziele positiv formulierst.

TIPP 37: POSITIV FORMULIEREN

Wären das fünf Möglichkeiten für dich, anders zu formulieren?

Alt – bisher:

1. »Das kann ich nicht!«
2. »Das werde ich nie lernen!«
3. »Das können alle anderen besser als ich.«
4. »Dafür bin ich zu blöd.«
5. »Ich habe schon wieder versagt.«

Neu – ab jetzt:

1. »Das schaffe ich! Das werde ich lernen und letztendlich auch können und meistern!«
2. »Ich habe bereits Fortschritte gemacht und bin besser geworden. Ich mache das schon viel besser als noch vor einem Monat.«
3. »Andere haben es auch lernen müssen. Es geht nicht von heute auf morgen. Ich bin geduldig, habe Zeit und Ausdauer. Bald kann ich das auch – vielleicht sogar besser als die anderen!«
4. »Selbstbeschimpfungen haben in meinem Leben nichts mehr verloren. Ich bin motiviert, engagiert, fleißig und ich brauche mich mit niemandem zu vergleichen. Ich bin gut!«
5. »Jeder macht Fehler. Das ist erlaubt. Ich muss und will vor allem nicht perfekt sein. Für wen auch? Das nächste Mal gewinne ich wieder! Das nächste Mal wird es wieder so gelingen, wie ich das möchte.«

Die Wurzel des Optimismus ist Angst.

OSCAR WILDE

Das Mantra als Seelenschlüssel

In Zeiten, in denen ich unstet, unausgeglichen, grantig und mit mir und der Welt unzufrieden, frustriert, unglücklich war, gab mir ein Freund einmal, sanft und milde lächelnd, einen ungefragten Rat: »Such dir ein Mantra, sprich es aus, wann immer dir danach ist, konzentriere dich darauf und versuche mit dir und dem Mantra eins zu werden!« Was sollte ich suchen? Mit mir und dem Mantra (was ist das überhaupt?) eins werden? Der hat einen Knall, dachte ich mir.

Sie sind mir hin und wieder aufgefallen, manche Mitmenschen, die sich eher selbstbewusst gaben, scheinbar in sich ruhten, überlegen wirkten, ohne dabei überheblich zu sein. Diese Menschen waren mir nicht ganz geheuer. Fallweise waren sie mir sogar ein wenig unsympathisch, wohl weil ich sie beneidete. Ich weiß auch nicht mehr genau, was es damals konkret war, was mich störte, aber diese Selbstsicherheit, die gläubige Menschen oft in sich tragen und ausstrahlen, die kam mir komisch vor. Ich meine die tatsächlich Gläubigen, nicht die Kirchenrenner, die repräsentieren wollen oder müssen. Die haben oft eine beeindruckende Souveränität, die zumindest beachtenswert ist. Vielleicht auch nachahmenswert? Wer weiß?

Mantra war das Stichwort. Ein Mantra bezeichnet laut Wikipedia »eine heilige Silbe, ein heiliges Wort oder einen heiligen Vers. ›Klangkörper‹ einer spirituellen Kraft, die sich durch meist repetitives Rezitieren im Diesseits manifestieren soll. Mantras können entweder sprechend, flüsternd, singend oder in Gedanken rezitiert werden. Im Hinduismus, im Buddhismus und im Yoga ist das Rezitieren von Mantras während der Meditation sowie im Gebet üblich.«[47]

Auch in diesem Zusammenhang geht es um Autosuggestion. Die Entscheidung, wie du formulierst und was du denkst, diese Entscheidung liegt bei wem? Richtig! Diese Entscheidung liegt ausschließlich bei dir. Überleg einmal: Du bist die Beherrscherin deiner Gedanken und damit auch deiner Handlungen. Du musst es wollen, können tust du es garantiert. Mit Autosuggestion kannst du Verhaltensweisen und Einstellungen ändern.

Ein Mantra ist ein bestimmtes Wort, das als Fokus deiner Aufmerksamkeit während der folgenden kurzen Meditation dient. Das kann auch nur ein neutrales und wohlklingendes, dir sympathisches Wort sein, wie etwa »Eins« oder »Kraft«, »Wohlbefinden«, »Seelenfrieden« ...

TIPP 38: MANTRA-MEDITATION

o Wähle dein Wort aus.

o Schaffe dir eine Atmosphäre und einen Ort, an dem du ungestört bist.

o Setz dich entspannt und aufrecht hin, schließe deine Augen und konzentriere dich in deinen Gedanken ganz auf dein ausgewähltes Mantra.

o Wenn deine Aufmerksamkeit von aufkommenden Gedanken abgelenkt wird, kehre einfach wieder zu deinem Mantra zurück.

o Mach diese Übung eine Woche lang jeden Tag, jeweils ca. zehn Minuten, und kehre danach langsam und behutsam wieder in den Alltag zurück.

o Schreibe dir dein Wort auf – auf einen Notizzettel oder ein Post-it – und befestige diesen/dieses auf dem Kühlschrank, auf dem Badezimmerspiegel oder auf deinem Nachtkästchen, damit du immer daran erinnert wirst.

Mein Glaubenssatz

Ich verwende kein Wort, ich habe einen Glaubenssatz. Diesen habe ich schon vor langer Zeit entdeckt, er ist auch nicht wirklich neu ... Aber er ist wirksam und drückt auf den Punkt genau das aus, was

Es geht mir von Tag zu Tag, in jeder Hinsicht, besser und besser!

ich erreichen möchte und werde. Schrittweise, manchmal auch nur in kleinen Schritten und – mittlerweile weißt du ja schon, wie ich ticke –, natürlich darf es dabei auch Rückschritte geben. Du kannst diesen Satz, wenn du möchtest, gerne übernehmen, ich kann dir nur eines sagen: Dieser Satz hilft dir, wenn du ihn regelmäßig denkst, fühlst, nach ihm handelst. Und du wirst in einen Zustand kommen, dass du hundertprozentig an ihn glaubst und ohne ihn nicht mehr sein willst.

Ich habe mir einen Glaubenssatz eingeprägt, der folgendermaßen lautet: »Die ständige Wiederholung einer Idee wird erst zum Glauben, dann zur Überzeugung.« Dabei geht es um eine Überzeugung, um einen sicheren Glauben, von dem man sagt, dass er Berge versetzen könne. Diese felsenfeste Überzeugung von etwas macht erst unsere Kräfte bereit, um den Wunsch, die Behauptung, die Aussage realisieren zu können. Die Werbung praktiziert dieses Denkgesetz jeden Tag, um Millionen von Menschen zu manipulieren. Schon Pestalozzi erkannte vor vielen Jahren, dass mancher etwas Gutes tue, wenn man ihm Gutes zutraue.[48]

Ganz ehrlich: am Anfang ist mir das schon ein wenig lächerlich vorgekommen, aber der Bekannte, der mir diesen Satz nahegelegt hat und damit auch die Anwendung und »Umsetzung« dieser kleinen Autosuggestion, hat mir damals versprochen, dass es »etwas« bewirken werde – nur müsste ich regelmäßig dranbleiben. Das tat ich und das Mantra tat und tut mir gut.

TIPP 39: MEIN/DEIN LEBENSQUALITÄTS-MANTRA
Der Satz lautet:
»Es geht mir von Tag zu Tag, in jeder Hinsicht, besser und besser!«
○ Nimm dir fest vor, diesen Satz/dieses Mantra mindestens fünf Mal

pro Tag jeweils fünf Mal zu wiederholen. Nicht nur gedanklich,
sondern sprich ihn auch aus!

- o Sprich ihn am Morgen aus, wenn du aufwachst.
- o Sprich ihn aus, wenn du im Bad stehst, bevor du dir die Zähne putzt
  (oder danach).
- o Sprich ihn aus, wenn du im Auto sitzt.
- o Sag ihn nach dem Mittagessen und
- o bevor du schlafen gehst!

»Es geht mir von Tag zu Tag, in jeder Hinsicht, besser und besser!«

Weihnachten – »oh Trubel, oh Leid ...?«

Nur mehr wenige Wochen, dann ist wieder Weihnachten. Du weißt
ja, wie schnell die Zeit verfliegt. Egal, wann du dieses Buch gerade
liest, sie kommt ganz sicher wieder, die sogenannte stillste Zeit des
Jahres. Wir feiern die Geburt Jesu Christi. Gefeiert, gevöllert, und
vor allem reichlich beschenkt wird bei uns meistens am Heiligen
Abend, am 24. Dezember. Am nächsten Tag feiern wir dann den
Christtag, das Hochfest der Geburt des Herrn. Und am 26. Dezember, weil es so schön war und hoffentlich immer noch ist, feiern wir
dann noch einmal. Endlich ist er da, der zweite Weihnachtsfeiertag,
das Fest des hl. Stephanus.

Sind wir bei Tante Ida oder doch bei der Maria eingeladen? Das
ist noch nicht ganz geklärt, eine Art innerer verwandtschaftlicher
Krisenherd tut sich auf, es möchte die eine oder der andere den jeweiligen Einladungskonkurrenten übertreffen und den in diesen
Tagen ohnehin vollgegessenen und sich an der Übelkeitsgrenze be-
findlichen Anverwandten und Freunden die restlichen Energien
rauben. »Das ist so und geht halt nicht anders«, habe ich seit meiner Kindheit und Jugend im Gedächtnis bzw. so lange, wie ich in
der Lage bin, mich zurückzuerinnern. Kommt dir das bekannt vor?
»Das müssen wir machen. Das gehört sich so. Wir wollen nieman-

den enttäuschen! Sie gibt sich solche Mühe. Es ist vielleicht ihr/sein letztes Weihnachten!« Durchschaust du die emotionale Erpressung, die offen ausgesprochene Drohung? Ihr/sein letztes Weihnachten. Ja, möglicherweise, das kann gut sein, nur du bist nicht schuld daran, wenn du »ihr/sein letztes Weihnachten!« nicht mit ihm/ihr gefeiert bzw. verbracht hast.

Möglicherweise trage ich da ein kleines Trauma mit mir herum. Warum ist es für viele Menschen, vor allem für Ältere, beinahe ein Zwang, Weihnachten mit den sogenannten Liebsten verbringen zu wollen? Mit jenen, die sich in vielen Fällen auch sonst nicht um sie scheren und kümmern. Nein, halt, stimmt nicht ganz, am Muttertag zwangsverpflichten sie die gute Mama ins Gasthaus. Holen sie im Heim oder von zu Hause ab, dann ab ins Gasthaus, die geliebte Mutter wird dann wie eine Weihnachtsgans gestopft, um dann nach einigen endlos scheinenden Stunden wieder abgeliefert zu werden. »Ist ja eh bald wieder Weihnachten, Mama ...« Ich weiß schon, dass ich ein wenig übertreibe – hoffentlich –, aber es gibt zahlreiche Mütter, interessanterweise weniger Väter, die über ähnliche Begebenheiten und Zustände berichten.

Apropos Weihnachtsgans: Kennst du den Film »Single Bells« und die Fortsetzung »Oh Palmenbaum«? Ein köstliches Werk, das nur zu deutlich widerspiegelt, wie es vergleichbar in der Realität abläuft. Bitte besorge dir diese Filme, unterhaltsam, berührend, nachdenklich stimmend, köstlich – und wir alle erkennen uns ganz sicher wieder. Versprochen.

Es ist nur einmal im Jahr Weihnachten. Ja, es ist nur einmal im Jahr Weihnachten. Erfreulicherweise. Wenn es so weitergeht und die Belastbarkeitsfähigkeit eine Grenze erreicht, dann wird auch das sogenannte »Weihnachts-Burn-out« als ungewünschtes Geschenk unter dem Baum liegen. Und das ist nicht ironisch gemeint. Das wird so sein und dann gilt es zu handeln. Denn das kann man nicht umtauschen. Der Weihnachtsperfektionismus wird dich zwar gefühlt, aber nicht tatsächlich in den Wahnsinn treiben, da ist noch

Platz für Belastungen ... Aber er wird dich in die Erschöpfung führen, in die leichte Depression oder sonst wohin.

Du kennst ja dieses Gefühl der Überforderung, wenn alle an dir zerren, wenn sie dich mit Wünschen, Forderungen etc. überhäufen. »Das musst du tun, das ist deine Pflicht als Ehefrau/Freundin/Mutter/Schwester usw.« Deine Pflicht? Aha. Wer behauptet das? Ich verrate dir etwas: Es gibt keine Pflicht dahingehend, dass du den Trottel markierst, dass du funktionierst, wie das die »anderen« (auch wenn es sich um die Liebsten handelt) von dir einfordern, die Leibeigenschaft ist schon lange abgeschafft.

Gar nichts ist deine Pflicht, vor allem nicht in einer Phase der Überbelastung. Es wäre vielleicht deine Verpflichtung, Hilfe für *dich* einzufordern, Unterstützung, Assistenz, das Mitanpacken aller Familienmitglieder nicht zu erbitten, sondern als eine Art Vereinbarung einzufordern. Ja, du liest richtig, als Vereinbarung. Mündlich oder schriftlich – das geht. Vielleicht wundern sich die zukünftigen »Vertragspartner« über deinen Gesinnungswandel, aber das ist ja deren Problem, oder nicht?

Du musst für dich wissen und definieren, was du möchtest. Dann kannst du den nächsten Schritt gehen – du formulierst deine Vorstellungen schriftlich. Und dann berufst du vielleicht sogar eine Art Familienkonferenz ein? Ein harmloses, geradezu liebevolles Treffen, bei dem du deine Vorstellungen, Wünsche und damit auch Ziele formulierst. Formulierst! Nicht emotional hinausschreist, verstehst du, was ich meine? Das muss gut vorbereitet sein ... Was meinst du? Das geht nicht? Warum? Es geht nicht, dass sie sich alle mit dir an den Tisch setzen und dir zuhören? Na, das würde ich mir gerne anschauen. Probier es einmal aus, auch wenn es dir anfänglich unerreichbar scheint.

Nicht, dass du mich missverstehst, ich liebe Weihnachten, ich mag diese stille, besinnliche Zeit davor, ich sehne mich nach dem Geruch von Bratäpfeln, Keksen, Glühwein, gutem (selbst zubereitetem) Essen, nach guten, harmonischen Gesprächen. Ja, das mag ich.

Was ich nicht mag, sind verpflichtende Weihnachtsfeiern (»Da musst du unbedingt hingehen, sonst schadet dir das ...«), vorweihnachtliche Trinkorgien, Punschstände, wo ich billigen, picksüßen Fusel für einen wohltätigen Zweck in mich hineingießen soll, stundenlanges Fernschauen und Zeitvertrödeln. Das mag ich nicht. Ich mag diesen Zwangs-Feierwahnsinn gar nicht.

Und die restlichen Tage bis zum Jahreswechsel geht das muntere Feiern dann weiter, bei den lieben Verwandten, Bekannten, Freunden usw. »Wir müssen uns noch vor dem Jahreswechsel sehen«, ist der wohl am meisten gebrauchte Satz in dieser Zeit. Vor dem 24.12. freilich heißt es: »Wir müssen uns unbedingt vor Weihnachten noch sehen. Unbedingt!« Warum unbedingt? Warum die Betonung auf diesem einen Wort? Das habe ich nie verstanden. Warum müssen »wir« (wer immer wir auch sind) uns unbedingt *vor* Weihnachten noch sehen, treffen, abschnuddeln, gemeinsam trinken und essen? Warum nicht danach? Nach dem Jahreswechsel? Ganz entspannt – vielleicht ... Dann werden die Tage wieder länger, dann wird es wieder heller.

Wir eilen der eigenen Zeitwahrnehmung voraus. Wir hetzen in Gedanken dahin, es raubt uns beinahe die Luft zum Atmen, wenn wir an das Kommende denken. Empfindest du auch ein wenig Druck, wenn du an Weihnachten denkst? Ich meine nicht die Zeit der Bratäpfel, des Keksebackens, des Nachdenkens, des Innehaltens, der »Selbst-Kümmerung« (schönes Wort, gefällt mir, ist mir erst jetzt eingefallen). »Selbst-Kümmerung« im Sinne von: Ich möchte *mir* Gutes tun. Ich kümmere mich um mich und stelle mir auch die berechtigte Frage: »Was tue ich mir an? Was gönne ich mir Positives in den Bereichen Körper, Seele, Geist?« Wobei die Reihenfolge dir überlassen bleibt.

Diese Kombination von Seele, Körper, Geist sollte ausgewogen bedient werden. Dann herrscht »Wohlstand« in deinem Leben. »Es steht wohl in meinem Leben« heißt doch übersetzt so viel wie »Es geht mir gut.« Und das ist ein anstrebenswertes Ziel: *Es geht mir gut.*

Geht es dir gut? Bist du zufrieden? Diesen Begriff des Zufrieden-
seins könnten wir auch wieder inhaltlich und philosophisch zer-
pflücken, aber du weißt, was ich meine. Zufriedenheit, Glück oder
zumindest Glücksmomente, eine positive Einstellung dem Leben
und vor allem mir gegenüber. Das ist doch ein Ziel.

TIPP 40: WEIHNACHTSPLANUNG

Überlege, was dich am letzten Weihnachtsfest bzw. an den Vorbereitungen gestört hat. Schreib dir die verschiedenen Punkte auf (Geschenke in
letzter Minute, Einkaufen am 24.12. am Vormittag, das und jenes wurde
vergessen usw.).

1. Mach einen konkreten Plan, wie Weihnachten ablaufen soll und wird –
   wenn es nach dir geht:
2. Wie viele Weihnachtsfeiern musst/sollst und möchtest du besuchen?
3. Welche Bedeutung hat der Satz »Wir müssen uns vor Weihnachten
   unbedingt noch treffen« für dich? Was könntest du konkret
   machen/sagen, wenn du das nicht möchtest?
4. Was passiert am 24.12.? Mit wem feierst du? Bist du die »Hauptak-
   teurin« oder könntest du andere Fest-Teilnehmer zu diversen Tätigkeiten einteilen? Bringst du das über dein perfektionistisches Herz?
   Musst du für alle kochen? Musst du alleine das Haus/die Wohnung
   putzen? Musst nur du dekorieren, den Baum aufputzen? Ja?
   Du musst das alles erledigen? Wer sagt das? Weil es immer so war?
   Das kannst du ändern. Aber nicht am 23.12.
5. Mach einen Plan für den 24.12. – mit allen oben genannten Punkten
   und mehr, falls dir weitere einfallen! Diesen Plan erstellst du jetzt
   oder spätestens morgen und wirst ihn als Stichwort »Weihnachtsplanung 24.12.« in deinen Kalender/Zeitplaner eintragen. Dann
   bekommen alle Beteiligten (auch die Jungen und die Älteren!) einen
   freundlichen Brief oder eine freundliche E-Mail (besser ist der Brief!)
   von dir, mit deinen persönlichen (nicht emotionalen) Gedanken und
   Vorsätzen. »Liebe X, es ist für eine gute Planung nie zu früh, deshalb
   schreibe ich dir heute schon ... Noch drei Monate, dann ist es wieder

so weit ... Es wird heuer zu Weihnachten kleine Veränderungen im Ablauf geben, vor allem was die Vorbereitungen betrifft, und ich gehe davon aus, dass du das verstehst und ich möchte sehr, dass auch du mich dabei tatkräftig unterstützt!« So ähnlich ... Freundlich, nicht emotional! Ja nicht: »Ich bin nicht mehr der Trottel für alle ...« Nein! Verwende »Ich«-Formulierungen, wie: »Ich möchte«, »Ich werde« usw. – verstehst du, was ich meine?

6. Erstelle einen konkreten Plan, die diversen Einkäufe betreffend (Essen, Trinken, Geschenke, Deko etc.) – wer besorgt was wann? Teile ein! Wie oft schleppen, zumeist die Frauen, am letzten Tag noch Prosecco, Mineralwasser-Kisten, Bierkästen etc. an, weil man das ja leider vergessen hat? »Man«! Wer ist »man«? Kerzen, Sternspritzer, passende Weihnachtsmusik etc. – mach dir eine Liste, was alles benötigt wird, leg dir ein Weihnachtsfach im Keller, in der Garage, im Kasten an und besorge alles schon Wochen bis Monate vorher. Vielleicht gestaltest du auch das Weihnachtsessen am 24.12. ein bisschen leichter? Etwas weniger? Das dürfte ohne Weiteres machbar sein. Im Normalfall verhungert bei uns keiner zu Weihnachten, auch wenn man beim Einkaufen vorher öfter den Eindruck hat, dass manche das befürchten.

7. Kekse – müssen die sein? Okay, eher schon, aber die Kekserl könnte man doch auch schon Anfang Dezember backen, sie schmecken auch besser, wenn sie vor Weihnachten gegessen werden. Oder kennst du viele Menschen, die nach dem 27.12. noch einen Keks hinunterbringen? So nebenbei – man kann und darf sie auch kaufen, es gibt fantastische Bäcker, die Kekse zu einem durchaus erschwinglichen Preis in herausragender Qualität herstellen.

8. Planung für den 25.12. und den 26.12.: Müssen sich die Verwandten unbedingt (weil Tradition!) an drei/vier/gar fünf aufeinanderfolgenden Tagen in der zumeist selben Besetzung an unterschiedlichen Orten treffen? Am 24.12./25.12./26.12./27.12./28.12. – Vorsicht und Achtung: Silvester steht vor der Tür ... Ist das unbedingt notwendig oder gibt es dann einen Familienkrach? »Das kannst du nicht machen?«, »Oiso, zu

mir müsst ihr unbedingt auch kommen« ... Bei uns im Osten Öster-
reichs gibt es den Brauch des Christbaumschauens. Das ist die Um-
schreibung dafür, dass wir noch mehr Selchfleisch, fette Grammeln,
Salate (fette!), Kekse, Kuchen, Torten etc. in unsere ohnehin schon
beschädigten Organe hinunterwürgen dürfen. Oder müssen. Ich hätte
eine machbare Lösung anzubieten: Organisiere eine gemeinsame,
große Familienparty! Eine. Und aus. Das geht und ist eine Riesenhetz,
alle sind relativ gut drauf (weil alle mit vorbereitet haben ...) – sie
sind eher entspannt, weil sie mitverantwortlich und mittätig sind und
waren. Wir müssen den ach so Heiligen Abend nicht ausschließlich im
intimen Kreis nur mit Oma und Opa feiern, nein, da könnten auch andere, die uns lieb und wert sind, mit dabei sein. Jene, die uns lieb und
wert sind! Andere lade gar nicht (mehr) ein. Auch ein kleiner Tipp ...
Das wäre doch eine Überlegung wert, oder nicht?

9. Christbaum und Deko: Kauf den Baum nicht im letzten Moment, schon
gar nicht am 24.12. Sie werden auch nicht viel günstiger, nein, stimmt
nicht ganz, so ab 15 Uhr am 24.12. werden sie dann verschleudert, so
der Christbaummann noch da ist. Kauf den Baum zehn Tage vorher
und stell ihn auf den Balkon oder in den Garten. Lass dir das Holzkreuz anpassen, sodass er gerade steht – vergiss die Christbaum-
halterungen, die nur viel Platz wegnehmen und nicht billig sind, nimm
das einfache Holzkreuz, verwahre es nach Weihnachten und nimm
es beim Einkauf des neuen Baumes wieder mit. Lass es dir vom
Verkäufer anpassen, er wird es machen, wenn du ihn freundlich
darum bittest. Aber notiere den Einkaufstermin in deinem Kalender:
15.12., Christbaum kaufen. Holzkreuz befindet sich, wo auch immer.
Schreib es auf!

Jahreswechsel – Neubeginn?

Ab dem 1. Jänner werde ich nicht mehr rauchen. Ab Neujahr achte
ich auf meine Gesundheit. Nach Silvester bemühe ich mich, meinen
Alkoholkonsum zu kontrollieren, mehr zu laufen, ein besserer

Mensch zu sein, nicht mehr auszuflippen, im Büro keine Bleistifte und Kugelschreiber mehr mitgehen zu lassen, an der Kassa im Supermarkt keine Schokoladen mehr einzustecken ohne sie zu bezahlen usw. usw. usw. – alles das ab Neujahr. Im Übrigen sind die angeführten Punkte Metaphern für alle möglichen Mitmenschen – nicht, dass du herumerzählst, dass ich Schoko klaue oder Bleistifte einstecke im ORF. Oh mein Gott.

Mit dem Jahreswechsel ändere auch ich regelmäßig wenige alte Gewohnheiten, wobei mir der Zeitpunkt des Jahreswechsels und der Beginn des neuen Jahres rein von der Symbolik her gut gefallen. Man kann das Alte hinter sich lassen, man kann sich von Gutem und auch weniger Gutem verabschieden, eine Idee wäre auch, innezuhalten und Bilanz zu ziehen. Frag dich in einer ruhigen Stunde, in der du dich zurückziehst und vielleicht eine Kerze anzündest und auch einen Duft deiner Wahl verströmen lässt (Teelicht oder Vernebelungslampe): »Was war besonders gut? Was war schlecht? Was war eine Krise, wie habe ich sie bewältigt? Habe ich sie bewältigt? Was habe *ich* gut gemacht? Was habe ich mir gegönnt? Habe ich mir genug Zeit für mich genommen? Habe ich getan/gesagt, was ich machen/sagen wollte?« Führe ein Zwiegespräch mit dir und notiere dir, wie in einem Erlebnisaufsatz mit dem Thema »Mein Jahr 2015« oder »Mein Jahr 2016«, je nachdem, deine Höhe- und auch Tiefpunkte. Der Jahreswechsel ist auch die Zeit, um das Neue ins Auge zu fassen, die Zukunft: ein Neubeginn.

TIPP 41: MEIN JAHRES-RÜCKBLICK

o Zieh dich eine gute Stunde zurück.

o Schaffe dir eine angenehme Atmosphäre.

o Zünde, wenn du magst, eine Kerze an oder ein Teelicht mit deinem Lieblingsduft (Zitrusdüfte eignen sich gut für Bilanzen …).

o Schließe die Augen und atme regelmäßig und tief durch die Nase ein und durch den Mund aus – konzentriere dich auf deinen Atem und atme bewusst zehn Mal ein und aus.

- Dann öffne die Augen und denk einige Monate zurück, denk vielleicht an den letzten Jahreswechsel, was du dir vorgenommen hast.
- Denke an die Highlights dieses Jahres: Was hast du gut gemacht, was hast du gemeistert, mit welchen Anforderungen bist du gut fertig geworden, was hast du privat, beruflich geschafft?
- Hast du dir Zeit gegönnt?
- Was würde ein Mensch, der dich – so wie du bist – liebt, über dich und dein vergangenes Jahr erzählen?
- Was nimmst du aus den nicht so guten Erlebnissen des vergangenen Jahres mit? Hast du etwas gelernt daraus?

Lebensnotwendige Bewegung im Freien

Energie ist Brennstoff und Sauerstoff. Das kennen wir ja schon. Das heißt, wir sind dann energiegeladen, wenn wir genügend Nahrung zuführen und diese entsprechend verbrennen. Körperliche Bewegung sorgt dafür, dass wir uns gut bzw. besser fühlen. Einerseits bauen wir Stress ab, andererseits verbrennen wir Kalorien und gefährden uns nicht mit Adipositas (Fettleibigkeit), außerdem erfreuen wir uns an der Schönheit der Natur, wir reduzieren die Anspannung unserer Muskeln, wir dehnen und wärmen den gesamten Bewegungsapparat auf und wir fördern die Ausschüttung von Endorphinen, also Glückshormonen. Muskeln werden aufgebaut, das Gehirn durchblutet, Herz und Kreislauf werden aktiviert usw.

Wir Menschen sind ursprünglich dazu geboren, uns zu bewegen, und nicht, wie erstarrt stundenlang vor PC-Bildschirmen oder TV-Geräten, Spielkonsolen etc. zu sitzen. Ich beobachte manchmal Kinder, meistens die der eigenen Verwandtschaft und vor allem die

Was man zu verstehen gelernt hat,
fürchtet man nicht mehr.

MARIE CURIE

eigenen. Manchmal schießt dabei ein Gedanke durch mein Gehirn: »Was wäre, wenn *ich* mich den ganzen Tag so bewegen würde wie unsere Sophie? Oder der Moritz? Oder die Marie und der Hansi? Was wäre, wenn?« Ich sage dir, was wäre: Ich würde nach einer halben Stunde vermutlich an den Folgen eines Kreislaufkollapses zusammenbrechen. Unsere Kinder bewegen sich pausenlos. Schon beinahe krankhaft. Rennen von A nach B und wieder nach A, manchmal nach C. Klettern auf Bäume (ein Wahnsinn!), spielen Basketball, schwimmen dann zur Erholung schnell einmal ein Stündchen, springen dazwischen gefühlte 500 Mal ins Becken, müssen aber immer wieder herauskrabbeln und erholen sich nach dem Wasserabenteuer zwei Stunden beim Fußballspielen. Sie schauen auch fern, sie haben auch ihre Spiele und ihre Play-Station und ähnlichen Schwachsinn. Aber zeitlich vorgegeben und damit limitiert.

Spazierengehen hassen sie übrigens. Das haben sie genetisch von mir mitbekommen. Ich denke an zweifelhaft tolle Wanderungen mit meinen Eltern, zumeist an den Wochenenden, in Tirol zurück und mir fallen immer noch diese almrauschbedeckten Wiesen ein (Almrosen hießen damals Almrausch ...), das mochte ich gar nicht, weil meine Mutter in einer gewissen Almrauschgier immer stehen blieb und die damals – noch nicht geschützten – Pflanzen liebevoll betrachtete und genauso liebevoll abschnitt, um sie dann noch einmal liebevoll und geradezu fürsorglich einzupacken. Und das dauerte ...

Wie ist es für dich, zu wandern, von A nach B zu gehen, ohne eigentlichen Sinn? Ich weiß ganz sicher, dass für manche Wandern und Spazierengehen scheinbar sinnlose Tätigkeiten sind, für ganz wenige sogar ein Gräuel. Ich gehöre beinahe zu diesen »ganz wenigen«. Man geht also »hinaus« und wandert scheinbar sinnlos in der Gegend herum. Ja, so schaut es in etwa aus, wenn man von vorneherein mit dieser Grundeinstellung, die die eigene Bequemlichkeit, die eigene Starre und Unflexibilität dominieren lässt, hinausgeht. Oder hinauswankt. Benebelt vom vielen Alkohol, beschwert vom vielen Essen, betäubt vom vielen TV-Konsum. Müde und schlapp, energielos vom vielen Herumliegen. Weil man ja so erschöpft ist ... Wovon, frage ich mich? Wovon sind Menschen, die nicht schwer körperlich arbeiten, erschöpft? Bitte sag jetzt nichts. Ich rede nicht von jenen, die müde sind, träge, manchmal auch geschlaucht von stundenlanger Schreibarbeit (apropos ... ☺), oder die schlicht und einfach nicht mehr wollen. Das ist alles akzeptabel.

Aber es hilft nur eines: Hinaus in die Natur! Das ist ein absolutes Allheilmittel gegen Müdigkeit und Lustlosigkeit, egal ob es witterungsbedingt schön (was ist schön?) ist oder regnet oder nebelig. Es gibt kein schlechtes Wetter, sondern nur unpassende Kleidung. Menschen, die sich oft schlapp, energielos, schwach, antriebslos fühlen, haben ihre Batterien nicht aufgeladen. Prosecco und Zigaretten sind da das falsche Doping. Das hat leider den gegenteiligen Effekt von Frische und Vitalität. Mach es ganz einfach! Und du wirst sehen bzw. spüren, wie gut du dich nach einem ausgedehnten Spaziergang fühlst. Stundenlange sportliche Betätigung in geschlossenen Räumen bringt dir einen Bruchteil an Lebensqualität verglichen mit ausreichender Bewegung an der frischen Luft.

Warum sind manche Menschen die ganzen Ferien über, den ganzen Urlaub lang müde? Weil sie nicht hinausgehen. Weil sie bis 11 oder 12 Uhr schlafen, danach ausgiebig essen, danach wieder ruhen, dann die Kaffeejause mit Kuchen, danach Fernsehen bis zum »Geht nicht mehr« und dann gehen sie schlafen. Da werde ich schon alleine beim Beschreiben müde ... Ich habe eine Idee: Ich geh eine Runde, obwohl es draußen schon finster und kalt ist. Wie gesagt – es gibt kein schlechtes Wetter ... Bis später.

45 Minuten später: So, fein war's, ein bisschen kalt, aber jetzt bin ich wieder frisch und kreativ. Hoffentlich. Das Hauptproblem an unserer Nicht-Bewegungslust ist die Tatsache, dass wir nicht mehr jagen und sammeln. Die bewegungsarme Lebensweise unseres modernen Lebens bricht mit der Natur und stellt eine der größten Gefahren für unser langfristiges Überleben dar. 65 Prozent der ameri-

kanischen Bevölkerung sind übergewichtig oder fettleibig, bereits 10 Prozent haben Typ 2 Diabetes, eine vermeidbare und zerstörerische Krankheit, die auf Bewegungsarmut und falsche Ernährung zurückzuführen ist. Inzwischen nimmt diese Krankheit geradezu epidemische Ausmaße an. Und das in der gesamten entwickelten Welt, das ist nicht nur ein Merkmal des überdimensionierten Lebensstils in den Vereinigten Staaten. Noch beunruhigender ist, dass die Bewegungsarmut auch unser Gehirn umbringt, da sie es physisch schrumpfen lässt. Körperliche Bewegung ist entscheidend dafür verantwortlich, wie wir denken und wie wir uns fühlen.[49]

Bewegungslust aktivieren

Im Folgenden möchte ich dir ein paar Mental-, aber auch Power-Coaching-Tipps geben, wie du deine Bewegungslust aktivieren, aufwecken oder überlisten kannst. Voraussetzung ist, dass du gesund bist. Lass dich durchchecken. Es geht um dich! Es schadet, so nebenbei bemerkt, niemandem, auch nicht den tatsächlich oder vermeintlich Gesunden, wenn sie sich einmal Zeit für sich nehmen und ihren physischen Gesamtzustand überprüfen lassen. Geh zum Arzt deines Vertrauens und plane genügend Zeit ein. Beim Auto und den regelmäßigen Checks tun dir Geld und Zeit ja auch nicht leid ... sonst würdest du es ja nicht so brav machen. ☺

TIPP 42: ENERGIEREICH DURCH FRISCHE LUFT
- Vergiss den Zeitmangel als Gegenargument!
- Vergiss jedes Gegenargument, außer du bist krank!
- Mach es ganz einfach und tu die ersten Schritte hinaus. Bewusst und ohne mit dem Schweinehund zu diskutieren!
- Nimm dir jeden Tag mindestens 30 Minuten Zeit – plane sie in deinen Tagesablauf ein und geh hinaus – in der Früh, zu Mittag, am Nachmittag oder am Abend.
- Bei jedem Wind und Wetter, ob kalt oder warm.

- Zieh dich ausreichend geschützt an.
- Und gehe mindestens 30 Minuten – d.h. 15 Minuten weg von deinem Wohnort, damit hast du einen Rückweg von 15 Minuten = 30 Minuten.
- Oder vielleicht länger.
- Die Erfolgs-Geheimnisse sind dein Tun und die Regelmäßigkeit.

Selbstmotivation

Kennst du die Situation: Du musst etwas tun, erledigen, machen – und du hast absolut keine Lust dazu. Du willst einfach nicht, es macht dich unrund und manchmal sogar leicht aggressiv, wenn du daran denkst, und du schiebst diese Tätigkeit mit einem intensiven »Ich mag nicht«, oder »Nein, heute garantiert nicht«, »Ich will nicht, nein, ausgerechnet heute ...« vor dir her. Du kannst dich nicht überwinden aufzuräumen, oder in meinem Fall mich an den PC zu setzen und mein Buch weiterzuschreiben, oder Sport zu treiben ... Es gibt sie, die Tage, an denen man sich nicht motivieren will oder auch nicht motivieren kann. Wenn das ab und zu passiert, ist das absolut in Ordnung, nur dürfen diese Tage – zugunsten deiner Lebensqualität – nicht überhand nehmen. Verstehst du, was ich meine? Dann wird der Ballast der nicht erledigten, aufgeschobenen oder gar stornierten Tätigkeiten und Aktivitäten so groß, dass allein das Denken daran schwerer wiegt als das mögliche Tun.

Man neigt als Mensch auch dazu, zu erledigende Dinge durch andere Tätigkeiten zu ersetzen. Ich habe an mir beobachtet, dass ich mein Auto waschen sollte, auch eine Innenreinigung wäre ganz ratsam gewesen. Ich mag Autoputzen jetzt nicht so wahnsinnig gerne, mir ist es nicht so wichtig, ob es blitzt und glänzt, dreckig sollte es freilich auch nicht sein. Für einen Moment überlegte ich, dass ich das Auto ja auch in der Innenstadt, in der sauteuren Tiefgarage reinigen lassen könnte. Da warten junge Männer geradezu aufgeregt darauf, diese Tätigkeiten auszuführen. Während ich möglicherweise mein Geld in den noblen Geschäften ausgebe. Warum fällt mir jetzt die Wurstsemmel beim Meinl am Graben ein, die ich vor Jahren im Heißhunger dort erstanden habe? Ich glaube, ich habe damals fünf Euro für eine Semmel mit Kalbspariser und Gurkerl bezahlt. Das war übrigens mein erster und vermutlich letzter Besuch in diesem Gourmettempel. So ähnlich verhält es sich, was das Preis-Leistungs-Verhältnis betrifft, bei der kurz angedachten professionellen Autoreinigung. »Normale Wäsche«: günstig, lediglich 12 Euro. Allerdings ohne händische Nachbereitung. Mit Fußraum saugen und Heißwachs wird's schon spannender: 33 Euro. Sehr spannend finde ich den Posten »Innenaufbereitung mit Trockeneis« – das kostet 250 Euro. Irgendwie klingt das nach der Preisliste eines anderen Dienstleisters in einem völlig anderen Gewerbe ... Fazit: Ich wasche und reinige meine Karre selbst. Und sauge auch, allerdings ohne Trockeneis.

TIPP 43: DER 5-MINUTEN-START-TRICK

o Du triffst mit dir selbst eine Vereinbarung.

o Nimm eine Stoppuhr und stelle 5 Minuten ein.

o Du führst die anstehende Tätigkeit jetzt genau 5 Minuten lang durch.

o Nach 5 Minuten hörst du kurz auf.

o Und jetzt entscheidest du, ob du weitermachst oder nicht.

Was wird passieren? In 95 Prozent der Fälle wirst du dich ziemlich sicher für eine Fortsetzung der Tätigkeit und damit für einen Abschluss entscheiden. Dieser positive Abschluss räumt deine Gedanken über die verschobene, ungeliebte, nicht erledigte Tätigkeit beiseite. Das bereitet dir das angenehme Gefühl des Geschafft-Habens, des Getan-Habens, des Erledigt-Habens.

Aufschieberitis

Ich habe schon in meinem Buch »Nicht ohne meinen Schweinehund« ein paar Seiten zum Thema »Aufschieberitis« geschrieben.

Mir ist der Begriff an sich sympathisch. Weil er Trägheit, Undiszip-liniertheit, Bequemlichkeit in sich birgt. Weil er etwas leicht Ge-mütliches an sich hat. Warum muss es heißen: »Was du heute kannst besorgen, das verschiebe nicht auf morgen!« Warum? Oder in einem Liedtext der erfolgreichen Gruppe »Glasperlenspiel«: »Was du heute kannst besorgen, das schiebst du ganz entspannt auf morgen!« Das ist ja noch einmal eine Spur intensiver ... Das Lied heißt übrigens »Geiles Leben«.

»Prokrastination« ist der wissenschaftliche Begriff für das chro-nische Aufschieben. Dieses Wort baue ich übrigens ganz gern bei meinen Vorträgen ein, um ihnen einen leicht intellektuellen An-strich zu geben, es klingt gut, man merkt es sich auch relativ leicht, wenn man es oft genug wiederholt und daran denkt. ☺Prokrastina-tion. Mein Gott, ich leide an einer geradezu wahnsinnigen Prokras-tination! »Welche Krankheit haben Sie?«, heißt es dann manchmal. Versuch es, ist lustig! Zurück zum springenden Punkt: Ich ver-schiebe gerne – wenn es passt. Wenn du freilich unerledigte Dinge, Aufgaben, Vorsätze, Pläne oder scheinbare »Belastungen« herum-kugeln und herumliegen lässt, *aber* jedes Mal, wenn du an sie denkst oder sie siehst, ein unangenehmes bis beklemmendes Ge-fühl verspürst, dann könntest, solltest du tätig werden. Und da greift der Schweinehund ein: »Oh je, das ist jetzt gerade lästig, warum jetzt?« Kennst du das? Sowohl die eine Stimme als auch die andere? Ich glaube, dass es dir besser gehen wird, wenn du die uner-ledigte, zum Teil lang hinausgeschobene Aufgabe erfüllst, ganz ein-fach machst, ohne Wenn und Aber.

Da habe ich eine gute Technik für dich, die nichts mit einem Mental-Tipp zu tun hat, sondern schlicht und einfach in den Be-reich des Power Coachings einzuordnen ist. Die *Grow*-Methode. Diese besteht aus einer Fragenfolge aus vier Bereichen: 1) *Goal* Setting: Das Ziel deiner Aufgabe wird festgelegt – welche Sache will ich erledigen? 2) *Reality* Check – die momentane Situation (in Bezug auf meine Aufgabe) wird analysiert, 3) *Optionen* prüfen (Möglichkeiten) – hier werden Fragen erörtert wie »Was brauche ich alles, um mein Ziel zu erreichen?« Und 4) die W-Fragen: wie, was, wer, wo, wann ...[50]

Ich habe die *Grow*-Methode ein wenig modifiziert kennengelernt, mit den drei Punkten R (Reality), O (Optionen) und G (Goal/ Ziel). Es geht um die Frage: Welche – schon lange aufgeschobenen – Tätigkeiten möchtest du in naher Zukunft *endlich* erledigen?

TIPP 44: ENDLICH ERLEDIGT!

Bitte schreibe mindestens fünf Punkte auf (z.B. Küche putzen, überflüssige Kleidung aussortieren, Garage aufräumen, Auto waschen, Briefe schreiben ...), die dir schon länger auf die Nerven gehen, an die du öfter denkst ... weil du sie nicht erledigst.

1. ....
2. ....
3. ....
4. ....
5. ....

Wähle aus den fünf Punkten jenen aus, der dir am dringlichsten erscheint. Was möchtest du als erstes erledigen?

....

Danach bereite ein weiteres Blatt Papier bzw. eine neue Seite vor, auf der du die folgende Unterteilung (siehe Tabelle nächste Seite) vornimmst. Du kannst das – wenn du möchtest – auch hier ins Buch schreiben (vielleicht mit Bleistift). Fülle eine Spalte nach der anderen, beginne mit »R«, gehe dann zu »O« und zu guter Letzt zu »G« – und nummeriere die Punkte in der Reihenfolge ihrer Priorität.

Reality	Optionen (guten Start finden)	Goal
Was ist das Problem bzw. die Arbeit?	Was ist alles zu tun?	Wie ist es nach getaner Arbeit?

Und jetzt am Schluss beantworte bitte – schriftlich – folgende Fragen:

- Wann wirst du die Aufgabe erledigen?
- Welche Hindernisse gibt es?
- Schau in deinen Kalender und trage den Termin (Datum/Uhrzeit/ Zeitraum) als Pflichttermin ein!
- Blockiere diesen Termin für alles andere!
- Mach mit deiner (Handy-)Kamera ein »Vorher«/»Nachher«-Foto zum Beweis für dich!

Heilfasten

Ich war heilfasten. Das war eines der vielen Selbstexperimente in meinem Leben, von dem ich eine leise Ahnung verspürte, dass es mir guttun würde. Ich war Heilfasten in Pernegg im Waldviertel in Niederösterreich. Die Homepage ähnelt anderen derartigen Institutionen, verspricht Ruhe, Entschleunigung, Erholung, Entgiftung, Innehalten, viel Wasser und Tee, wenig bis nichts zum Essen, nur Gemüsebrühe etc. Spartanische, saubere Zimmer, eine fast mystische Umgebung und Gruppendynamik. Das halte ich schon rein von der Vorstellung her nur schwer aus, das Sein in der Gruppe. Gemeinsam meditieren, in die Kirche gehen, spazieren gehen, Gemüsebrühe löffeln etc. – wie gesagt, von der Vorstellung her. In der Praxis war es absolut in Ordnung. Wertschätzende, durchaus sympathische Teilnehmerinnen, eine sehr empathische, in sich ruhende Gruppenleiterin oder Kursleiterin, ja, es war ganz okay.

Im Vorfeld bekommt man einen Informationsbrief, in dem steht, was man alles tun sollte und mitbringen müsste und wie es in etwa dort abläuft. Ich war mit allen Punkten innerlich einverstanden, nur da war Punkt 7, der mich nervös machte: »Bringen Sie einen Irrigator mit.« Einen was? Ich googelte »Irrigator« und erhielt die phantasieanreichernde Erkenntnis, dass es sich um ein Einlaufgerät handelt. Ich sollte ein Einlaufgerät mitnehmen? Tat ich natürlich nicht, wozu auch. Dort, im Kloster, kam ich dann drauf, dass das absolut notwendig ist, schon an der Rezeption legte man mir den Erwerb desselbigen nahe, das bräuchte man, hieß es, wenn die ersten Tage der Entgiftung vorbei wären. Ich will dir das jetzt anatomisch ersparen, warum und wie und überhaupt. Man muss es ganz einfach machen. Leicht befremdlich, aber doch – zumindest für mich – unterhaltsam war, dass manche Teilnehmer völlig ungeniert und im wahrsten Sinn des Wortes befreit, zu Mittag beim Löffeln (!) des köstlichen Glases Obst/Gemüsesaft (über 180 Löffelschläge – dauert ca. 20 Minuten) über zwei Hauptthemen sprachen: über köstliche Rezepte und Speisen, die wir ja dort nicht bekamen (Heil*fasten!*), und über ihre Einläufe. Wie, was, warum, wie oft, wie lange usw., man bekam Hilfetipps, gerade, dass einem nicht unmittelbare Unterstützung angeboten wurde. Irrigator, diese Vorrichtung und vor allem ihr Name irritierte mich leicht. Aber man schlittert, auch was dieses Thema betrifft, sehr bald in eine Art Normalität hinein, das dürfte an der Macht der Gewohnheit liegen.

Die Vorstellungsrunde am ersten Abend werde ich nie vergessen. Jede und jeder wird herzlich eingeladen sich vorzustellen, wer man sei, woher man komme, warum man hier sei, welche Ziele man damit verfolge. »Mein Name ist Wolfram, ich lehne Fasten innerlich eher ab, ich trinke auch ungerne überdurchschnittlich viel Tee, ich esse wahnsinnig gerne, Spazierengehen in der Gruppe verursacht mir leichte Panik. Meditieren? Auch nur im äußersten Notfall. ☺ Also ich überlege mir gerade, was mache ich da?« Ich sagte das halb im Ernst und natürlich auch ein wenig im Spaß. Die anderen schmunzelten zum Teil, erzählten ihre Geschichten – da war ein Ehepaar, die nahmen sich zwei Zimmer, der Einläufe wegen ... Eine andere Dame meinte, sie wolle in dieser Woche sehr viel schweigen. Das war die, die dann (außer mir) am meisten geredet hat.

Alleine, dass du relativ viel Geld für eine Woche in einem Einfach-Zimmer, mit einem Glas Obst/Gemüsesaft und einer schrecklichen Tasse Gemüsebrühe am Abend (wird auch langsamst gelöffelt) ausgibst, das ist kurios. Aber es tut gut, es ist gesund und allemal einen Versuch wert. Diese Gemüsebrühe, ohne feste Inhaltsstoffe, ungewürzt, nicht eine klitzekleine Prise Salz – den grauenvollen, modrigen, kohligen Geruch habe ich heute noch in der Nase.

Nach dem Einchecken, am Weg ins Zimmer, las ich auf einem Schild: »Versuchen Sie auf dem Weg ins Zimmer zu schweigen!« Wie, was? Ist ja eh keiner da, mit dem ich reden könnte. Schweigen – das ist schwierig für mich. Okay, ich schwieg am Weg ins Zimmer. Dort angekommen wollte ich reden und rief ich weiß nicht mehr wen an, bzw. wollte ich anrufen. Keine Chance, kein Empfang. Internet und Handyempfang ausschließlich in der Nähe der Rezeption. Das machen die absichtlich, was denkst du? Ich redete also mit mir selbst.

Mittwoch war Schweigetag. Da gingen wir aneinander vorbei, ohne zu sprechen, wie sahen uns schon an, manche nickten auch durchaus freundlich, wissend, geradezu huldvoll in die Richtung des jeweils anderen, aber sie schwiegen. Das war lustig. Einer, der Lästige, flüsterte mir unbeobachtet zu: »Was soll der Schaas? Willst du auch schweigen?« Ich nickte und er verstand. Ihm gegenüber wollte ich schweigen ... Das wäre übrigens ein probates Mittel gegenüber Menschen mit Sprechdurchfall: Schweigen. »Ich habe heute meinen Schweigetag – bitte nicht ansprechen!«

Mir hat's getaugt, ich weiß nicht, ob ich »es« wieder machen werde, aber es war cool, ich las jeden Tag mindestens ein Buch, tat meiner Leber Gutes in Form des täglichen Leberwickels, gefühlten 50 Tassen Tee pro Tag und stillem Wasser in rauen Mengen. Ich habe dort meditiert, war in der Kirche, ging spazieren und nützte meine Zeit. Und hatte viel nachzudenken, vor allem über mich. Und das war teilweise erleuchtend, teilweise auch ernüchternd.

Wenn du nicht gleich die »Hardcore«-Variante zum Thema Entgiften, Entschlacken, Entschleunigen wählen möchtest, dann würde ich dir gerne drei sanfte Tage vorschlagen, die ich auch des Öfteren praktiziere – keine feste Nahrung, viel Wasser, Kräutertee, Gemüsesuppe usw. (kein Irrigator ...), und du wirst eine merkbare Veränderung in dir spüren.

TIPP 45: DREI SANFTE TAGE

o Plane drei Tage für dich ein – vielleicht schon Wochen im Voraus – Tage, an denen du dir Gutes tun wirst.

o Gut ist es, wenn du die »sanften Tage« im Urlaub machst, wenn du arbeitsmäßig nicht belastet bist.

o Die Devise lautet: leichte/flüssige Ernährung und viel frische Luft.

o Besorge dir wohlschmeckende Kräutertees, ausreichend Suppengrün, Gemüse, Obst.

o Bereite einen Mixer/Smoothie-Maker oder Ähnliches vor – falls du keinen hast, kauf dir einen (du wirst ihn auch künftig verwenden).

o Verzichte in diesen Tagen auf feste Nahrung, Kaffee, Früchtetee, Mineralwasser, Zigaretten.

Möglicher Ablauf:

o In der Früh trinkst du ein bis zwei Tassen Kräutertee – langsam, in kleinen Schlucken, bewusst!

o Du trinkst über den Tag verteilt zusätzlich mindestens 2 bis 3 Liter Leitungswasser – schluckweise, langsam, ohne Zwang.

o Zu Mittag bereitest du dir eine Obst/Gemüse-Auswahl nach deinem Geschmack zu – Äpfel, Birnen, Trauben, Gurke, Zucchini ... was du willst – gerne auch eine Banane (die das Ganze sämiger und wohlschmeckender macht), gibst alle Zutaten in den Mixer oder Smoothie-Maker – mixt alles gut und genügend lange durch, bis ein wohlschmeckender, nicht zu dicker Brei entsteht und löffelst (!) diesen

191

achtsam und langsam. Beschäftige dich nur mit dem »Essen«,
mit sonst nichts!

o Am Nachmittag trinkst du wieder Tee und Wasser, um das
Hungergefühl nicht aufkommen zu lassen.

o Am Abend schließlich bereitest du dir eine wohlschmeckende Brühe
aus frischen Gemüsesorten vor, lass sie ausreichend kochen und
seihe die Gemüsebrühe ab. Diese darfst du auch mit wenig Kräuter-
salz würzen (nicht zu viel) – die völlig ungewürzte Brühe mag ich
gar nicht, das ist zu heftig ... Dann löffle die nicht zu heiße Brühe
langsam und achtsam. Beschäftige dich während des Essens nur
mit dem Essen! Keine Zeitung, kein Buch, kein Fernsehen!

o Achte darauf, dass du in dieser Zeit der Entgiftung keine Süßigkeiten
zu Hause hast und auch keine verführerischen Lebensmittel im
Kühlschrank! Du kannst durch bewusstes Einkaufen (auch außerhalb
dieser drei Tage) viel für dich tun. Geh niemals hungrig einkaufen ...
Ich weiß, wovon ich rede. ☺

o Und: gehe an jedem dieser drei Tage mindestens eine Stunde
spazieren, geh hinaus in die Natur und erfreue dich des Daseins!

Aufräumen und Entrümpeln

Diese körperliche und die damit auch verbundene seelische Ent-
rümpelung sowohl beim Heilfasten im Waldviertel als auch bei
meinen »drei sanften Tagen« tat und tut mir gut. Es kostet mich,
wie du dir vorstellen kannst, natürlich immer wieder eine gewisse
Überwindung, der Schweinehund ist (leider) immer präsent und
will mir gebackene Hühnerhaxerl oder Schnitzel, Steaks, Desserts,
köstliche Weine etc. einreden ... Aber wir können ja alle mittlerweile Nein sagen, oder? Oft tut das sehr gut. Ich habe »es« gemacht
und wenn mir danach ist, dann ziehe ich »es« durch, wissend, dass
es mir guttut und nur darauf kommt es an. Es tut mir gut.

Entrümpeln, aufräumen, entsorgen – diese Themen ziehen sich
wie ein zäher Gummi durch mein Leben. Unzählige Schreckensein-

drücke pflastern meine Kindheit und Jugend: wenn ich diverse Verwandte, Bekannte oder Freunde aufsuchte und mir in deren Wohnungen oder Häusern vorkam wie auf einem Trödlermarkt. Vollgeräumte Zimmer mit Dingen, die kein Mensch braucht, mit Vasen, mit Gläsern auf Regalen, die keine Funktion erfüllten, außer den Staub zu fangen, gebundene, trockene Blumensträuße – völlig sinnlos und grauenhaft meiner Meinung nach – »weil sie sooo schön sind!«, Teller an den Wänden, kannst du dir das vorstellen? Teller an den Wänden! Wozu? Auf Nachfrage erklärte mir die liebe Tante: »Das sind Zierteller, mein Schatz. Zierteller!« Wozu braucht man die? Damit sie die Wand zieren? Da schaute es teilweise aus wie in einem schlecht aufgeräumten Museum, 80 Prozent sinnloses Zeug.

Damit sind wir wieder beim Pareto-Prinzip, du erinnerst dich. Wie steht es mit den Kleiderschränken? Oder mit den sogenannten Vorratsräumen, in denen das Haltbarkeitsdatum von mindestens 50 Prozent der Lebensmittel abgelaufen ist? Wozu man heutzutage noch (viele) Lebensmittel auf Vorrat kauft, ist mir ein Rätsel. Heute braucht das niemand mehr in unseren Breitengraden, die Märkte bringen dir auf Bestellung im Internet oder auch per Telefon alles Gewünschte ins Haus. Mit der Kleidung dasselbe Lied: Es gibt Menschen, die haben – ich schreibe jetzt von Männern – 20 Jeans, 50 Hemden, 10 Anzüge im Kasten. Und dazu 10 Paar Schuhe. Männer! Wie viele Schuhe Frauen manchmal haben, brauche ich dir nicht zu verraten, du weißt es ohnehin. Und Taschen. Wer braucht mehr als fünf Taschen? Es geht mich auch nichts an. Die Kleiderschränke bersten über, alte Hosen, die auch nach alten Hosen riechen, werden weiterhin zwischen die ohnehin schon keinen Platz mehr habenden neuen gequetscht, Hemden, deren abgewetzter Kragen schon leicht schimmert, werden nicht entsorgt (schade drum, hat ja viel gekostet!), Sakkos oder Kleider, die schon lange zu eng oder zu weit sind, werden frisch und fröhlich weiterhin gehortet zu Ungunsten des Platzes.

Und zu Ungunsten der Lebensqualität. Ja, Entrümpeln trägt nachweislich zur Hebung der Lebensqualität bei. Es befreit, es macht weit, es verschafft mehr Durchblick und wenn du deine »alten« Dinge, Taschen, Wandteller, Kleidungsstücke, Schuhe, Taschen, Decken etc. herschenkst, dann hast du vielleicht auch noch ein gutes Gefühl.

Es kann bei diesem Übermaß an Sammlung auch zu keiner Ordnung kommen, wie auch? Unordnung verstopft den Haushalt und führt zu Chaos. Wenn man sich aufrafft und ins Tun kommt, dann steigert man das eigene Wohlgefühl und damit auch die eigene Lebensqualität, aber das weißt du ja inzwischen hoffentlich schon! Was passiert, wenn man halbwegs Ordnung schafft und auch hält? Es entsteht Raum für persönliche Entfaltung.

Die berühmte japanische Entrümpelungsexpertin Marie Kondo, das *Time Magazine* zählt sie zu den 100 einflussreichsten Menschen der Welt, schreibt in ihrem Bestseller »Magic Cleaning – wie Wohnung und Seele aufgeräumt bleiben«: »Wichtig ist nicht, was man wegwerfen soll, sondern mit welchen Dingen man sich umgeben möchte. Nur wenn ein Gegenstand glücklich macht, darf er bleiben. Wenn nicht, dann wird er ausgemistet!«[51]

Ich weiß nicht, wie man richtig aufräumt, wobei hier aufräumen und der Begriff »putzen« nicht vermischt werden sollen. Ich weiß aber, dass ich mindestens zwei Mal im Jahr Zeit dafür reserviere (als Termin!), um zu entrümpeln und Dinge gezielt weiterzugeben. Der Weg führt mich als erstes in die Küche, in den Vorratsschrank, dann in den Kleiderschrank, ins Büro und schließlich in den Keller oder in die Garage. Da reicht ein halber Tag ohnehin nicht. Ich trenne mich mittlerweile lustvoll von allen Dingen, Gegenständen, Kleidungsstücken, die mich nicht »berühren«, die mich nicht glücklich machen, im Gegenteil, die mich oft belasten. Und zwar immer, wenn ich sie sehe oder an sie denke. Und die Frage bzw. die Feststellung »das war einmal teuer, das hat mir die Tante Ida geschenkt, das ist eine Erinnerung an Onkel Xaver ... oh je, der Zierteller von

Mama ...« ist bedeutungslos. Macht mich der Gegenstand, das Kleidungsstück, der Zierteller glücklich? Falls ja, darf er bleiben, falls nein, weg mit ihm! Haufenweise alte Teller, Gläser, in Kisten und Kartons eingepackte unsinnige Gegenstände lechzen geradezu nach dem Aussortiert-Werden. Dann höre ich sie, die Stimme: »Ja, aber der Felix wird's einmal brauchen, wenn er heiratet!« Der Felix wird's brauchen? Der wird mir was pfeifen, wenn ich ihm zu seiner möglichen Hochzeit alte Gläser, Teller, Bestecke usw. überreichen werde. Der geht zu IKEA oder wohin auch immer und besorgt sich das, was ihm und seiner eventuellen Ehefrau gefällt. Wir brauchen aufgrund unserer Situation und wirtschaftlichen Lage nicht mehr zu horten. Ich persönlich bringe meine Sachen gerne zur Caritas, in die Carla Märkte, die gebrauchte Gegenstände, Kleidung etc. verkaufen, an jene, die nicht so viel Geld ausgeben wollen oder können. Du erleichterst dich, im wahrsten Sinne des Wortes, räumlich und seelisch und tust Gutes, worüber sich andere freuen!

TIPP 46: ENTRÜMPELN/AUSSORTIEREN

o Trage mindestens zwei Entrümpelungstermine pro Jahr in deinen Zeitplaner ein – und mache das jetzt für die nächsten zwölf Monate!

o Organisiere dir Kisten und Schachteln für die auszusortierenden Dinge.

o Überlege, welche Gegenstände dich glücklich machen und welche nicht.

o Miste deinen Kleiderkasten aus – alles, was du ein Jahr lang nicht getragen hast – weg damit! Dasselbe gilt für Schuhe.

o Dann nimm dir die Küche bzw. die Vorratsschränke vor. Weg mit den längst abgelaufenen Lebensmitteln. Schau in die Gefriertruhe, welche »Köstlichkeiten« da seit Jahren vor sich hinfrieren, viel Energie verbrauchen und garantiert nicht mehr wohlschmeckend sind ... Weg damit.

o Und wenn dir noch Zeit bleibt: Geh in den Keller bzw. die Garage – schau dich um. Was »kugelt« da alles herum, was du garantiert dein

Leben lang (und auch jene, die dich überleben) nie brauchen werden?
Weg damit. Auf Wiedersehen!

o Trenne dich von Dingen, die du seit Monaten/Jahren vielleicht nur
herumschiebst und herumräumst! Trenne dich von Dingen, die du
nicht brauchst!

Meditatives Malen

Eine Kursteilnehmerin in Pernegg, Silvia, Lehrerin und Künstlerin,
bot eines Tages einen Privatkurs für uns alle an – wir sollten miteinander malen. »Meditatives Zeichnen/Malen« nannte sie es. Zeichnen und Malen? Heute noch, Jahrzehnte nach meiner zweifelhaften
Gymnasialkarriere, ist das eine eher negativ besetzte Angelegenheit.
Ich kann in etwa so gut Zeichnen wie Russisch sprechen. Nämlich
gar nicht. Aber ich war neugierig und ging hin, nur um zu schauen,
wie viele von uns dabei sein würden. Das war ernüchternd, die liebe
Silvia hat sich viel Mühe gegeben, für 15 Teilnehmer »aufgedeckt«,
Zeichenpapier, Stifte, Ölkreiden etc., und es waren genau drei Personen da. Die Kursleiterin, ein Teilnehmer und Silvia. Und jetzt auch
ich. Ich nahm Platz und war gespannt, was das jetzt werden würde.

Silvia lud uns ein, ein sogenanntes Zentangle zu schaffen –
Zentangle ist eine leicht zu lernende und entspannende Methode,
mit strukturierten Mustern wunderschöne Bilder zu zeichnen. Und
es macht Spaß! Es fördert die Konzentration und die Kreativität und
steigert auch das persönliche Wohlbefinden. Danach hast du das
bereichernde und befriedigende Gefühl, etwas Tolles kreiert zu
haben. Zentangle wird weltweit praktiziert – von einer immer
weiter ansteigenden Zahl von Menschen mit unterschiedlichen
Fähigkeiten, Interessen und Altersstufen. Die Zentangle-Methode
wurde von Rick Roberts und Maria Thomas in den USA entwickelt,
um Menschen zu helfen, durch das Zeichnen von vorgefertigten
Mustern einen meditativen und entspannten Zustand zu erreichen.
Meditation ohne zu meditieren, so könnte man es auch nennen.

»Seit es Telefone gibt, gibt es Menschen, die scheinbar absichts-
los Ornamente, Figuren und Muster auf Servietten, Rechnungen
oder andere Zettel kritzeln. Zeichner hat es immer gegeben, der
Trend des Zentangle-Zeichnens kommt aus Übersee, mutet dem
angehenden Kreativen nur ein Quadrat zur Gestaltung zu (große
Formate zu füllen verschreckt manche Menschen) und gibt erste
Anleitungen, bevor man sich über eigene Kreationen wagt. Zeichnen ist ein kostengünstiges, entspannendes Hobby. ›Ich kann nicht
zeichnen‹ ist bei vielen Menschen eine Ausrede, sich auf Neues
einzulassen. Es muss nicht ausstellungsreif sein, für sich selbst, zur
eigenen Freude etwas zu Papier zu bringen, reicht schon. Die Beschäftigung mit Farbe erhellt das Gemüt ... Man sagt nicht um-
sonst ›Bring Farbe in dein Leben‹.«[52]

Ich schuf also mein »Zentangle«, sehr bunt, viele Herzen, viele
Muster und es war ganz erstaunlich, in welchen tranceähnlichen
Zustand ich dabei geriet. Ich vergaß alles und alle um mich herum,
meine Gedanken waren ausschließlich auf dieses quadratische Zentangle gerichtet (das Quadrat war die einzige »Vorgabe«, Muster
und Farben konnte ich einsetzen, wie ich wollte) – nach rund einer
Stunde war ich fertig und es war fast unangenehm für mich, aus
diesem meditativen Zustand heraustreten zu müssen. Ich wollte an
und für sich weiterzeichnen, ausmalen, kreieren. Wenn du mir vorher gesagt hättest, dass ich eine Stunde oder länger an einem Zentangle arbeite, mich »mit so etwas« beschäftige, dann hätte ich dir
einen milden Blick geschenkt ... Du verstehst mich. Das war eine
wunderbare, berührende Erfahrung für mich.

Wenn ich unruhig bin, und das bin ich oft, wenn meine Gedanken in Richtungen abschweifen, die mir nicht guttun, dann setze
ich mich bewusst hin und mache ein Zentangle oder ich zeichne
meditativ. Danach geht es mir besser. Ich weiß schon, und ich höre
dich geradezu: »Bitte nicht, was soll diese Zeitverschwendung?«

Meditation ohne zu meditieren

Zeitverschwendung? Mit welchen Sinnlosigkeiten, mit wie viel negativem Gedankengut vergiftest du deine Lebensqualität? Ist das sinnvoll? Bringt dich das weiter? Erfüllt dich das? Berührt das deine Seele? Ganz sicher nicht. Zentangle kann eine Zeremonie, ja sogar eine Art der täglichen Meditationspraxis sein – oder du tangelst einfach nur deshalb, weil es so schön aussieht.

TIPP 47: MEDITATIVES ZEICHNEN/MALEN

A)

o Nimm dir eine Auszeit von mindestens einer Stunde.

o Bereite dir ein schönes Blatt Papier oder mehrere vor, zudem ein Lineal, Bleistift, Farbstifte, Ölkreiden, bunte Filzstifte.

o Zeichne dir mit Lineal und Bleistift ein Quadrat von ca. 15 x 15 cm.

o Beginne, ganz wie du willst, mit einem Bleistift oder, wenn dir mehr nach dickeren Linien ist, einem schwarzen Filzstift Muster deiner Wahl zu zeichnen. Das können Herzen sein, das können Kreise sein, Rechtecke, Schlangen, Labyrinthe, Ellipsen, Blumen etc. Größer oder kleiner – ganz wie du willst.

o Vervollständige diese 225 cm^2 mit deinen Mustern.

o Dann nimm die Buntstifte/Filzstifte/Ölkreiden deiner Wahl und färbe deine geschaffenen Muster an, fülle sie alle aus, so wie du willst, ohne Druck, lass deine Fantasie fließen. Nimm dir Zeit.

o Vielleicht legst du dir eine Lieblingsmusik auf (mir tun Mozart, Bach und Vivaldi gut beim Zeichnen und auch beim Schreiben!).

o Wenn du nicht mehr magst, dann leg die Stifte weg.

o Wenn du fertig bist, betrachte dein Werk und spür in dich hinein, was es mit dir macht!

B)

Gerne kannst du auch die beiden folgenden Muster[53] einfärben und ausmalen. Es bleibt ganz dir überlassen, was du damit machst, wie lange du brauchst. Wichtig: setz dich nicht unter Druck – es ist kein Malwettbewerb und vor allem kein Geschwindigkeitscontest. ☺

Haben wir genügend Zeit?

Zeit zur Verfügung zu haben, für uns und für jene, die wir lieben, mit denen wir uns gerne umgeben (würden), mit Menschen, die uns guttun und denen wir guttun, das ist, wie du weißt, ein seltenes Gut, sogar eine Kunst. Um Zeit zu haben, müssen wir handeln, müssen wir unsere bisherigen Verhaltensweisen ändern. Ja, liebe Leserin, wir sind wieder beim großen, allumfassenden Thema der Veränderung. Einer Veränderung zu unseren Gunsten. Die Bestsellerautoren Amy Bjork Harris und Thomas A. Harris schreiben über die Zeiteinteilung: »Das beste Vorbild für Zeiteinteilung ist Ihr Herz. Der Herzschlag besteht aus drei Phasen. Das Herz arbeitet also ein Drittel der Zeit und ruht zwei Drittel. Trotzdem erfüllt es normalerweise zuverlässig und fehlerfrei seine Aufgabe, von der Geburt bis zu unserer letzten Stunde.«[54]

Angenommen, wir würden so wie unser Herz agieren, dann würden wir die uns zur Verfügung stehenden 24 Stunden am Tag in drei Abschnitte einteilen: acht Stunden Arbeit, acht Stunden Schlaf und acht Stunden für Tätigkeiten, die unsere Ressourcen und Kräfte regenerieren. Tun wir das? Natürlich nicht, wir sind weit davon entfernt. Aber wir könnten zu einem gewissen Teil unsere bisherigen Verhaltens- und Zeitplanungsmethoden (so wir überhaupt welche haben ...) gestalten. Willentlich und wissentlich kreieren. Leider kommen viele von uns erst im Laufe ihrer Reifezeit, ihres Älterwerdens darauf, dass ihnen gar nicht mehr so viel Zeit »übrig« bleibt. Wenn ich mit meinen bald 58 Jahren mein persönliches »Lebensband« betrachte – ich gehe davon aus, dass es stimmt, was die Statistik Austria behauptet, dass ein Mann in Österreich eine durchschnittliche Lebenserwartung von 78,6 Jahren hat –, dann bleibt nicht mehr so viel übrig. Manchmal schockiert mich die Tatsache, dass ich nicht noch einmal so alt werde bzw. so lange

Um Zeit zu haben, müssen wir handeln.

leben darf wie ich bisher gelebt habe. Das ist komisch. Ja, ich hadere mitunter mit meinem Alter, optisch ist mir das Gesicht, das mich manchmal in der Früh aus dem Spiegel anstarrt, egal, aber die Tatsache, dass es so schnell geht, irritiert mich hin und wieder in meinem sonst doch ganz harmonischen Zusammenleben mit mir.

Der Rest des Lebensbandes

»Zeit ist Geld« heißt es. Ich sehe das ganz anders: »Zeit ist Leben«, daher sollten wir sie nützen. Egal, wie lange wir noch zu unserer Verfügung haben. 78,6 Jahre wird ein österreichischer Mann im Durchschnitt? Das ist wenig. Entsetzlich wenig für jene, die gerne älter werden und ihre Zeit sinnvoll nutzen, obwohl unsere Gesellschaft den »Alten« gegenüber schon – und ich drücke mich jetzt vorsichtig aus – sonderbar eingestellt ist. Für viele ist Altwerden ein Horror.

»Ich bin viel allein« hörte und höre ich ältere Menschen immer wieder klagen. Manche weinten auch, wenn sie ihre Geschichte(n) erzählten. »Seit ich ihnen das Haus vermacht habe, kommen die Kinder gar nicht mehr.« Wie bitte? Zu Lebzeiten hast du dein Haus vererbt, übertragen, verschenkt? Bist du noch zu retten? Warum macht man so etwas? Die Antwort lautet: Weil die braven Kinder sonst beleidigt sind. Das nennt man dann in verschärfter Form Liebesentzug. Liebesentzug von jenen, die man hoffentlich gut erzogen hat, denen man die Windeln viele Hunderte Male gewechselt hat, die man sauber gehalten hat, die man geküsst, gestreichelt, mit denen man gekuschelt hat, wenn sie nicht so gut drauf waren, denen man nächtelang die Hand gehalten hat, sie durch die Schwierigkeiten der ersten Kindergartenbesuche, der Schulen etc. getragen und geleitet hat. »Wenn ich nicht das Haus überschrieben bekomme, ja dann ...« Was dann? Redest du dann nicht mehr mit mir? Besuchst du mich nicht mehr? Oh je!

Meine Liebe, glaube mir, ich habe die Weisheit des Lebens nicht erfunden, sicher nicht, aber ich habe viel erlebt, habe viel Gutes und leider auch Schlechtes in meinem Leben gedacht, gesagt und gemacht. Eines weiß ich: Lass dir nichts gefallen! Lass dir ab heute nichts mehr gefallen! Von niemandem. Lass dich nicht geringschätzig, nicht abwertend behandeln. Das hast du nicht verdient. Es gibt zweifellos Individuen, denen man den Teufel an den Hals wünschen könnte, aber so eine bist du hoffentlich nicht. Es gibt schlechte Menschen, ja, gehörst du zu jenen? Ich wünsche dir aufrichtig, dass es nicht so ist. Frag dich in einer ruhigen Stunde, ohne zu grübeln, warum es so weit gekommen ist. Hast du deine Kinder zu sehr verwöhnt? Hast du immer nach ihrer Pfeife getanzt? Die reden nichts mehr mit dir? Die besuchen dich nicht, die kümmern sich nicht in angemessener Art und Weise um dich? Das sind die lieben Nachkommen, denen man jahrelang Zuwendungen geschenkt hat, Urlaube bezahlt, die man tagein tagaus bekocht hat, sie gut gekleidet hat – die wollen tatsächlich nichts mehr von dir wissen?

Faktum ist: Verwandte hat man, Freunde kann man sich suchen. Das ist eine alte Weisheit, die bei vielen den bitteren Geschmack der eigenen Lebensrealität aufsteigen lässt. Zum Glück gibt es auch andere, positive Beispiele: die wunderbare Großfamilie meiner Exfrau Kathi, die zusammenhält, auch wenn nicht immer alle einer Meinung sind. Heute noch muss ich schmunzeln, wenn ich daran denke, wie meine Schwiegermutter sagte: »Blut ist dicker als Wasser.« Recht hat sie. So ist es.

Sei nicht traurig und verzweifelt, wenn dir ähnliche Dinge mit Verwandten, und dazu gehören die Kinder, widerfahren. Mag schon sein, dass ihnen auch vieles nicht passt, was wir Eltern im Laufe eines Lebens so tun, sagen, machen, aber liebe Leserin, auch die Bauxerln machen nicht immer, was wir uns wünschen, oder?

Ein Gefühl der Enge verspüre ich manchmal, wenn ich Karten und Briefe, manchmal sind auch E-Mails dabei, von ZuseherInnen unserer gern gesehenen Sendung »Heute Leben« bekomme und sie mir schreiben, wie einsam sie sind. Frauen, seltener Männer, machen sich die Mühe, in oft krakeliger Handschrift ihre Nöte zu übermitteln. Sie schreiben, dass ich bzw. meine Kolleginnen und Kollegen ihre einzigen Bezugspersonen sind, weil wir sie direkt ansprechen und so »normal« wirken. (Ich weiß schon, jede wird das nicht so empfinden, aber man muss auch nicht jeder gefallen. Ein wenig polarisieren schadet nicht, sonst wäre es fad, oder?) Ich bin überzeugt davon, dass es mit Authentizität zu tun hat.

Zurück zu meinem Lebensband: Ich schneide also auf einem Zentimetermaßband mit 100 cm vorne meine 57 Jährchen ab und hinten kappe ich bei 79 cm. Bleibt nicht mehr allzu viel übrig, oder? Was tun mit der uns (noch) zur Verfügung stehenden Zeit? Ich habe unlängst in einem Buch über die fünf Dinge, die Sterbende am meisten bereuen, die Erkenntnis gewonnen, dass es sich um Einsichten handelt, die unser Leben einschneidend verändern können und, so wir bereit dazu sind, ändern werden. Das erste Versäumnis lautet: »Ich wünschte, ich hätte den Mut gehabt, mir selbst treu zu bleiben, anstatt so zu leben, wie andere es von mir erwarten.« Das Versäumnis Nr. 2 lautet: »Ich wünschte, ich hätte nicht so viel gearbeitet.« Als dritten Punkt führten die Menschen, die vor dem irdischen Abschied standen, an: »Ich wünschte, ich hätte den Mut gehabt, meinen Gefühlen Ausdruck zu verleihen.« Viertes Versäumnis: »Ich wünschte, ich hätte den Kontakt zu meinen Freunden gehalten.« Und noch ein wichtiger Punkt ist der fünfte: »Ich wünschte, ich hätte *mir* mehr Freude gegönnt.«[55]

Das 5. Versäumnis »Ich wünschte, ich hätte *mir* mehr Freude gegönnt« macht mich nachdenklich. Gönnen wir uns genügend Freude? Gönnen wir uns überhaupt Freude? Und ganz entscheidend und immer wiederkehrend in meinen Gedanken und auch Erfahrungen: Was heißt es für uns alle zu leben? Was bedeutet Leben für dich? Leben heißt für mich eine Mission zu haben, Visionen zu

> Leben heißt für mich eine Mission zu haben,
> Visionen zu haben.

Unsere Tage zu zählen lehre uns!
Dann gewinnen wir ein weites Herz.
PSALM 90,12

haben. Antworten zu finden auf Fragen wie »Warum bin ich da? Hinterlasse ich nachhaltige Spuren auf dieser Welt? Wem nütze ich? Stifte ich Nutzen? Bemühe ich mich, dass jeder Tag ein Neubeginn ist bzw. sein kann?«

Auf Facebook las ich unlängst zum Jahreswechsel einen dieser Sprüche: »365 Tage. 365 neue Chancen.« Wie wahr. Es werden nicht immer tolle, erfüllende Tage sein, es wird nicht jeder Tag einen Neubeginn einläuten, aber das Nachdenken über unsere Existenz und das Einnehmen einer positiven Grundhaltung und Stimmung dem Leben gegenüber ist immer wieder ein Neubeginn.

Ich liebe die bekannte »Bindestrich«-Geschichte der amerikanischen Autorin Linda Ellis, die ich in meinem ersten Buch »Nur keine Panik – Mein Weg zurück ins Leben« niedergeschrieben habe. Da geht es um die Schilderungen eines Mannes, der am Grab einer Freundin eine Rede hält und unter anderem sagt: »Das, was wirklich zählt, ist nur der Bindestrich zwischen dem Geburtsjahr und dem Todesjahr. Die Zeit, die dazwischen steht.« Tief berührt mich die Stelle, wo es heißt: »Wenn einst in deiner Grabrede die Werke deines Lebens verkündet werden, könntest du auf all das stolz sein, wofür dein Bindestrich steht?« Könnten wir darauf stolz sein? Haben wir etwas, haben wir viel dafür getan, dass unsere Lebensbilanz befriedigend, erfüllend ausfällt?

Ich wurde im Rahmen meiner Ausbildung mit der Idee konfrontiert, die eigene Geburtstagsrede oder sogar (ein bisschen makaber) die eigene Grabrede zu verfassen, und zwar im Rückblick auf sich selbst. Das sei ein guter Weg, hieß es, um sich klar zu werden, was wirklich wichtig sei. Vielen würde auf diese Weise bewusst, was sie an Wesentlichem versäumt haben und was sie hätten anders machen sollen bzw. es jetzt sollten.

Dringend oder wichtig?

Plane in der Zeit, dann hast du in der Not. Ich habe den Spruch vom
»Sparen« ein wenig abgewandelt, wie du merkst. Wir verbrauchen,
verprassen, vergeuden viel zu viel unserer kostbaren Zeit durch
Zeitfresser und vor allem durch unkoordinierte, ungeplante Erledigung verschiedenster Aufgaben in unserem privaten und auch beruflichen Leben. Ich verrate dir wahrscheinlich nichts Neues, wenn
ich festhalte, dass man durch »weniger ist mehr« effektiver, pro-
duktiver, stressfreier und vor allem schneller an das jeweilige Ziel
kommt. Das hat hauptsächlich damit zu tun, dass wir uns auf die
wichtigsten Dinge konzentrieren sollten, und das kann man lernen.

Kennst du den Namen Eisenhower? Dwight D. Eisenhower ist
nicht nur deshalb ein bekannter Mann, weil er der 34. Präsident der

Vereinigten Staaten von Amerika war, während des Zweiten Weltkrieges auch Oberbefehlshaber der Alliierten in Europa. Eisenhower hat sich unter anderem auch mit Zeitmanagement im übertragenen Sinn beschäftigt. Nach ihm wurde der sogenannte »Eisenhower-Quadrant« benannt, mit Hilfe dessen man auf verständliche und einleuchtende Art und Weise die Begriffe »Wichtigkeit« und »Dringlichkeit« auseinanderdividieren und im produktiven Sinn kombinieren kann und somit erkennt, worum es bei der Erledigung von (Lebens-)Aufgaben geht. Die Quadranten-Technik ist ein praktisches Hilfsmittel bei der jeweiligen Prioritätensetzung. Je nach hoher und niedriger Dringlichkeit bzw. Wichtigkeit einer Aufgabe lassen sich vier Möglichkeiten zu ihrer Behandlung unterscheiden:

- A-AUFGABEN: Sie sind sowohl dringend als auch wichtig – diesen muss man sich selbst widmen und sie auch sofort in Angriff nehmen.
- B-AUFGABEN: Sie sind von hoher Wichtigkeit, aber noch nicht dringlich – diese sollten terminiert bzw. kontrolliert werden.
- C-AUFGABEN haben keine hohe Wichtigkeit, sind aber dringend und können delegiert werden (da tun sich viele von uns eher schwer).
- D-AUFGABEN: Sie sind weder wichtig noch dringend. Das sind die »Verschwender-Aufgaben«, die man vernachlässigen kann und sollte. Von D-Aufgaben muss Abstand genommen werden.

Dringende Angelegenheiten sind gewöhnlich sichtbar, sie bedrängen uns geradezu, diese Aufgaben bestehen darauf, dass wir handeln. Wichtigkeit dagegen hat etwas mit Ergebnissen zu tun. Wenn etwas wichtig ist, trägt dies zur Erfüllung der Lebensvision, zu den Werten, zu den obersten Prioritäten bei. Wenn wir keine klaren Vorstellungen von dem haben, was wichtig ist, welche Ergebnisse wir in unserem Leben anstreben, lassen wir uns leicht ablenken und reagieren nur auf das Dringende. B-Aufgaben haben mit Dingen zu tun, die nicht dringend, aber wichtig sind: Beziehungen aufzubauen, die persönliche Lebensvision zu finden, langfristige Planung, Trainieren, Vorbeugen, Vorbereiten – all die Dinge, die dafür geeignet sind, die bedrängenden A-Aufgaben schrumpfen zu lassen. Wir sollten uns den B-Aufgaben im ausreichenden Maß widmen! Wir laufen heute Gefahr, vor lauter Dringlichkeit das Wichtige aus den Augen zu verlieren, ja, das Dringliche ungeprüft als das Wichtige anzusehen und uns davon bestimmen zu lassen.[56]

TIPP 49: DER EISENHOWER-QUADRANT

o Notiere dir alle Aufgaben und Erledigungen, die in der kommenden Woche auf dich warten.

o Überlege dir: Welche solltest du zuerst erledigen?

o Wann sagst du Ja, wann sagst du Nein zu einer Aufgabe?

o Wann ist etwas wichtig, dringend, weniger wichtig, aber dringend für dich?

o Nimm die sogenannten B-AUFGABEN sofort wahr und erledige sie (sonst werden sie zu A-AUFGABEN!)!

o Zeichne dir einen »Eisenhower-Quadranten« nach dem u.a. Muster und fülle ihn mit den Aufgaben, die innerhalb der nächsten Woche bei dir anstehen, aus!

	dringend	
wichtig	A-AUFGABEN Sofort tun!	B-AUFGABEN Terminisieren!
	C-AUFGABEN Delegieren!	D-AUFGABEN Papierkorb!

Gratis-Talente-Brainstorming

Sehr wichtig oder bedeutungsvoll für unser Dasein ist die Selbstak-zeptanz. Selbstliebe, das klingt immer ein wenig egoistisch ... Aber, wir wissen doch – im Stillen –, dass wir die wichtigsten Menschen in unserem Leben sind. Oder? So weit sind wir schon. Wir müssen es auch nicht immer hinausposaunen, bei vielen unserer Mitleben-den kommt das nicht gut an. Was auch egal wäre ... Ohne Weiteres darfst und sollst du dir sagen: »Ich bin der wichtigste Mensch in meinem Leben!« Wobei die Betonung auf »meinem Leben« liegt. Mit wem verbringe ich die meiste Zeit? Mit mir! Über wen denke ich am meisten, am häufigsten nach? Über mich. Ich weiß schon, es sind nicht immer die besten Gedanken, die ich mir gegenüber hege, viel zu oft formuliere ich innerlich negativ ... Auch das kann man ändern.

Ich habe im Rahmen meiner Ausbildungen eine interessante Methode kennengelernt: das sogenannte Talente-Brainstorming, ich nenne es fast lieber das »Talente-Sammeln«. Dabei geht es darum, dass ich meine Talente, meine guten Seiten und Eigenschaf-ten, von anderen präsentiert bekomme. Welche guten Eigenschaf-ten habe ich? Was sind die guten Seiten, die mir vertraute Men-schen in oder an mir sehen?

Wir alle haben Charaktereigenschaften, Eigenarten, Fähigkeiten, Gewohnheiten, die nicht objektiv messbar sind. Was für den einen eine Stärke ist, legt die andere als Schwäche aus. Das ist gut so. Ich rede gerne, das nervt viele in meinem Umfeld, andere wiederum sagen »mein Gott, ist der Wolfram kommunikativ ...«. Alles eine Ansichtssache.

Willst du deinen eigenen Fähigkeiten, deinen Stärken und Talen-ten nachspüren? Ich weiß, »Eigenlob stinkt«, oder »Sei beschei-den!«, das kennen wir alle aus unserer Kindheit und späteren Ent-

Ich bin der wichtigste Mensch in meinem Leben!

wicklung. Das hat nichts mit Bescheidenheit zu tun. Was denken andere über uns? Wie sehen uns Menschen, die wir mögen, auch lieben? Frag sie! Suche dir vorher fünf Menschen in deiner engeren Umgebung (das können Familienmitglieder, Freunde, Arbeitskollegen sein), die du magst und deren Wertschätzung du hast. Vielleicht haben sie dir noch nie gesagt, was sie an dir mögen.

TIPP 50: TALENTE SAMMELN

o Notiere in dein Notizbuch die Namen deiner fünf »Kandidaten« – und lass für die Beantwortung deiner Fragen (die du bitte auch notierst!) genügend Platz.

o Dann bittest du die erste »Kandidatin«, sich kurz Zeit zu nehmen, sagst vielleicht, dass du einen Test/ein Experiment machst und dass du ihr gerne drei Fragen stellen möchtest, die sie beantworten soll – ohne einen Kommentar abzugeben oder nachzufragen. Mit der Frage: »Ist das okay für dich?« räumst du jedes Missverständnis aus. ☺

Jetzt stellst du deine Fragen:

o »Welche guten Eigenschaften habe ich deiner Meinung nach?«

o »Welche besonderen Stärken siehst du in mir?«

o »Warum magst du mich?«

Die erhaltenen Antworten schreibe auf. Dann bedankst du dich und es wird nicht mehr darüber gesprochen ... Es ist (d)ein Test!

Durch diese Art von »Brainstorming« oder dieses Feedback von anderen recherchieren wir unsere guten Eigenschaften. Talente, die uns in die Wiege gelegt sind, Fähigkeiten, die uns leicht fallen, die wir immer schon »von selbst« gut konnten, gerne ausübten. Stärken, die uns schon viele Erfolgserlebnisse gebracht haben und die in uns ein bestimmtes Gefühl von Leichtigkeit entstehen lassen. Wir selbst vergessen oft auf sie.

Wenn du alle Antworten aller fünf »Kandidaten« erhalten hast, kannst du die gesammelten guten Eigenschaften, positiven Fähigkeiten (es sind deine!) sammeln, kannst dich hinstellen (alleine ...)

und laut vorlesen: »Ich bin ..., ich habe ...« – und du wirst eine kleine Lobeshymne auf dich vorlesen und sehen und spüren, was das mit dir macht. Es wird dein Selbstwertgefühl heben, es wird deine Beziehung zu dir selbst möglicherweise ein wenig geraderücken. Lies dir die gesammelten Antworten jeden Tag eine Woche lang vor.

TIPP 51: ERFÜLLENDE ERFAHRUNGEN UND ERLEBNISSE

o Besorge dir ein verschraubbares Glas (gut geeignet ist ein »Einweckglas« – groß genug).

o Fülle dieses Glas ab heute mit schönen Dingen, Erlebnissen, Begegnungen etc.

o Das können Stichworte oder kurze Geschichten sein, die du auf Notizzetteln notierst.

o Danach falte diese Notizen zusammen und steck sie in das Glas.

o Am Neujahrstag (der eignet sich besonders gut ☺) leere das Glas, lies deine Notizen durch und ziehe dann deine persönliche Bilanz, was für ein erfüllendes, tolles Jahr das vergangene war – trotz aller tatsächlichen und vermeintlichen Wirrnisse.

Nur keine Krise …

Ich hoffe sehr, dass dir dieses Buch helfen wird, dich bei deinem Lebensmantra »Es geht mir von Tag zu Tag, in jeder Hinsicht, besser und besser« zu unterstützen. Das Erfolgsgeheimnis ist meiner Meinung nach, dass du dich vermehrt und regelmäßig mit dir beschäftigst. Du bist die Regisseurin deines Lebens – du hast eine gewisse Lebenszeit zur Verfügung – ich hoffe, dass du sie bewusst lebst und nützt und dass dir klar ist, dass wir ein Ablaufdatum haben. Wir wissen nicht, wann es zu Ende sein wird. Die Lebenszeit ist die kostbarste Zeit, die wir zur Verfügung haben, und wir gehen mit diesem Schatz leider oft nachlässig um. Richte den Fokus deines Denkens und auch deines Handelns ab jetzt auf dich. Vergiss dabei nicht auf die anderen, nein, nur eines sei dir gewahr: Du bist der wichtigste Mensch in deinem Leben. Ich weiß schon, ich wiederhole mich gerne … Aber es ist so.

Ich wünsche dir alles Liebe und alles Gute auf deiner weiteren Lebensreise. Solltest du in eine Situation geraten, die dir ausweglos erscheint, wenn sich dunkle Schatten über dich und dein Dasein legen, dann lass dir gesagt sein, dass es Hilfe gibt. Und es ist kein Makel, keine Schande, wenn du dir professionell helfen lässt. Wenn du dich eine Zeit lang Menschen anvertraust, die dir völlig objektiv, ohne zu werten, ohne dich zu beurteilen, gegenüberstehen. Es ist leider in unserer, ach so fortschrittlichen, Gesellschaft immer noch ein Stigma, wenn man den Weg zum Psychiater, zur Psychotherapeutin, zum Coach sucht, ihn findet und ihn geht. Befreie dich von dieser Stigmatisierung – im Gegenteil, sei stolz auf dich, wenn du bereit bist, dich begleiten zu lassen. Aus eigener schmerzvoller Erfahrung weiß ich, dass das sozusagen die »halbe Miete« auf dem

> Die Lebenszeit ist die kostbarste Zeit,
> die wir zur Verfügung haben.

Weg zur Besserung, zur Steigerung der eigenen Lebensqualität und Lebensfreude ist.

Wir brauchen alle fallweise Unterstützung – wir alle haben einen »Huscher«, in welcher Form auch immer. Manche wissen es nur (noch) nicht ...

TIPP 52: WO FINDE ICH HILFE? (AUSZUG)

LebensberaterInnen ✆ 059 09 00/3270

Der Fachverband der Personenberatung und Personenbetreuung der WKO verweist auf ausschließlich hochqualifizierte psychologische BeraterInnen für Supervision, Stressmanagement und Burn-out-Prävention, Resilienz etc. – auf der Homepage der WKO findest du Kontakte in allen Bundesländern.

www.lebensberater.at

Telefonseelsorge ✆ 01/515 52 36 06, Notruf: 142

Mo bis So, 0 bis 24 Uhr. Kostenlos.

Gesprächsunterstützung in Krisen, bei Problemen, zur Entlastung.

www.telefonseelsorge.at

Kriseninterventionszentrum ✆ Tel. 01/406 95 95

Mo bis Fr, 10 bis 17 Uhr. Kostenlos.

Die Mitarbeiterinnen und Mitarbeiter sind speziell ausgebildete psychosoziale Ersthelfer und Fachkräfte, die Betroffene, Angehörige, Freunde, Arbeitskollegen und Augenzeugen nach einem plötzlichen und außergewöhnlich belastenden Ereignis vor Ort betreuen.

www.kriseninterventionszentrum.at

Rat auf Draht Teenager-Hotline des ORF ✆ 01/147

Mo bis So, 0 bis 24 Uhr. Kostenlos. Telefonberatung.

Österreichweite Notrufnummer für Kinder und Jugendliche. Hier stehen dir rund um die Uhr professionelle BeraterInnen (PsychologInnen, PsychotherapeutInnen, Lebens- und SozialberaterInnen) zur Verfügung. Über jedes Problem kann man sprechen – oft ist eine Situation gar nicht so ausweglos, wie sie scheint!

www.rataufdraht.orf.at

Ö3-Kummernummer 📞 01/116 123

Mo bis So, 16 bis 24 Uhr. Kostenlos.

kundendienst.orf.at/humanitaeres/kummernummer.html

Sorgentelefon für Kinder, Jugendliche und Erwachsene 📞 0800/20 14 40

Mo bis Fr, 13 bis 20 Uhr, Sa 13 bis 17 Uhr. Kostenlos.

Sorgentelefon für Kinder, Jugendliche und Erwachsene; Beratung bei persönlichen Schwierigkeiten, Familienproblemen, Gewalt und Suchtmittelmissbrauch.

www.sorgentelefon.at

Drogen-Hotline 📞 0810/20 88 77

Mo und Fr, 9.30 bis 12 Uhr, Di und Do 9.30 bis 13 und 14 bis 16 Uhr. Zum Ortstarif aus ganz Österreich.

Professionelle Beratung, Behandlung und Betreuung bei psychischen, gesundheitlichen, sozialen, familiären oder anderen Problemen durch bestehende Substanzabhängigkeit.

www.api.or.at

Polizei 📞 133

Mo bis So, 0 bis 24 Uhr. Kostenlos EU-weit vom Handy und Festnetz. Ansprechstelle für Kriminalitätsbekämpfung, Hilfeleistung, Gefahrenabwehr und Prävention und bei Selbst- oder Fremdgefährdung.

www.bundespolizei.gv.at

Rotes Kreuz 📞 144

Mo bis So, 0 bis 24 Uhr. Kostenlos.

Rettung und Krankentransport.

www.roteskreuz.at

FrauenHelpLine gegen Männergewalt 📞 0800/222 555

Mo bis So, 0 bis 24 Uhr. Kostenlos.

Beratungseinrichtung für Frauen/Migrantinnen, die von (familiärer) Gewalt betroffen sind.

www.frauenhelpline.at

... und noch eine kleine Textschlange des Lebens:

MEINHEUTIGESTAGESPROGRAMM

HEUTEWILLICHAUSDEMRAHMENFALLENUNDWEICHLANDEN
DANNZUDERMUSIKINMEINEMKOPFSCHÖNAUSDERREIHETANZEN
MICHZUMAUSRUHENZWISCHENDIESTÜHLESETZENDANACHEIN
BISSCHENGEGENDENSTROMSCHWIMMENUNTERALLEM
GESCHWÄTZWEGTAUCHENUNDAMUFERDERFANTASIESOLANGEDEN
SONNENSCHEINGENIESSENBISDEMERNSTDESLEBENSDAS
LACHENVERGANGENIST.

P.S.

HEUTEWILLICHAUSDEMRAHMENFALLENUNDWEICHLANDEN
heißt es in der Textschlange am Schluss dieses Buches. Nun: ich bin
heute aus dem Rahmen gefallen und leider nicht weich gelandet. Es
hat mich, schicksalhaft passend zum Thema »Nur keine Krise«, die
selbige ereilt und von einer Sekunde auf die andere zu einer veränderten Sichtweise und Lebensführung gezwungen, zumindest für
die nächsten Wochen und Monate. Ich bin beim Verlassen meines
Hauses auf Glatteis ausgerutscht und habe mir den Knöchel ver-
dreht und das Wadenbein gebrochen, zudem alle Bänder gerissen.
Die Röntgenbilder schauen komisch aus, beim Betrachten denke
ich reflexartig, dass das nicht die meinen sein können. Aber sie sind
es, leider.

Ich will jetzt gar nicht hadern und jammern und den Unfall detailliert beschreiben – Faktum ist, dass diese Krise mein Leben völlig verändert. Ich bin nicht mehr mobil. Abgesehen von der OP, von
den Schmerzen, vom Krankenhausaufenthalt, vom Schlucken der
Schmerzmittel bis hin zum täglichen Spritzen der Blutverdünner ...
Ich mag es nicht unbedingt, »umsorgt«, bemuttert, bedient zu wer-

den. Diese Abhängigkeit und der damit verbundene Kontrollverlust schmerzen mehr als die verdrehten, gebrochenen Knochen und die beschädigten Bänder.

Aber ich habe doch auf den vorangegangenen Seiten viel über Gelassenheit, Loslassen, Annehmen, Umdenken und Umhandeln geschrieben, nicht wahr? Vieles von dem kann und werde ich jetzt anwenden (müssen), auch wenn es sich in diesem Fall nicht um eine Katastrophe handelt (obwohl es sich anfangs so anfühlte). Es ist eine Krise, eine voraussichtlich bewältigbare Krise, die auch ihre positiven Seiten hat. Jetzt komme ich tatsächlich zu der Ruhe, die ich geplant habe, jetzt habe ich Zeit für mich, jetzt sind mein Perfektionismus und mein Funktionieren am Arbeitsplatz, auch das in meinen privaten Rollen, nicht mehr so gefragt und aufs Abstellgleis verfrachtet ... Weil nicht möglich. Blöd ist nur, dass ich mein Projekt »Jakobsweg« im Herbst nicht realisieren kann. Diese ständigen »Überraschungs«-Botschaften, was alles nicht mehr gehen wird in den nächsten Monaten usw., die irritieren mich schon sehr. »Das wird nicht gehen«, heißt es. »Wie geht es dir?«, fragen besorgte Mitmenschen – und das Wort »gehen« bekommt eine wichtige Bedeutung. Lesungen im April? »Das wird's nicht spielen«, sagt der gute Doktor (er sagt »spielen«, der rücksichtsvolle Mann). »Jakobsweg?« – »Ja, schon, aber frühestens im nächsten Jahr und da wahrscheinlich nicht ohne Probleme. Der Jüngste sind Sie ja auch nicht mehr ...« Er hat recht.

Ich werde also den Fuß, das Bein monatelang »spüren«, das ist mir klar. Realisieren wir im täglichen Ablauf, was wir alles an uns spüren und was nicht? Also, vorausgesetzt wir sind gesund und heil. Schätzen wir die Tatsache, dass wir empfinden, spüren, achtsam sind? Jetzt ist es mir (wieder einmal) ganz klar geworden – acht Wochen Gips bedeuten, dass ich mich mit meinem Bein werde wieder anfreunden müssen (oder besser: anbekannten), es gehört zu mir, auch wenn es sich gerade nicht so anfühlt. »Sie werden nach den Liegegipswochen, nach dem Kunststoffgips (wobei Sie bitte das

Bein nicht belasten dürfen, also nicht auftreten!), nach Gipsabnahme eine (mühevolle) Physiotherapie machen müssen bzw. einige Wochen auf Rehab fahren.« Fahren, denn gehen geht ja noch nicht ... Diese Erkenntnis, dass ich nicht nur eine oder maximal zwei Wochen »ausfalle«, sondern monatelang nicht mobil sein werde, verbunden mit zahlreichen Transporten ins Krankenhaus zu Kontrollen, Röntgen- und CT-Terminen etc., das schmerzt. Das ist ungewohnt. Das ist vor allem lästig und stört meinen gewohnten Ablauf. »Zwangspause«. Wäre doch ein guter Titel für ein neues Buch ...

Es eröffnen sich auch neue Chancen. Ich kann das Gute in der Krise sehen oder spüren oder erkennen, wie auch immer. Das Selbstmitleid kommt, zumindest einmal am Tag, ich beschränke aber dessen Redezeiten, es darf sich melden, kurz und schmerzlich, dann wiederum mache ich aus meiner Situation das Beste. Meine Erwiderung an Menschen, die feststellen, wie arm ich doch jetzt sei, lautet, dass es anderen viel schlechter geht als mir. Ist zwar kein riesengroßer Trost, aber Tatsache. Es geht mir von Tag zu Tag, in jeder Hinsicht, besser und besser. Erinnerst du dich an mein Mantra? Jetzt im Moment hat es eine besondere Bedeutung für mich. Es hilft mir in dieser Krise, bewusster zu leben, bewusst anzunehmen, was ist, und bewusst beleuchtet es die Tatsache, dass die Zeit Wunden heilt ...

Ich wünsche dir noch einmal, ganz intensiv, dass du verschont bleiben mögest von Katastrophen und dass, wenn dich die Krise überfällt, du diesen neuen Lebensanforderungen gerecht werden kannst und sie annimmst. Mit ihren schlechten und auch mit ihren guten Aspekten. Bleib achtsam!

Anmerkungen

1 Vgl. Wikipedia, »Krise«.
2 Vgl. Gastager, Heimo, *Hilfe in Krisen. Wege und Chancen einer personalen Krisen-intervention*, Wien/Göttingen, Herder/Vandenhoeck & Ruprecht, 1982.
3 Vgl. Rubin, Yvonne, *Selbstbewusstsein. Mein Übungsbuch für mehr innere Stärke und Ausgeglichenheit*, München, Gräfe & Unzer, 2015.
4 Aus: Hatzelmann, Elmar, *Keine Macht dem Stress. Handbuch für Entspannung und mentales Training*, Höfen, Koch/Humboldt, 2002.
5 Vgl. Foerst, Reiner, *Die Zündung des Witzes. Eine umfassende Untersuchung der humorbedingten Auslösung des Lachreizes*, Gummersbach, Foerst, 2001.
6 www.freiepresse.de/RATGEBER/ONKEL_MAX/ARCHIV/Wie-viele-Farben-hat-ein-Regenbogen-artikel8909696.php
7 Vgl. Bordt, Michael SJ, *Was in Krisen zählt. Wie Leben gelingen kann*, München, Zabert Sandmann, 5. Aufl., 2015.
8 Vgl. Roth, Gerhard, *Persönlichkeit, Entscheidung und Verhalten. Warum es so schwierig ist, sich und andere zu ändern*, Stuttgart, Klett-Cotta, 10. Aufl., 2015.
9 www.zeitzuleben.de
10 Vgl. Hoffmann, Ulrich, *Meditation. Mein Übungsbuch für mehr Wohlbefinden und Gelassenheit*, München, Gräfe & Unzer, 2015.
11 Vgl. Rubin, Yvonne, *Selbstbewusstsein. Mein Übungsbuch für mehr innere Stärke und Ausgeglichenheit*, München, Gräfe & Unzer, 2015.
12 Mentalcollege Bregenz, Skript »Persönliche Einstellung«, 2010.
13 Vgl. Wikipedia, »Egoismus«.
14 www.das-eselskind.com
15 Siehe meinen Artikel »Ich bin bereit, etwas für mich zu tun – kann es mir aber nicht leisten …« im Magazin »Innenwelt«, Juli 2015.
16 Aus meinem Interview mit Stefan Lermer, psychologischer Psychotherapeut, Institut für Persönlichkeit und Kommunikation, www.lermer.de.
17 Vgl. lexikon.stangl.eu/1932/urvertrauen.
18 Vgl. Wikipedia, »Resilienz (Psychologie)«.
19 Wikipedia, »Heimlich-Manöver«.
20 Berndt, Christina, *Resilienz. Das Geheimnis der psychischen Widerstandskraft. Was uns stark macht gegen Stress, Depressionen und Burn-out*, München, dtv, 2015.
21 Interviews mit Andreas Herz, Psychotherapeut und Psychologe; Mentalcollege Bregenz; Gruhl, Monika, *Resilienz – die Strategie der Stehauf-Menschen. Krisen meistern mit innerer Widerstandskraft*, Freiburg i. Br., Kreuz, 2014; Borgert, Stephanie, *Resilienz im Projektmanagement. Erfolgskonzepte adaptiver Projekte*, Wiesbaden, Springer, 2013.
22 Aus meinem Interview mit Andreas Herz.
23 Vgl. Kick, Hermes Andreas/Dietz, Günter (Hg.), *Trauma und Versöhnung*, Münster, LIT, 2010.

24 Pirchner, Wolfram, *Nur keine Panik. Mein Weg zurück ins Leben*, Wien, Amalthea, 2014.

25 Mentalcollege Bregenz, Skript »Körperkommunikation«, 2010.

26 Vgl. www.achtsamleben.at sowie das MBSR-Programm nach Jon Kabat-Zinn, »Stressbewältigung durch Achtsamkeit« (Mindfulness Based Stress Reduction); vgl. Kabat-Zinn, Jon, *Stressbewältigung durch die Praxis der Achtsamkeit*, Freiburg i. Br., Arbor, 2014.

27 Mentalcollege Bregenz, Skript »Persönliche Einstellung«, 2010.

28 Frankl, Viktor E., *... trotzdem Ja zum Leben sagen. Ein Psychologe erlebt das Konzentrationslager. Vorw. v. Hans Weigel*, München, Kösel, 9. Aufl., 2005.

29 Seiwert, Lothar J./Tracy, Brian, *Life-Leadership. So bekommen Sie Ihr Leben in Balance*, Offenbach, Gabal, 2. Aufl., 2007.

30 Siehe auch die Website von Monika Osl, www.kopfstark.at.

31 Wikipedia, »Furcht«.

32 www.zeitzuleben.de

33 www.tk.de/tk/stressbewaeltigung/zeitmanagement/pausen/36484

34 Vgl. die Angaben der Österreichischen Gesellschaft für Schlafmedizin, www.schlafmedizin.at.

35 In einem Bericht von »Die Welt/dpa«.

36 Vgl. www.rki.de.

37 Vgl. www.tcm-austria.com.

38 Mentalcollege Bregenz, Skript »Das ernährte Gehirn«, 2010.

39 Thuile, Christian, *Fit und gesund ein Leben lang. Ratschläge für eine gesunde Ernährung*, Bozen, Athesia, 2009.

40 Vgl. Schneider, Katharina, *Der politische Feuerbach*, Band 5, Münster/New York/München/Berlin, Waxmann, 2013.

41 Vgl. Suzuki, Wendy/Fitzpatrick, Billie, *Fittes Gehirn, erfülltes Leben. Mit neuesten Erkenntnissen der Neurowissenschaft*, München, Goldmann, 2016.

42 Vgl. Wikipedia, »Yoga«.

43 Aus meinem Interview mit Peter Poeckh, Dezember 2015.

44 Vgl. Poeckh, Peter, *Gesund durch Yoga. Praktische Übungen aus der Yogatherapie*, Petersberg, Via Nova, 2014. – Dr. med. Peter Poeckh finden Sie in seinem Yoga-zentrum Mödling. www.yogatherapie.co.at, E-Mail: pp@yogatherapie.co.at.

45 Wikipedia, »Autosuggestion«.

46 Ebenda.

47 Wikipedia, »Mantra«.

48 Vgl. Enkelmann, Nikolaus R., *Leben ist eine Kunst. Wege zu einem erfüllten Leben*, Offenbach, Gabal, 2010.

49 Vgl. Ratey, John/Hagermann, Eric, *Superfaktor Bewegung. Das Beste für Ihr Gehirn*, Kirchzarten bei Freiburg, VAK, 2013.

50 Vgl. Whitmore, John, *Coaching für die Praxis. Wesentliches für jede Führungskraft*, Staufen, allesimfluss, 2006.

51 Kondo, Marie, *Magic Cleaning. Wie richtiges Aufräumen ihr Leben verändert*, Reinbek bei Hamburg, Rowohlt, 2001.

52 Aus meinem Interview mit Silvia Edinger, meiner Zentangle-Lehrerin. Siehe auch ihre Website, www.pansilva.at.

53 Aus: *Die Kunst der Entspannung. Zauberhafte Muster zum Ausmalen*. Illustrationen: Elisabeth Galas und Christoph Heuer. © Komet Verlag, Köln.

54 Harris, Amy Bjork/Harris, Thomas A., *Einmal o.k., immer o.k.*, Reinbek bei Hamburg, Rowohlt, 15. Aufl., 2011.

55 Vgl. Ware, Bronnie, *5 Dinge, die Sterbende am meisten bereuen*, München, Goldmann, 2015.

56 Mentalcollege Bregenz, Skript »Zeitmanagement«, 2010.

Bildnachweis

WOLFRAM PIRCHNER

Nur keine Panik
Mein Weg zurück ins Leben

224 Seiten
ISBN 978-3-85002-867-7
eISBN 978-3-902862-87-7

»Ja, ich leide unter Panikattacken!« Mit diesem Outing vor laufender ORF-Kamera hat Wolfram Pirchner ganz Österreich verblüfft. Und auch sich selbst. Er hatte nicht geplant, öffentlich über seine Krankheit zu sprechen, und dennoch sprudelte es aus ihm heraus. Heute weiß er: Ehrlichkeit sich selbst und seiner Umwelt gegenüber ist der erste Schritt zur Heilung.

In diesem Buch erzählt er seine ganz persönliche Geschichte: von den anfänglichen Ängsten, an einer Herzerkrankung zu leiden, und nächtlichen Besuchen im AKH, über die Diagnose Panikattacken und deren Leugnung, bis hin zur Selbsterkenntnis und dem schwierigen Weg in die Therapie.

Getreu dem Motto »Opfer war ich lang genug« verrät Wolfram Pirchner seine persönlichen Tipps und Tricks, um wieder selbstbestimmt durchs Leben gehen zu können.

Amalthea   **www.amalthea.at**

WOLFRAM PIRCHNER

Nicht ohne meinen Schweinehund!

Mein Weg zum lustvollen Leben

240 Seiten
ISBN 978-3-85002-918-6
978-3-902998-66-8

Veränderung tut weh.
Aber sie führt zum Ziel.

Fit, lebensfroh, gesund, das war seine Vision. In seinem neuen Buch zeigt Wolfram Pirchner, wie er es geschafft hat.

Wer hilft mir, wenn ich in Not bin? In seinem Bestseller »Nur keine Panik« zeigte der beliebte TV-Moderator anhand eigener Erfahrungen, wie man selbst zu einer Antwort auf diese Frage gelangen kann, auch und besonders in schwierigen persönlichen Situationen. Lebst du dein Leben oder erlebst du es? Als ein schwer kranker Freund ihm diese Frage stellte, beschloss Wolfram Pirchner, sich ein neues Ziel zu setzen: minus 15 kg, und Lebensfreude pur.

Von selbst geht das nicht. Er erzählt offen von Frustrationserlebnissen auf der Waage, vom Umgang mit dem Jugendwahn, von Impedanzanalysen und regelmäßigen Suchtanfällen. Disziplin, Nachhaltigkeit, professionelle Begleitung – hart, aber herzlich fällt sein Resumee eines Selbstexperiments aus, bei dem er nicht nur Gewicht verloren, sondern ein völlig neues Lebensgefühl gewonnen hat. Lassen auch Sie Ihren Wunsch in Erfüllung gehen!

Amalthea   **www.amalthea.at**